案例研究：
原理与实践 修订版

Case Study Research:
Principles and Practices

[美] 约翰·吉尔林（John Gerring） 著

黄海涛　刘　丰　孙芳露　译
张睿壮　黄海涛　审校

重庆大学出版社

历史知识和一般化(即类型化和通则式)知识……的不同之处仅仅在于，它们相对强调两种基本的、互补的科学研究方向中的一个或另一个：在这两种情况下，我们都发现了从具体现实到抽象概念、再从抽象概念回到具体现实的转换——一种使科学保持活力和高速前进的永不停歇的脉动。

——弗洛里安·兹纳涅茨基(Florian Znaniecki 1934：25)

献给莉兹（Liz）、柯克（Kirk）、尼科尔（Nicole）和安东尼（Anthony），特此免除他们通常承担的假装阅读过约翰叔叔新著的家庭义务。

作译者简介

作者简介：

约翰·吉尔林(John Gerring)目前是得克萨斯大学奥斯汀分校政府管理学系教授。他的著作包括：《美国政党的意识形态(1828—1996)》(1998年)和《社会科学方法论：一个批判性框架》(2001年)。

校译者简介：

张睿壮，美国伯克利加州大学政治学博士，南开大学政府学院荣休教授。

黄海涛，南开大学周恩来政府管理学院副教授，南开大学美国研究中心主任，研究兴趣包括国际关系理论、对外政策分析和中美关系，出版专著《干涉的悖论：冷战后人道主义干涉研究》，参译《政治学研究方法：实践指南》等。

刘丰,清华大学国际关系学系教授,主要从事国际关系理论、国际安全与东亚国际关系研究,出版专著《制衡的逻辑》,译著《软制衡:从帝国到全球化时代》《国际政治的理性理论》《没有应答的威胁:均势的政治制约》《现实主义与国际政治》等。

孙芳露,美国莱斯大学政治学博士,西交利物浦大学助理教授。研究领域主要包括国内冲突的形成及其解决之道、外交政策分析和政治学定量研究方法。

致　谢

　　我是在主持一场由"国家转型"联合研究中心（Collaborative Research Center，简称 CRC）主办、不莱梅大学承办的案例研究研讨会期间开始认真思考本课题的。我要特别感谢不莱梅的东道主们：他们是英戈·罗尔芬（Ingo Rohlfing），皮特·斯塔克（Peter Starke）和戴尔特·沃尔夫（Dieter Wolf）。此后，本课题的不同部分曾提交给在比利时勒伊克（Liege）举行的比较政治路径与方法工作组第三次大会、亚利桑那州立大学定性研究中心（Institute for Qualitative Research，简称 IQRM）的多次年会、经济学研究与教育中心（Centro de Investigación y Docencia Económicas，简称 CIDE）以及美国政治学会的多次年会。感谢上述会议的与会者们对我提出的评论和建议。

　　本书由一系列研究课题发展而来：发表在《美国政治学评论》《比较政治研究》和《国际社会学》等刊物上的文章；《牛津比较政治学手册》和《牛津政治学方法论手册》中的部分章节；以及与罗斯·麦克德莫特（Rose McDermott）、贾森·西莱特（Jason Seawright）和克里格·托马斯（Craig Thomas）等人合作的论文。①承蒙这些合作者和文章的出版方惠允，我将这些成果改编后用于当前这本书中，对此我深表感激。

　　感谢安迪·贝内特（Andy Bennett）、汤姆·伯克（Tom Burke）、梅拉尼·

---

① 见 Gerring（2004b，2006，2007a，2007b，2007c）；Gerring and McDermott（2005）；Gerring and Thomas（2005）；Seawright and Gerring（2005）。

卡梅特（Melanie Cammett）、坎钱·钱德拉（Kanchan Chandra）、伦斯克·多伦斯普利特（Renske Doorenspleet）、柯林·埃尔曼（Colin Elman）、加里·格尔茨（Gary Goertz）、沙里恩·赫特尔（Shareen Hertel）、斯塔奇·凯撒（Staci Kaiser）、伯恩哈德·基特尔（Bernhard Kittel）、内德·勒博（Ned Lebow）、杰克·利维（Jack Levy）、埃文·利伯曼（Evan Lieberman）、吉姆·马奥尼（Jim Mahoney）、艾伦·马斯腾布鲁克（Ellen Mastenbroek）、德夫拉·默勒（Devra Moehler）、霍华德·赖特（Howard Reiter）、科斯腾·罗丁（Kirsten Rodine）、英戈·罗尔芬（Ingo Rohlfing）、理查德·斯耐德（Richard Snyder）、彼得·斯塔克（Peter Starke）、克雷格·托马斯（Craig Thomas）、蔡莉莉（Lily Tsai）和戴维·伍德拉夫（David Woodruff），他们就本书的各种草稿提出了详尽的反馈意见。我要感谢贝尔·布劳默勒（Bear Braumoeller）、帕特里克·约翰斯顿（Patrick Johnston）、贾森·西莱特（Jason Seawright）、贾斯·塞克昂（Jas Sekhon）和彼得·施皮格勒（Peter Spiegler）对各种主题所做的澄清。

本书还从亚历山大·乔治（Alexander George）和安德鲁·贝内特（Andrew Bennett）的相同主题近著《社会科学中的案例研究与理论发展》中受益良多——本书后续篇幅中的注释部分大量引用了该书内容。我愿意将这两本书想象成对一个极为复杂的主题所作的独特而又互补的探索。在看完本书后，如果有人希望得到更多的启示就应求助于乔治和贝内特的著作。

最后，我要感谢曾写作过本主题的一代代学者们。他们的思想被我占用、曲解或者"歪曲"得面目全非。（在学术界，第一种情况被认为是引用，第二种叫做重新阐释，第三种则被称为原创研究。）从法国人弗雷德里克·勒普莱（Frederic Le Play，1806—1882）和美国的芝加哥学派——包括诸如赫伯特·布鲁默（Herbert Blumer）、厄内斯特·伯吉斯（Ernest W. Burgess）、埃弗雷特·休斯（Everett C. Hughes）、乔治·赫伯特·米德（George Herbert Mead）、罗伯特·帕克（Robert Park）、罗伯特·雷德菲尔德（Robert Redfield）、威廉·托马斯（William I. Thomas）、路易斯·沃思（Louis Wirth）和弗洛里安·兹纳聂茨基（Florian Znaniecki）等名家——开始算起，案例研究方法历史悠久，但在很大程度上又为人所忽视。可以说案例研究是社会科学的第一种研究方法。根据一些人对该方法的理解,案例研究可以追溯到最早的历史记载或对往昔事件的神话叙述中。[①]当然,在19世纪和20世纪初,案例研究是社会科学多数学科中的主导方法。[②]在当代作者中,唐纳德·坎贝尔(Donald Campbell)、大卫·科利尔(David Collier)和哈里·埃克斯坦(Harry Eckstein)的著作对我自己思考这些问题产生了特别重要的影响。我非常高兴能向这些学者表达深深的谢意。

---

① Bernard (1928);Jocher (1928:203).

② 关于这一早期历史的简要介绍参见:Brooke(1970);Hamel(1993);以及芝加哥学派成员所作的众多研究(如 Bulmer 1984;Hammersley 1989;Smith and White 1921)。对这一概念在20世纪社会学中的应用所作的很好考察见 Platte(1992)。Dufour and Fortin(1992)提供了一份附有说明的书目,主要集中于社会学。

目录

案例研究的难题 **1**

　　学习怎样建造一栋房屋有两种方式。有人可能会研究许多房屋的构造——也许是一个很大的小区，甚至是成百上千的房子。而有人也许会研究个别房屋的构造。第一种路径是跨案例方法；第二种则是个案内或案例研究方法。尽管二者都关注同样的一般性主题——修建房屋，但它们遵循不同的路径来达成目标。

　　同样的说法也适用于社会研究领域。研究者可以选择对大量案例进行浅表的观察，也可以深入地研究少量案例（他们当然可以双管齐下，就如本书所推荐的那样。但在选择方法时人们经常面临权衡取舍）。

　　对于人类学家和社会学家，关键的分析单位常常是社会团体（如家庭、民族、村落和宗教团体等）。心理学家的研究对象一般是个人。对于经济学家，研究单位可能是个人、公司或者一些更庞大的群体。而对于政治学者，研究主题通常是民族国家、宗教、组织、法令或选举。

　　在上述所有例子中，对于个人、团体、组织或事件进行的案例研究以社会行为存在一种从微观到宏观的联系为隐含前提。[①] 这是一种跨层次推理的形式。有时,从单一示例所获得的深度知识远比从大量示例中得到的浅表知识更有帮助。我们通过聚焦于一个关键部分而更好地理解整体。

【1】

在弗雷德里克·勒普莱富有开创性的著作发表两个世纪之后,社会科学的各个学科仍在生产卷帙浩繁的案例研究,其中不少已经登上了经典著作的殿堂。案例研究型研究设计在人类学、考古学、商学、教育学、历史学、医学、政治学、心理学、社会工作和社会学中占据了首要地位。[②] 甚至在经济学和政治经济学这些通常被认为不太接受以案例为基础的研究的学科中,某种复兴迹象也已出现。最近关于经济增长的一些研究已经开始对诸如博茨瓦纳、韩国和毛里求斯等过去不常讨

[①] Alexander et al. (1987).

[②] 例如,对各一级和二级学科中案例研究方法的考察,见:人类学/考古学(Bernhard 2001;Steadman 2002);商学、市场营销、组织行为学、公共管理(Bailey 1992;Benbasat, Goldstein and Mead 1987;Bock 1962;Bonoma 1985;Jensen and Rodgers 2001);城市与国家政治(Nicholson-Crotty and Meier 2002);比较政治(Collier 1993;George and Bennett 2005:Appendix;Hull 1999;Nissen 1998);教育学(Campoy 2004;Merriam 1988);国际政治经济学(Odell 2004;Lawrence, Devereaux, and Watkins 2005);国际关系(George and Bennett 2005:Appendix;Maoz 2002;Maoz et al. 2004;Russett 1970);医学、公共卫生(Jenicek 2001;Keen and Packwood 1995;Mays and Pope 1995;"马萨诸塞总医院案例记录",《新英格兰医学》上的一个固定栏目;Vandenbroucke 2001);心理学(Brown and Lloyd 2001;Corsini 2004;Davidson and Costello 1969;Franklin, Allison, and Gorman 1997;Hersen and Barlow 1976;Kaarbo and Beasley 1999;Kennedy 2005;Robinson 2001);社会工作(Lecroy 1998)。跨学科的集锦,见Hamel(1993)和Yin(2004)。对案例研究的方法论性质的总体讨论(主要集中于政治学和社会学领域),见Brady and Collier(2004);Burawoy(1998);Campbell(1975/1988);Eckstein(1975);Feagin, Orum, and Sjoberg(1991);George(1979);George and Bennett(2005);Gomm, Hammersley, and Foster(2000);Lijphart(1975);McKeown(1999);Platt(1992);Ragin(1987, 1997);Ragin and Becker(1992);Stake(1995);Stoecker(1991);Van Evera(1997);Yin(1994);《比较社会研究》16 期的专刊(1997)。一份带说明的书目(主要是社会学方面的)见 Dufur and Fortin(1992)。

论的国家进行案例研究。③ 围绕贸易政策与经济增长关系的讨论同样也结合了跨国回归分析证据和深入的（定量与定性的）案例分析。④ 关于族群政治和族群冲突的著作运用了国家内部变化或者小样本跨国比较的方法。⑤ 因此,依照实践的标准,案例研究方法显得稳如泰【2】山,甚至还可能日益繁荣。可以说,我们正在见证社会科学中一场从以变量为中心的路径转向以案例为基础的路径来探寻因果关系的运动。⑥

　　这一运动的发展得益于对使用跨案例方法的计量经济学越来越强的怀疑。⑦ 从民族国家、城市、社会运动、民事纠纷或者其他复杂的社会现象中提取的非实验性数据应当用标准回归的形式来处理,这种

---

③ Acemoglu, Johnson, and Robinson(2003); Chernoff and Warner(2002); Rodrik(2003).
还可见针对特定公司或地区的研究,如:Coase(1959, 2000)和 Libecap(1989)。

④ Srinivasan and Bhagwati (1999); Stiglitz (2002, 2005); Vreeland (2003).

⑤ Abadie and Gardeazabal (2003); Chandra (2004); Miguel (2004); Posner (2004).
政治经济学中其他以案例为基础的研究,见 Abadie and Gardeazabal (2003); Alston
(2005); Bates et al. (1998); Bevan, Collier, and Gunning (1999); Chang and Golden
(forthcoming); Fisman (2001); Huber (1996); Piore (1979); Rodrik (2003); Udry
(2003); Vrreland (2003)。

⑥ 这种经典的区分方法颇有渊源。比如可参见 Abbott (1990); Abell (1987); Bendix
(1963); Meehl (1954); Przeworski and Teune (1970: 8-9); Ragin (1987; 2004:
124); Znaniecki (1934: 250-1)。

⑦ 对于跨国增长回归(cross-country growth regression)这一经济学和政治学的标准技术
而言,一份最近的权威评论认为:"这类研究产生的影响是值得注意的,尤其是因为
如此众多的经济学家公开宣布不信任它们。那种认为奥地利和安哥拉适用相同的
模型和参数集的那种横截面(或面板)假定是过于夸张的,而忽视隐含在数据反映
稳定的稳态(steady-state)关系这种观点背后的动力和路径依赖也存在同样的问题。
在测量众多使用的变量时,不同国家间有巨大差异。很明显,重要的特征因素被忽
略掉了,并且没有任何迹象表明要花多长时间才能取得这种横截面关系。虽然如
此,简单概括的魅力诱使了大多数同行认真对待由此得到的结果。"(Winters,
McCullock, and McKay 2004: 78)。

观点似乎不再是理所当然的。各种不满数不胜数,而且经常引起争论,[8]其主要内容包括:(1)由于有过多貌似正确的模型,因而存在就因果模型达成一种适当规范的问题,以及与之相联系的对这些协变量之间的相互作用建模的问题;[9](2)识别问题(这一问题并不总是可以通过工具性的变量技术得到矫正);[10](3)"极端"反事实的问题(即在一般模型的外推或内推结果中,推论超过了可观测的数据点);[11](4)由有影响力的案例造成的问题;[12](5)标准显著性检验的主观随意性;[13](6)在"曲线拟合"模型条件下对点估计精度的误解;[14](7)寻找恰当估计量的问题,以及在混合时间序列数据集中建立时间自相关模型的问题;[15](8)识别因果机制的困难;[16]以及最后,当然也同样重要的(9)普遍存在的数据瑕疵问题(测量误差)。[17] 上述很多难题可以被认为是一些副产品,源自随时间进展仅发生有限变化的因果变量、极具异质性的案例以及与许多可能的误导因素相关的"处理方法"。

【3】

对以案例为基础的分析有利的第二个因素是,随着一系列替代跨案例分析的标准线性/叠加模型的方法不断出现,人们得以建立起一

---

⑧ 有关下述观点的广泛讨论,见 Achen (1986); Ebbinghaus (2005); Freedman (1991); Kittel (1999, 2005); Kittel and Winner (2005); Manski (1993); Winship and Morgan (1999); Winship and Sobel (2004)。

⑨ Achen (2002, 2005); Leamer (1983); Sala-i-Martin (1997).

⑩ Bartels (1991); Bound, Jaeger, and Baker (1995); Diprete and Gangl (2004); Manski (1993); Morgan (2002a, 2002b); Reiss (2003); Rodrik (2005); Staiger and Stock (1997).

⑪ King and Zeng (2004a, 2004b).

⑫ Bollen and Jackman (1985).

⑬ Gill (1999).

⑭ Chatfield (1995).

⑮ Kittel (1999, 2005); Kittel and Winner (2005).

⑯ George and Bennett (2005).

⑰ Herrera and Kapur (2005).

套更为多样化的工具以捕捉社会行为的复杂性。[18] 查尔斯·拉金及其同伴探索了当各种因素的不同组合导致一组相同结果的情况时的处理方式，这套技术被称为定性比较分析（qualitative comparative analysis，QCA）。[19] 安德鲁·阿博特（Andrew Abbott）设计出一种绘制跨案例因果序列的方法，即最佳序列匹配法。[20] 贝尔·布劳莫勒、加里·格尔茨、杰克·利维和哈维·斯塔尔（Harvey Starr）维护了社会科学中必要条件论据的重要性，并且展示了可以如何分析这些论据。[21] 詹姆斯·费伦（James Fearon）、内德·勒博（Ned Lebow）、菲利普·泰洛克（Philip Tetlock）和另一些学者探索了在分析个案史时运用反事实思想实验的作用。[22] 安德鲁·贝内特、柯林·埃尔曼和亚历山大·乔治发展了分析案例的分类方法。[23] 大卫·科利尔、杰克·戈德斯通（Jack Goldstone）、彼得·霍尔（Peter Hall）、詹姆斯·马奥尼（James Mahoney）和迪特里希·鲁斯切梅耶（Dietrich Rueschemeyer）致力于复兴比较方法和比较历史方法。[24] 很多研究者则全力解决如何将按时间建构的叙述中的相关细节转化为可使案例进行有意义比较的标准格式的问题。[25] 尽管上述所有技术严格地讲并不全是案例研究技术（它 【4】

---

[18]　关于该主题，见布兰迪和科利尔编辑的标志性著作，Brady and Collier（2004）。

[19]　Drass and Ragin（1992）；Hicks（1999：69-73）；Hicks et al.（1995）；Ragin（1987, 2000）；拉金在 Janoski and Hicks（1993）中撰写的几章；"Symposium：qualitative comparative analysis（QCA）"（2004）。

[20]　Abbott（2001）；Abbott and Forrest（1986）；Abbott and Tsay（2000）。

[21]　Braumoeller and Goertz（2000）；Goertz（2003）；Goertz and Levy（forthcoming）；Goertz and Starr（2003）。

[22]　Fearon（1991）；Lebow（2000）；Tetlock and Belkin（1996）。

[23]　Elman（2005）；George and Bennett（2005：Chapter 11）。

[24]　Collier（1993）；Collier and Mahon（1993）；Collier and Mahoney（1996）；Goldstone（1997）；Hall（2003）；Mahoney（1999）；Mahoney and Rueschemeyer（2003）。

[25]　Abbott（1992）；Abell（1987, 2004）；Buthe（2002）；Griffin（1993）。

们有时涉及相当大数量的案例),但它们使我们更接近在案例的基础上对因果关系的理解,只要它们试图保存每一案例的构成与细节,而这些特征常常消失在大样本跨案例分析中。

使社会科学家倾向于以案例为基础的方法的第三个因素是近来理性选择工具与单一案例分析的联姻,这有时被称为分析性叙述(analytic narrative)。㉖ 无论这一技术是定性的、定量的或是二者的某种混合,接受经济学模型训练的学者们都正在开始从事案例研究,以便检验从一般模型中得出的理论预测、研究因果机制和/或解释关键案例的特征。

最后,近几十年来,认识论的转变强化了案例研究设计的吸引力。"实证主义"解释模型贯穿了 20 世纪大多数时间的社会科学研究,它倾向于贬低因果机制在分析因果关系中的重要性。众所周知,米尔顿·弗里德曼(Milton Friedman)声称评价一个模型的唯一标准仅仅见诸于其对结果的准确预测。模型的逼真度和对现实的准确描述是无关紧要的。㉗ 近年来,这种对解释的曲解受到了来自"实在论者"的挑战。他们宣称(除了其他主张以外)因果分析应该密切关注因果机制。㉘ 在政治学和社会学内部,对特定机制即因果路径的识别已经被看作因果分析不可或缺的一部分,而不必理会讨论的是形式模型还是非形式模型,证据是定量的还是定性的。㉙ 鉴于这种对因果机制新出

㉖　这一术语来自于沃尔特·W.斯图尔特(Walter W. Stewart)在 Friedman and Schwartz (1963: xxi)中的论文,其后通过 Bates et al. (1998)得以流传开来,并从此得到广泛采用(例如,Rodrik 2003)。还可见 Bueno de Mesquita (2000)和 Levy (1990-91)。

㉗　Friedman (1953). 参见 Hempel (1942)和 Popper (1934/1968)。

㉘　Bhaskar (1978); Bunge (1997); Glennan (1992); Harre (1970); Leplin (1984); Little(1998); Sayer (1992); Tooley (1988).

㉙　Dessler (1991); Elster (1998); George and Bennett (2005); Hedstrom and Swedberg (1998); Mahoney (2001); McAdam, Tarrow, and Tilly (2001); Tilly (2001).

现的(或至少是新近自我意识到的)兴趣,社会科学家们开始将案例研究作为一种因果研究方式就不足为奇了。

悖 论

　　基于上述理由,有人可能认为案例研究在当前社会科学方法的教学与实践中享有备受尊崇的地位。然而情况远非如此显而易见。实 【5】际上,大多数方法论学者对案例研究设计持极为审慎的看法。人们倾向于将集中关注一种广泛现象中的单一示例的研究说成是"单纯的"案例研究,这种研究通常被认为结构松散,建构的理论无法普遍化,案例选择有偏差,研究设计不正式且毫无章法,经验证据的作用微弱(过多的变量和过少的案例),结论主观,不可复制并犯有因果决定论的错误。㉚ 对一些人而言,案例研究这个词是个囊括了大批"推论上的重罪"的模糊称谓。㉛

　　可以说,许多这一方法的实践者们都容易滥用其名称——作为一种通用的借口,一种研究者在已选定主题上恣意妄为的许可证。齐夫·毛兹(Zeev Maoz)注意到:

㉚ Achen and Snidal (1989);Geddes (1990,2003);Goldthorpe (1997);King, Keohane,and Verba (1994);Lieberson (1985:107-115;1992;1994);Lijphart (1971:683-4);Odell (2004);Sekhon (2004);Smelser (1973:45,57).应该强调的是,这些作者尽管批评案例研究模式,但并不必然反对案例研究本身。也就是说,他们不应被划入案例研究的反对者行列。当前的批评可以从早期的论文中找到许多共鸣,例如 Lazarsfeld and Robinson (1940) 和 Sarbin (1943,1944)。在心理学中,克拉托赫维尔(Kratochwill 1978:4-5)写道:"案例研究方法论的典型特色是不计其数的未受控制的变化——对自变量和应变量的不适当描述——普遍难以复制。尽管这使得案例研究方法论没有科学价值,但它有助于为后续研究生成假设……"还可参见 Hersen,Barlow (1976:Chapter 1) 和 Meehl (1954)。

㉛ Achen and Snidal (1989:160).

案例研究中有关数据收集、数据管理、数据分析与推理等方法的说明几乎一概阙如。与政治学研究中作者们投入了大量时间和精力以论证其研究之技术层面的其他研究策略相比，人们通常得到这样一种印象，即使用案例研究[原文如此]可以免除作者进行任何方法论上的思考。案例研究在很多情况下成了怎么都行的自由式研究的代名词，作者感到自己不用阐明如何进行研究，为何选择一个特定案例或一组案例，哪些案例数据被使用了，哪些被省略了，如何处理和分析数据，以及推论是如何从作者呈现的故事中产生的。然而在故事的末尾，我们通常都会发现从该案例中得出了笼统的概括和"教训"。㉜

说某人正在进行案例研究有时似乎是暗示正常的方法论规则不起作用了，此人进入了一个与众不同的方法论或认识论（甚或是本体论）地带。早在 1934 年，威拉德·沃勒（Willard Waller）就把案例研究路径描述为一种本质上属于艺术的过程。

【6】

那些能搞出上乘的案例研究，既准确无误又令人信服地描绘人物和制度的人，本质上是艺术家；他们可能并非饱学之士，有时他们甚至不是聪敏之辈，但是他们拥有想象力并且懂得如何使用语言去传递真相。㉝

一项好的案例研究的产物是洞见，而洞见是

使用科学方法的学者们难以捕捉的未知数。这就是为什么真正的社会学大师们没有"方法"。他们有一种方法，即追求洞

㉜ Maoz（2002: 164-165）.

㉝ Waller（1934: 296-297）.

见。他们求诸"猜想或神明",但他们却能取得发现。㉞

数十年后,一本方法教科书将案例研究形容为"案例研究实施者的天资、常识与想象力"的产物,"研究者边工作边制订研究程序"。㉟

与案例研究相伴的准神秘主义性质一直延续到了今天。在心理学领域中,一道鸿沟将从事跨案例研究的"科学家"与通常关注个案的从事临床研究的"医生"区分开来。㊱ 在政治学和社会学中,案例研究者被认为处于日益硬化的学科中的较软一方。从跨学科角度来看,人类学、教育学、法学、社会工作以及其他多个一级和二级学科由于坚持案例研究导向而被归入学术光谱中不严格、非系统化、非科学和非实证主义的一端。

显然,案例研究的方法论地位仍然极为可疑。即便是其捍卫者也对这一含混不清的研究设计的优缺点感到迷惑。实践者们仍然持续从事这项工作,但从方法论的角度来看,他们却很难讲清自己在做的是什么。案例研究就这样生存一种奇特的方法论三不管地带。 【7】

这就导致了一个悖论:尽管我们对经验世界的大多数认识源自案例研究,并且社会科学各学科产生的大部分成果还将继续由案例研究构成(正如上一节所展示的那样),案例研究方法总体而言却并不被欣赏——可以说是因为人们对它还不甚理解。

我们如何才能弄明白这一流派对社会科学各学科公认的贡献与

㉞ 同上。

㉟ Simon(1969:267),转引自 Platt(1992:18)。

㊱ 赫森和巴洛(Hersen and Barlow 1976:21)写道,当 20 世纪 60 年代这种分离发展起来时,"临床程序大都被判定为未经证明的,对于关注准确定义变量和因果关系的多数科学家来说,盛行的自然主义研究是不可接受的。另一方面,那些构思高雅、严格按照科学方法的对照组设计在大多数临床学者看来不切实际,无法处理个人的复杂性和特质性。"

它在这些学科中饱受中伤的处境之间极度的脱节？如果案例研究存在方法论瑕疵，为什么它们还能得以延续？它们是否应该被恢复名誉，或者被彻底废止？这种研究方式有多大成就？

本书定位

本书的目标在于对案例研究提供一种总体上的理解，同时也为成功实施案例研究提供必要的工具和技术。书的副标题反映了我在普遍原则和具体实践两方面的考虑。

本书第一部分探讨了一些深嵌在这个主题中的复杂问题。第2章提供了案例研究的定义以及该定义的逻辑蕴涵。这一定义引出了许多内容，因此这一章不应该一带而过。第3章通过与跨案例研究的比较说明了案例研究在方法论上的强项和弱点。案例研究在有些研究环境中很有用，但并不适用于所有研究。我们需要更好地辨别这些不同的情况。

本书第二部分致力于解决人们可以怎样动手打造一个案例研究的实践问题。第4章论及预备事项。第5章概述了选择案例的多种策略。第6章为理解案例研究设计提出了一个实验模板。第7章展示了一类颇为不同的路径——过程追踪。结尾部分简短讨论了那些解释单个结果而非一组结果的案例研究（这被认为是一种单一结果研究，以区别于普通案例研究）。术语表提供了关键术语的释义。

你手头的这本书与其他探索同样宽泛主题的著作之间存在着诸多不同之处，这应当在开篇时就表述明白。首先，与某些论著不同，本书不打算全面地评论有关社会科学研究的方法论问题。我更想做的【8】是打磨那些专属于案例研究的问题。我没有理会对单一案例和跨案例分析同等适用的问题,或只是顺带提及。㊲ 我几乎完全绕过了科学哲学问题,除非这些问题在某些地方对案例研究造成了直接的影响。

其次,我集中关注案例研究在促进因果分析中的作用。这并不是打算要贬低诠释性案例研究或者实质上为描述性的证据搜集任务——比如民族志、访谈、调查,或一手和二手资料。如果我对这些问题有所疏忽的话,那么只是因为其他作者已经对它们有过很好的论述。㊳

再次,我没有只关注社会科学中单个的领域或分支领域,而是采取了更开阔的、跨学科的观点来看待这一主题。我坚信案例研究方法中所牵涉的方法论问题具有普遍性,而不是仅限于特定学科。而且,我们通过在差异巨大的经验环境中考察基本的方法论问题,对这些问题所获得的认识,是如果以狭隘的视角观之而无法获得的。书中的示例来自社会科学的所有学科,偶尔还来自自然科学。可以肯定的是,讨论暴露了本人明显倾向于自身专业——政治学,还倾向于两个案例研究的应用已经尤为突出的分支领域——比较政治和国际关系。然而,本书的论证应该同样适用于人类学、商学、经济学、历史学、法学、医学、组织行为学、公共卫生学、社会工作和社会学——事实上适用于任何社会科学领域。

读者们应该清楚,本书在选择讨论的示例时,那些已被认为是经典或具有范式代表性的作品——引发其他作者评论的作品——通常

㊲ 例如,我已假设读者意识到诸如下述的多种警告:(1)人们使用书面、口头或数据集资源应该是明智的,考虑到了可能的偏差和遗漏;(2)不论作者遵循何种研究程序(定性或定量、文献工作或实地研究),它们都应该有充分的细节描述以便于重复实施;(3)作者应该考虑其所提出论点的可能替代方案,即那些在关于某一主题的文献中提出的和可能由学识渊博的读者们建议的论点。这些标准事件主题在其他著作中有所论述,例如,Gerring (2001);King, Keohane, and Verba (1994),还有大量专攻定性或定量研究的手册也有论述。

㊳ 见第 4 章引文和本书末尾详尽的参考文献。

【9】 具有优先地位。在讨论中纳入一个范本不应被当作我支持该作者的发现甚或其方法论选择的标志。这只意味着一个作品是"关于某事的一个范例"。因此,该示例的作用是阐明特定的方法论问题,而不是描述给定领域的研究状态。

实际上,我的很多示例对于读过其他方法论文献的读者来说将是熟悉的,这些示例在那些文献中已经被详细讨论过。复制熟悉的示例应该有利于加强对方法论难点的理解,因为反复出现的熟悉案例强化了对规律的认知的清晰性和一致性。基于案例的方法建立在对关键案例的深层知识上,通行的观点通过这些知识得到阐明和评价。我要补充的是,一本关于案例研究方法的著作应该承担起一种基于案例的启发之法的作用,这是完全合乎情理的。㊴

前置论证

尽管本书旨在成为一本案例研究教科书,但也不可避免地成为了有关案例研究应该是什么的论证之作。所有的方法教科书都有这种两面性,即便作者并没有提出明确的论证。我希望尽可能讲得明确一些。因此,下述内容是贯穿全书的更广泛论证的概述。

定性与定量

在传统上,案例研究是同定性分析方法联系在一起的。实际上,案例研究的概念有时也被用来作为一种宽泛的大标题,它涵盖了许多

㊴ 我并不想说基于教学目的的案例写作(例如在哈佛商学院[Roberts,2002])和基于分析目的的案例研究写作是相似的。基于教学目的的写作完全是描述性的(尽管他们意在使学生得出特定结论)。本书关注后者而非前者。

非定量的方法——如民族志的、临床的、轶事的、参与式观察、过程追踪、历史的、文献的和实地研究等。我认为这种随意的用法应该被理解为方法论上的类同而不是定义上的必需。深入地研究单一案例不必让研究者局限于定性技术。的确,大样本跨案例分析总是定量的,因为(在构成上)有太多的案例,以至于无法用定性的方式来处理。然而,案例研究则既可以是定量的,也可以是定性的,抑或两者兼而有之,正如下一章和分散在本书中的各种示例所强调的那样。此外,没有理由认为案例研究工作不适用形式数学模型,后者可能有助于阐明在给定案例中起作用的相关参数。[40] 【10】

试想,统计样本的目的是揭示庞大总体的要素的情况。"统计的基本思想",布拉德利·艾弗隆(Bradley Efron)写道,"是能从单个的小块数据中获得有用的信息。"[41]在这一意义上,一个样本的功能与一项案例研究的功能并无二致。如果通过案例研究获取的个案内证据能够通过定量技术进行有益的处理,那么这些技术必然会被吸收到案例研究方法中。实际上,今天社会科学中产生的所有案例研究几乎都包括了某些定量和定性的成分,一些最负盛名的案例研究——包括《中镇》(*Middletown*)和《扬基城》(*Yankee City*)以及弗雷德里克·勒普莱具有开创性的家庭研究,都包含了实质性的数量分析部分。[42] 不含任何数字分析的纯叙述性案例研究甚至是不存在的。我也非常确信不存在完全没有文字描述的纯定量案例研究。

因此,本书致力于既与精通定性方法的读者也与精通定量方法的读者进行交流。这意味着要找到可以穿越这些相互分离阵营的共同

---

[40] 例如,参见 Houser and Freeman(2001)和 Pahre(2005)。

[41] Efron(1982:341),转引自 King(1989:12)。

[42] Brooke(1970);Lynd and Lynd(1929/1956);Warner and Lunt(1941).

语言,而共同语言意味着跨越两个方法论地带的隐含联系,不论它们存在于何处。在某些条件下完成这种任务要比在其他条件下更简单。我请求读者们在对待文章中我们未能整齐搭配的不同术语或者那些启发而非精确的定性/定量比较时保持宽容。

实验与观察

实验方法的优点实际上自弗朗西斯·培根的时代起就被每一篇方法论论文所承认。然而,在社会科学中对这一优点的利用却并不多,因为社会科学中真实实验方法的范围十分有限(心理学是个明显的例外)。这种情况正在发生改变。[43] 但是普遍的认识仍然是,由于实验工作在大多数研究条件下是不可行的,实验的理想在人类学家、经济学家、政治学家和社会学家的实践中无足轻重。因此,真实实验的原始之美被看作一种乌托邦理想,它在社会科学的实际工作进程中难以维持。

我相信这种将研究方法分为实验和观察的二分法是错误的。这种二分不仅含混不清,而且毫无作用。并不存在一个可以据此划线而将实验和观察工作截然分开的点,因为二者都瞄准(或应该瞄准)相同的方法论理想,并且都在这种探索中面对相同的障碍。实际上,通过整合"实验"工作采用的标准和"观察"工作适用的标准,我们可以牢牢掌控研究设计任务——所有的研究设计任务。实验方法的优点在不同程度上可以扩展至所有方法,实践者和方法论学者应该关注的正是这些程度问题。

----

[43] 有关社会科学实验模型的讨论,见 Achen (1986);Campbell (1988); Cook and Campbell (1979);Freedman (1991);Green and Gerber(2001);McDermott (2002); Winship and Morgan (1999);Winship and Sobel (2004)。据我所知,最早倡导将类实验方法运用到案例研究中的人是 Eckstein(1975)。另见 Lee(1989)。

　　我认为案例研究设计典型的优点和缺点应该从其符合或背离真实实验的程度加以理解。实验因而提供了在观察性研究中讨论方法论问题的有用模板，这是一个能够借以评判所有研究设计效用的理想模式。通常，对案例研究最强有力的辩护是它具有类实验的性质。这是因为彼此紧密联系的少数案例或长时间观察的单一案例通常要比由大量异质单位组成的样本更为接近实验理想。

案例研究与跨案例研究

　　最后一个论证涉及传统上关于单一案例和跨案例证据的二分法。通常，这些分析模式被视为相互对立的。研究工作被划分为案例研究或大样本跨案例研究；研究者被归入这种或那种学派；期刊采用这种或那种形式。不足为奇的是，一定程度的怀疑——有时是直接的敌意——已经蔓延到这两种探索经验世界的不同路径之间的关系中。

　　然而，我建议我们将这些方法论选项看成相互补充而非彼此对立的。研究者可能要双管齐下，而且可以说是必须接触两类证据。至少在案例选择过程中就涉及对一组潜在案例的跨案例特征的考虑。案例研究分析所选择的案例，其相对于设定的案例总体的地位（极端、异例等）是可以被识别的。因此，尽管我们继续主要以案例导向或变量 【12】导向来区分研究，但将这两种路径看作竞争关系并不恰当。㊹

　　我在这些问题上的个人经验是，对跨案例模式的反思绝非案例研究的障碍，相反还是一种有用的工具。它帮助人们明确表达有用的洞见，将有限定范畴的洞见与那些可能传递到其他区域的洞见区分开来。它当然还帮助人们选择案例并解释那些案例的意义（见第 4 章）。

㊹　这种区分来自于 Ragin（1987；2004：124）。值得注意的是，拉金的独特方法（QCA）也是设计来克服这种传统的二分法的。

人们越了解总体也就越了解案例,反之亦然。因此,这就是跨层次研究设计的优点。⑮

　　说点刺激的话,简单而言,我可以坚持认为没有案例研究这回事。开展一项案例研究意味着研究者也在进行跨案例分析,或至少考虑过一系列更宽泛的案例。否则,一个研究者无法回答所有案例研究都要面对的界定问题:这是一个关于什么的案例? 通过确立这种框架,"跨案例"和"案例研究"两个阵营中的学者都应该对本书发生兴趣。实际上,我希望本书有助于打破社会科学中分割这些流派的人为界限。通

【13】过适当的构造,我们没有理由认为案例研究的结果不能与跨案例分析所获得的结果相综合,反之亦然。

---

⑮　Achen and Shively（1995）; Berg-Schlosser and De Meur（1997）; Moaz and Mor（1999）;Wong（2002）. 对跨层次研究的怀疑观点,见 Lieberson（1985：107-115）。

第 I 部分
对 案 例 研 究 的 思 考

涉及特定方法的狭义讨论常常可以通过求诸背景(哪种方法在条件 A 下运用是恰当的),或者通过研究不同统计方法的潜在数学特征(例如,哪种序列自相关建模技术与我们对一种现象的理解以及手头上的证据是一致的)加以解决。然而,更宽泛的方法论讨论总是也必定是有关概念的。我们应该如何定义关键术语(例如:"案例""因果关系""过程追踪")?什么是划分词汇形态最有用的方式?[1]

人们将看到,这些定义问题无法同更广阔的社会科学方法论问题割裂开。正是借助这些关键术语,我们才能够理解主题。因此,本书第 I 部分排列在提供实践建议的第 II 部分之前,而这种安排肯定不是偶然的。如果不将案例研究及其在社会研究工具箱中的位置都概念化,那么人们就无法开展案例研究。为了全面思考这一问题,一定程度的抽象不可避

---

[1] 关于社会科学中概念构成的讨论见 Adcock (2005);Collier and Mahon (1993);Gerring (2001:Chapters 3-4);和 Sartori (1984)。

免。但只要有可能,我都会努力用具体示例让普遍性通则变得生动一些。

第 2 章提出了什么是案例研究以及怎样能将它与其他研究路径区分开的问题。这一章是关于定义的。它涉及案例研究型研究设计所附加或隐含的各种意义。

【15】

【16】 以这一框架为基础,第 3 章通过与跨案例方法的对比探寻了案例研究方法的优缺点。案例研究路径在哪些条件下最有用、最有启发或者最可疑呢?

什么是案例研究？ 2
——定义问题

　　不可否认,本书关键术语的定义是一个泥淖。指出一项研究是
"案例研究"可能意味着:(1)其方法是定性的、小样本的;[1](2)研究是
整体性的、密集的(对一个现象或多或少地进行全面考察);[2](3)它使
用了特定类型的证据(例如,民族志的、临床的、非实验性的、不基于调
查的、参与式观察、过程追踪、历史的、文本的或实地研究);[3](4)其收
集证据的方法是自然主义的(一种"现实生活情景");[4](5)主题是散
漫的(案例与背景难以区分);[5](6)它运用了三角检验法("多重证据

---

[1]　Eckstein (1975); George and Bennett (2005); Lijphart (1975); Orum, Feagin, and Sjoberg(1991:2); Van Evera (1997:50); Yin (1994).

[2]　Goode and Hart (1952:331; 转引自 Mitchell 1983:191); Queen (1928:226); Ragin (1987, 1997); Stoecker (1991:97); Verschuren (2003)。

[3]　George and Bennett (2005); Hamel (1993); Hammersley and Gomm (2000); Yin (1994).

[4]　Yin (2003:13).

[5]　Yin (1994:123).

来源");⑥(7)这项研究考察了单次观察的特征⑦或(8)这项研究考察了单个现象、事例或样板的特征。⑧

显然,研究者们在谈论案例研究时脑子里会想到很多东西。存在
【17】 大量的近义词——单个单位、单个主体、单个案例、单一样本、基于案例、案例控制、案例历史、案例方法、案例记录、案例工作、个案内和临床研究等——加剧了这种混乱状况。⑨ 由于术语和意义的极大丰富,案例研究的支持者和反对者各自集结了一大批论点,但这些论点看起来并不比数十年前这场争论刚刚出现时更接近共识。珍妮弗·普拉特(Jennifer Platt)注意到"多数案例研究的理论化工作在概念上是混乱的,因为有太多各不相同的主题被塞进了'案例研究'这个想法中"。⑩

那么,我们应该如何理解案例研究呢?上文列举的前六项(1—6)看上去并不适合作为这个主题的一般定义,因为每一项相对于该主题的既定用法都隐含着实质性的意义转变。人们不可能在用定性的、民

---

⑥ 同上。

⑦ Campbell and Stanley(1963:7);Eckstein(1975:85)。

⑧ 这可能是对该术语最常见的理解。例如,George and Bennett(2005:17)将一个案例定义为"一组事件中的一个情况"(值得注意的是,他们在同一章的其他地方还推断说对该情况的分析将是小样本的,即定性的)。另见 Odell(2001:162)和 Thies(2002:353)。

⑨ Davidson and Costello(1969);Franklin,Allison,and Gorman(1997);Hersen and Barlow(1976);Kazdin(1982);Kratochwill(1978)。

⑩ Platt(1992:48).在这篇富有见地的文章的其他地方,普拉特(Platt 1992:37)还评论道:"与该术语相联系的众多主题以及部分语焉不详的讨论造成了一些困难……在实践中,'案例研究方法'在其鼎盛时期[两次世界大战之间]似乎意味着一些包含了下述成分的排列组合:以任意手段收集的生活史(life history)数据、个人文件、任何无结构访谈(unstructured interview)数据、对一个或少数案例的深入研究,并且无论是否试图从中进行概括的整体性研究的任何尝试以及非定量数据分析。这些成分相互之间既不存在必然的逻辑联系,也没有带有规律性的经验联系。"

族志的、过程追踪、整体的、自然主义的、散漫式的或三角检验法替换案例研究后还觉得在转化过程中并无某些损失。这些术语或许被理解为用来描述特定类型的案例研究更好，而不应被理解为从总体上代表这一主题。第七项将案例研究等同于单个观察的研究，即单一样本的研究设计。这在逻辑上是不成立的，我将会对此进行论证。第八项集中关注现象、事例或样板，将它们作为关键术语，这样做就其本身而言是正确的，但同时也是模棱两可的。设想一下询问某人，"你的事例是什么？"或"你的现象是什么？"一项案例研究预设了一种有相对确定界限的现象，上述术语没有一个捕捉到了这一隐含意义。

这一概念能否以一种更明晰和更富有成果的方式来重新构造呢？我在本章开始规定了一系列定义。之后我提出了根据所获取的空间和时间证据的模式加以理解的研究设计分类法。最后一节论述了一个核心的定义问题，即案例研究是否应该被理解为仅仅是"小样本"分析。

【18】

定　义

基于方法论讨论的目的，生成一套一致而明晰的词汇表是必不可少的。为了在关键术语上达成定义，我尽可能使用（在社会科学语言范围内的）日常用法。然而，由于日常用法通常含混不清，有一系列意义围绕着某一给定术语（如我们前面已经见过的"案例"一词），因而部分的概念重构就不可避免。在这一讨论的最后，我希望明确为什么这种特定的术语界定方式是有用的，至少就方法论的目的而言。⑪

---

⑪　在下面的分析中，我采用了"最低限度"定义的方法（Gerring 2001；Chapter 4；Gerring and Barresi 2003）。深植于特定研究背景的学者可能会选择稍有差别的术语和意义。

案例指在某一时间点或经过一段时期所观察到的一种有空间界限的现象(一个单位)。它构成了一项推论试图解释的一类现象。因此,在一项试图阐明民族国家某种特征的研究中,案例是由民族国家(跨越一些时间框架)构成的;在一项试图解释个人行为的研究中,案例则由个人构成,诸如此类。每个案例可能提供单次观察或多次(个案内)观察。

对于政治学研究者来说,原型案例是指在我们所处的时代占据主导地位的政治单位——民族国家。然而,这仅仅是一种惯例。对于更小的社会和政治单位(地区、城市、乡村、社区、社会团体和家庭)或特定制度(政党、利益集团和工商企业)的研究在许多社会科学学科中也同样普遍。[12] 在心理学、医学和社会工作领域,案例研究的概念常常与临床研究联系在一起,其中个人是优先的分析单位。[13] 无论人们选择何种单位,案例研究所附带的方法论问题与案例的规模无关。从任何现象中都可以创造出一个案例,只要它具有可以识别的界限并且构成一项推论的主要对象。

注意一个案例的空间界限通常比其时间界限更为清晰可见。我们多少都知道一个国家疆界的起止范围,但我们可能难以解释一个国家何时兴起和灭亡。不过,设定一些时间界限是必不可少的。当案例【19】由一个单位内部的离散事件——诸如危机、革命和立法行为等——构成时,这种设定显得尤为重要。一个案例的时间界限偶尔也会比其空间界限更加明显。当所研究的现象包含很多事件而承载事件的单位

---

[12] 政治学中对次国家研究的讨论,见 Snyder(2001)。

[13] Corsini (2004);Davidson and Costello (1969);Hersen and Barlow (1976);Franklin, Allison, and Gorman (1997);Robinson (2001).关于术语"案例研究"意义的讨论,见 Benbasat, Goldstein, and Mead (1987:371);Cunningham (1997);Merriam (1988);和 Verschuren (2003)。

却很杂乱时就会发生这种情况。比如说,如果有人研究恐怖袭击,那么应该如何认识空间上的分析单位或许并不清晰,但事件本身的界限就可能相当明确。

案例研究可以被认为是对单个案例的深入研究,该研究的目的——至少部分目的——是解释一组更庞大的案例(总体)。案例研究型研究中可能包含了多个案例,即多重案例研究。然而,到某一时刻,我们不再可能对那些案例作出深入调查。当研究的重点从个体案例转向一系列案例样本的时候,我们可以称这种研究为跨案例研究。显然,案例研究与跨案例研究之间的区别是一个程度问题。案例越少,对它们所做的研究就越深入,这项工作也越符合"案例研究"的称谓。即便如此,这种区分也被证明是有用的,而许多区分都随之而来。实际上,我的整本书都建立在这种区分之上。所有的经验研究都可以被划分为要么是案例研究(由一个或少数案例构成),要么是跨案例研究(由很多案例构成)。

"案例研究"这一术语的一个附加含义是,受到特别关注的单位并不能完美地代表总体,或者至少是存有疑问的。跨越样本与总体的单位同质性无法得到保证。例如,如果有人正在研究单个 H_2O 分子,那么可以合理地假定该分子的行为与其他所有 H_2O 分子的行为是相同的。在这种情况下,无论对该分子的研究如何深入,人们可能也不会把这种调查看作"案例研究"。在社会科学条件下,人们很少面对具有如此一致性的现象,因而这并不是一个在实践中具有重要影响的问题。尽管如此,案例研究概念本身就存在针对一个或多个样本可能含有的偏差的质疑。

现在可以正式定义几个辅助术语。

观察是任何经验研究工作中最基本的成分。在习惯上,一项分析中的观察数量以字母 N 来表示(令人困惑的是,N 还可以用来指代研

【20】 究中的案例数,这种用法通常可以根据上下文很明确地看出来)。单次观察可以被认为包含多个维度,每个维度均可(通过不同观察)被测量为变量。当命题是因果性的时候,这些变量可以被细分为因变量(Y)和自变量(X)。因变量是指一项调查的结果。自变量是指解释性(原因)因素,结果被认为是取决于自变量的。

一个案例可以由单次观察($N=1$)构成。例如,在对多个案例的截面分析中,这是可以成立的。然而在案例研究中,要研究的案例所提供的观察总是多于一个。正如下文要讨论的,这些观察可能是历时性的(通过一段时间对案例或个案内单位的一些子集的观察)或共时性的(通过在一个时间点上观察个案内变化)。

这是一条线索,它表明了案例研究和跨案例研究通常在不同分析层次上运作这一事实。案例研究通常关注个案内变化(如果其中有一个跨案例成分,其重要性相对于个案内证据而言可能居于次要地位)。跨案例研究,如其名称所揭示的那样,通常关注跨案例的变化(如果同样有个案内变化,其重要性相对于跨案例证据而言可能居于次要地位)。它们具有相同的目标——解释案例总体,但是处理这一任务的方式不尽相同。

样本由任何受到正式分析的案例构成,它们是一项研究或案例研究最直接的对象。(令人困惑的是,“样本”这一术语也可以指研究中的观察。但目前我们将样本看作由案例构成的。)根据定义,案例研究中的样本规模很小,这些样本由研究者透镜下的一个案例或少数案例构成。不过,通常当有人使用“样本”一词时,他在暗示案例数很大。因此,“基于样本的研究”被认为是指大样本跨案例(Large-N cross-case)方法——与案例研究工作相对。要重申的是,区分案例研究设计与基于样本(或“跨案例”)的研究设计的依据被归于样本的案例数量—— 一个或少数案例相对于很多案例——以及相应的每个案例被研究的透彻程度。与大样本研究一样,案例研究寻求在同手头命题相关的方方面面代表案例总体。因此,如果一系列的案例研究相对简要、数量相对较多,那么它们可能被当作样本。这是一个强调的重点和程度的问题。一项研究中案例越多,每一个案例就越不会被深入研究,人们也越是对案例(相对于一些更大的总体)的代表性充满信心,他们就越可能将其描述为样本而不是一系列的案例研究。出于实践的便利,即除非一项研究的篇幅长度超乎寻常,否则案例研究设计通常会限制在十几个或更少的案例。单个案例并不少见。　【21】

的确,在某些情况下,一项研究可能结合两种要素——深入的案例研究和在更大样本上进行的更浅表的分析。这些额外的案例常常是以边缘化的方式被引入研究中的——通常出现在文章或著作的引言或结论部分。这些边缘性案例大都是通过快速阅读二手文献或者通过统计方法加以考察。有时,这些非正式案例的地位并不明确(它们没有被理论化为正式研究设计的一部分)。它们的地位只有在被深入研究的正式案例与边缘性案例之间的相关比较或对比很明显时才会得到保证。因此,对美国例外论的研究——通过罗列美国经验的特征——常常假设美国与欧洲国家在诸多方面并不相同。[14] 在这种情形下,英国、法国和德国等附加案例为就美国而得出的任何论断提供了必要背景。就它们在分析中肩负的重要作用而言,这些案例出现在了文中,然而或许它们在作者的研究设计中并没有得到正式的说明。对我们的目的来说,重要的是多数研究结合了案例研究和跨案例研究的成分,无论后者是否明确。在方法论上,这些方法是截然不同的,即使它们被整合到了一项研究中(实际上,这是处理许多研究对象的上佳方式)。

下面我们继续对关键术语的讨论。案例样本(无论大小)位于给

---

[14]　Amenta(1991).

定命题所指涉的案例总体中。一个推论的总体因而等同于一个命题的宽广程度(我所使用的命题、假设、推论和论点等术语可以相互替换)。要注意,大多数样本都不是穷尽的,因此才会使用"样本"一词,意指从一个较大总体中抽样。不过,样本偶尔会等于一项推论的总体——其中所有潜在案例都得到了研究。

对于那些熟悉数据集矩形表格的人来说,将观察概念化为行、将变量概念化为列、将案例化为观察组群或单个观察可能颇有助益。此处给出的图表阐明了几种可能性:两个案例(表 2.1)、多个截面案例【22】(表 2.2)和时间序列截面案例(表 2.3)。

我们必须意识到,所有这些术语只有通过指涉特定命题和相应研究设计才是可以界定的。一个国家可以作为一个案例、一项观察或一个总体。这完全取决于作者论证的是什么。在一项典型的跨国时间序列回归分析中,案例是国家,观察对象是国家—年份。[15] 然而,一个命题的分析层次的变化必定会改变所有术语在语义领域的指涉含义。如果人们降低了一个分析层次,那么新的总体将包含于旧的总体、新样本将包含于旧样本,等等。总体、案例和观察是相互嵌套的。由于大多数社会科学研究发生在多个分析层次上,因此这些术语总是变动不居。即便如此,在一个命题及其相关研究设计的语境中,它们具有截然不同的含义。

让我们考虑一项在几种情景下以单个国家内受访者所受调查为基础的分析。在第一种情景下,感兴趣的命题涉及个人层次的行为。它是关于个人如何行事的。如此一来,案例就被界定为个人,并且这种分析可以被恰如其分地划归为跨案例研究。现在,让我们设想研究者希望运用从单个国家获取的相同调查层次的数据来阐明一个关于

---

[15] 如可参见 Przeworski et al.(2000)。

表 2.1　两个案例的案例研究数据集

			X_1	X_2	Y
		观察 1.1			
		观察 1.2			
		观察 1.3			
		观察 1.4			
		观察 1.5			
		观察 1.6			
		观察 1.7			
		观察 1.8			
		观察 1.9			
	案例 1	观察 1.10			
		观察 1.11			
		观察 1.12			
		观察 1.13			
		观察 1.14			
		观察 1.15			
		观察 1.16			
		观察 1.17			
		观察 1.18			
总体 / 样本		观察 1.19			
		观察 1.20			
		观察 2.1			
		观察 2.2			
		观察 2.3			
		观察 2.4			
		观察 2.5			
		观察 2.6			
		观察 2.7			
		观察 2.8			
		观察 2.9			
	案例 2	观察 2.10			
		观察 2.11			
		观察 2.12			
		观察 2.13			
		观察 2.14			
		观察 2.15			
		观察 2.16			
		观察 2.17			
		观察 2.18			
		观察 2.19			
		观察 2.20			

总体 = 1;样本 = 1;案例 = 2;观察(N) = 40;变量 = 3。

【23】

表 2.2　40 个案例的跨案例截面数据集

				X_1	X_2	Y
		案例 1	观察 1			
		案例 2	观察 2			
		案例 3	观察 3			
		案例 4	观察 4			
		案例 5	观察 5			
		案例 6	观察 6			
		案例 7	观察 7			
		案例 8	观察 8			
		案例 9	观察 9			
		案例 10	观察 10			
		案例 11	观察 11			
		案例 12	观察 12			
		案例 13	观察 13			
		案例 14	观察 14			
		案例 15	观察 15			
		案例 16	观察 16			
		案例 17	观察 17			
		案例 18	观察 18			
		案例 19	观察 19			
总体	样本	案例 20	观察 20			
		案例 21	观察 21			
		案例 22	观察 22			
		案例 23	观察 23			
		案例 24	观察 24			
		案例 25	观察 25			
		案例 26	观察 26			
		案例 27	观察 27			
		案例 28	观察 28			
		案例 29	观察 29			
		案例 30	观察 30			
		案例 31	观察 31			
		案例 32	观察 32			
		案例 33	观察 33			
		案例 34	观察 34			
		案例 35	观察 35			
		案例 36	观察 36			
		案例 37	观察 37			
		案例 38	观察 38			
		案例 39	观察 39			
		案例 40	观察 40			

总体＝1；样本＝1；案例＝40；观察（N）＝40；变量＝3。

表 2.3 时间序列截面数据集

				X₁	X₂	Y

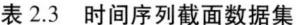

			X_1	X_2	Y
		观察 1.1(T_1)			
		观察 1.2(T_2)			
	案例 1	观察 1.3(T_3)			
		观察 1.4(T_4)			
		观察 1.5(T_5)			
		观察 2.1(T_1)			
		观察 2.2(T_2)			
	案例 2	观察 2.3(T_3)			
		观察 2.4(T_4)			
		观察 2.5(T_5)			
		观察 3.1(T_1)			
		观察 3.2(T_2)			
	案例 3	观察 3.3(T_3)			
		观察 3.4(T_4)			
		观察 3.5(T_5)			
		观察 4.1(T_1)			
		观察 4.2(T_2)			
	案例 4	观察 4.3(T_3)			
		观察 4.4(T_4)			
总体 样本		观察 4.5(T_5)			
		观察 5.1(T_1)			
		观察 5.2(T_2)			
	案例 5	观察 5.3(T_3)			
		观察 5.4(T_4)			
		观察 5.5(T_5)			
		观察 6.1(T_1)			
		观察 6.2(T_2)			
	案例 6	观察 6.3(T_3)			
		观察 6.4(T_4)			
		观察 6.5(T_5)			
		观察 7.1(T_1)			
		观察 7.2(T_2)			
	案例 7	观察 7.3(T_3)			
		观察 7.4(T_4)			
		观察 7.5(T_5)			
		观察 8.1(T_1)			
		观察 8.2(T_2)			
	案例 8	观察 8.3(T_3)			
		观察 8.4(T_4)			
		观察 8.5(T_5)			

总体=1;样本=1;案例=8;观察(N)=40;时间(T)=1-5;变量=3。

【25】

29

国家而不是个人的推论。在这一情景下，每个民调受访者就构成了一个个案内观察。如果所调查的只是一个或少数国家——而且与前面类似，推论是关于多个国家的——那么该研究就被恰当地划归为案例研究。如果所研究的是很多国家（无论有没有个人层次的数据），那将其划归为跨案例研究就是恰当的。理解了"案例"包含核心推论所关注的单位之后，关键问题就是：（1）被研究的案例有多少，以及（2）案例被研究的程度有多深入。

更有甚者，一项研究工作的状态会随着它被学术共同体的吸收领会而发生变化。元分析（meta-analysis）是将个人研究的结果整合到定量分析中的系统性尝试，即把从每项研究中提取的案例个体汇集到一个数据集中（有各种加权和限制）。十分普遍的文献综述或案例研究调查的目标与之相同，只是格局稍小而已。统计性元分析和叙述性文献综述都吸收了一系列研究，将它们当作更大课题中的案例加以研
【26】 究——无论这样做是否符合原作者的本意。⑯

协变性研究设计的分类法

为了更好地理解案例研究是什么，人们必须充分领会案例研究不是什么。通过将案例研究置于更广阔的方法论选项集合中，更易明确其独特之处。在此，我将依据下述标准对研究设计进行分类：（1）研究设计包含的案例数量（一个、几个或很多）；（2）研究设计采用的自变量/因变量的变化类型（时间的或空间的）；（3）变化的位置（跨案例或个案内）。这就产生了一个拥有 10 个可能的单元格的分类法，如表2.4所示。

---

⑯ Lipsey and Wilson（2001）；Lucas（1974）.

表2.4 研究设计:协变的分类

案例	空间变化	时间变化	
		无	有
一个 {	个案内	1.[逻辑上不成立]	2.单一案例研究(历时性)
		3.单一案例研究(共时性)	4.单一案例研究(共时性+历时性)
几个 {	跨案例和个案内	5.比较方法	6.比较历史方法
许多 {	跨案例	7.截面分析	8.时间序列截面分析
	跨案例和个案内	9.分层分析	10.分层时间序列分析

注:阴影部分为案例研究的研究设计

　　有关案例研究设计的变化占据了10个单元格中的5个,在表2.4中以阴影部分标示。类型2代表了单一案例的跨时段变化(历时性分析)。类型3代表了单一时间点上的个案内变化(共时性分析)。类型4结合了共时性和历时性分析,这可能是案例研究工作中最常见的方法。由此表看来,罗伯特·普特南(Robert Putnam)关于意大利的经典研究《使民主运转起来》(*Making Democracy Work*)使用了跨地区和跨时段的变化以检验社会资本的因果作用。[17]

　　将多个案例合并到一项研究中的做法很常见。如果这些案例由

---

[17] Putnam (1993).

大的领土单位构成,那么这种合并就可以被称为"比较"方法(如果感兴趣的变化主要是共时性的)或者"比较—历史"方法(如果感兴趣的变化既是共时性的又是历时性的)。⑱ 应该指出的是,这些术语主要运用于比较政治这一分支领域。诸如"最相似案例"和"最相异案例"等其他术语也会被用到。因此,尽管案例(case)总是单数形式,但一项案例研究工作或研究设计通常是指包括了几个案例的研究。

更重要的一点是,案例研究所依托的证据基础是复数而不是单数形式。实际上,在一项案例研究中存在五种可能的协变证据类型。通常它们是相互交织的——在不同的分析阶段可以运用不同类型的分析——因此通常难以将一项研究进行分类以使其恰好落入表 2.4 中的某一单元格。

表 2.4 的下半部分展示了各种跨案例研究设计,其中经验分析最重要的部分涉及跨越许多案例(不止少数几个案例)的比较。没有任【27】何明确的时间要素的跨案例分析(类型 7)通常被归为截面研究,其实时间要素是与自变量一起被假定先于因变量做了模拟。表 2.2 提供了一个例证。当分析中包含了明确的时间要素时,我们通常称其为时间序列截面(time-series cross-sectional,简称 TSCS)或混合时间序列(类型 8)。表 2.3 阐明了这种形式。当人们在检验同一个研究设计中的跨案例和个案内变化时,通常认为他们采用的是分层模型(类型 9)。最后,当所有协变形式都被纳入一个研究设计中时,由此产生的方法

---

⑱ 关于比较方法,见 Collier(1993);Lijphart(1971,1975);Przeworski and Teune(1970);Richter(1969);和 Smelser(1976)。关于比较—历史方法,见 Mahoney and Rueschemeyer(2003)。比较方法这个早在 Bryce(1921)就听到过的术语,关于它的历史,见 Lasswell(1931)。

可以被描述为分层时间序列设计（类型 10）。⑲

值得重申的是，我之所以列出这些通常与研究设计融为一体的方法，用意不在区分不同的标签，而是期望阐明各种因果证据的类型。【28】对研究设计的分类总是依赖于研究者意图证明的特定命题。前述每一种跨案例方法都能被潜在地运用到一项案例研究中（即案例研究可能采用截面、时间序列截面、分层或分层时间序列等技术）。这完全取决于要探讨的命题（即被研究的是何种现象，以及因此何种现象构成了"案例"）和投入单个案例的分析聚焦程度。

观察数（N）问题　　　　　　　　　　　　　　　　　　　　　　　【29】

在传统上，案例研究被等同于定性方法，而跨案例分析则等同于定量方法。这也是富兰克林·吉丁斯（Franklin Giddings）在其 1924 年的教科书中引入该问题时的做法，在书中他对比了两种截然不同的程序：

> 一种方法是我们追寻特定特征、质量、习惯或其他我们能够追寻得到的现象的分布。另一种方法是我们尽可能完整地探知特征、质量和习惯的数量和种类等，将其结合到一个特定的事例中。第一种程序长期以来被认为是统计方法……第二种程序几乎长期以来都被认为是案例方法。⑳

---

⑲　需要注意到的是，与多数案例研究类似，分层模型包括了跨分析层次的运动。然而，即便案例研究从主要的分析层次下降（降至个案内的案例），分层模型却会上升。因此，如果教室是一项研究中主要的分析单位，人们可以采用分层模型对学校、小区和地区等更大案例的影响进行控制。但是人们可能不会将学生个人作为这种分析的案例（即如果不改变整个研究的分析单位就不会这样做）。

⑳　Giddings（1924：94）。另见 Meehl（1954）；Rice（1928：Chapter 1）；和 Stouffer（1941：349）。

1924 年至今的数十年里,这种分离变得越来越稳固:"统计"与"案例","定量"与"定性"之间形成鲜明的对比。使用数字的人倾向于怀疑案例研究方法,而那些使用叙事的人则很可能赞同使用该方法。

我认为这种区分不是本质上的,也就是说,不是确定无疑的。将案例研究方法同其他所有方法区分开的是其信赖从单个案例中提取的证据,以及与此同时它试图阐明更广泛的案例集合的特征。由此,案例研究中所采用的观察数(N)可大可小,也因此可以用定量或定性方式进行评估。[21]

为了理解为什么可能会这样,让我们思考一下关于单一事件——比方说法国大革命——的案例研究是怎样操作的。人们在直觉上认为该研究提供的观察数 N 为 1(法国)。如果有人想要扩展分析以纳入另一场革命(例如美国独立战争),通常会将研究描述为由两次观察构成。然而,这是对实际情况的严重扭曲。人们所知道的法国大革命至少提供了两次观察,因为通过跨时段的观察可以发现哪些发生了改

---

[21] 本节解释并详细说明了最早由 Lundberg(1941)说明的主题,随后则有 Campbell (1975/1988)——这是坎贝尔早期观点(Campbell and Stanley 1962)的修订版。该观点在历史上的积累存在于心理学的实验研究领域,通常可追溯到古斯塔夫·西奥多·费希纳(Gustav Theodore Fechner)1860 年的《心理物理学纲要》(*Elemente der Psychophysik*)。赫森和巴洛(Hersen and Barlow 1976:2-3)写道,费希纳在该著作中发展了"通过多种心理物理学方法来测量知觉"。使用这些方法,费希纳就能够确定知觉阈限(sensory threshold),即在各种认知形式中的最小可觉差(just noticeable differences,简称 JNDs)。这些方法的共同点是反复测量了对单个实验对象在不同强度或不同位置实施特定刺激的反应……有趣的是,费希纳是最早将统计方法运用到心理学问题上的学者之一。费希纳注意到,对认知形式中最小可觉差(JNDs)的判断多少会随着具体情况而变化。为了量化这一变化,或曰判断中的'误差',他借用误差的正态分布律论证了这些'误差'围绕中数正态分布,之后就成为了'真实的'知觉阈限。这种对描述性统计的运用预见到,当在世纪之交发现能力特征也是围绕中数正态分布时,这些程序就可以运用到个人组别中"。赫森和巴洛注意到作为先驱者的费希纳"关注研究对象内部的变化倾向"。另见 Queen(1928)。

变以及哪些维持了原状。这些协变模式提供了最基本的经验线索。它们还在一个案例中构造了多次观察。因此，最起码 $N=2$（例如，革命之前与之后的情况），这是类型 2 的案例研究（见表 2.4）。

相反，如果没有时间变化——例如，如果在单一的时间点上考察法国大革命——那么研究很可能聚焦于该案例内部的截面协变模式，即案例研究类型 3（见表 2.4）。如果分析的主要单位是民族国家，那么个案内的案例可能从省份、地方、团体或个人之中构造出来。原则上，个案内分析具有无限的可能性。利普赛特（Lipset）、特罗（Trow）和科尔曼（Coleman）在他们对国际印刷者联盟（International Typographers Union）的开创性研究中关注了个案内证据的多样性，包括了联盟中的地方、联盟商店（位于每个地方内部）以及联盟中的个体成员。[22] 不难发现为什么个案内观察数 N 常常超过跨案例观察数 N。无论何种情况下，个体构成个案内观察必定是正确的。一次全国性调查会产生比任何能想象到的跨国分析大得多的样本。因此在很多情况下，类型 3 的案例研究构成了比截面分析或时间序列截面分析更大的观察数 N。【30】例如，最近一项有关自然资源管理研究的回顾发现，研究中观察数 N 的变化与其地理范围大小成反比。特别是聚焦于单个社区的案例研究更容易拥有大样本，因为它们通常采用个体层次的观察；跨案例研究更有可能将社区当作观察的组成部分，因而观察数 N 较小。[23] 这是一种常见的模式。

显然，如果一项案例研究结合了时间和个案内变化，如类型 4 那样，那么其潜在的观察数 N 就会相应增加。而如果在其中加入了跨案例分析，如比较方法或比较—历史方法（表 2.4 中的类型 5 和类型 6），

---

[22] Lipset, Trow, and Coleman (1956: 422).

[23] Poteete and Ostrom (2005: 11).

那么人们就实现了对潜在观察更进一步的扩大。

不论研究方法是否为实验性的,上述事实都是正确的。反事实推理也同样如此,它通常由四次观察组成——真实的(已发生的)事前观察和事后观察,以及通过反事实推理(即通过想象的介入)重构的事前观察和事后观察。简言之,案例研究并没有排除大观察数。根据定义,它只是排除了跨案例的大观察数。实际上,许多著名案例研究中的数据十分丰富,并且包含广泛的、有时还相当复杂的定量分析。弗雷德里克·勒普莱关于工人阶级家庭的著作就包含上百个案例研究。[24] 罗伯特·林德(Robert Lynd)和海伦·林德(Helen Lynd)对印第安纳州芒西市(Muncie)的研究的特色就在于调查了上百名"中镇"的受访者。[25] 另一部开创性的社区研究著作《扬基城》(*Yankee City*)中包含了17 000人的访谈。[26]

那么,在各地社会科学家想象中名声不佳的 $N=1$ 式研究设计的情况又如何呢?[27] 这种假设的研究设计占据了表 2.4 中的空白单元格。该单元格之所以空白,是因为它代表了一种在逻辑上不可行的研究设计。只在单个时间点上进行观察而不附加个案内观察的单一案例不能为任何因果命题提供证据。当人们设法通过这种简单印象凭直觉获知因果关系时,他们可能就是在从事一项真正的随机操作,因为从那个数据点可以提取无限的线索。我认为在社会科学研究中不存在任何这类研究的例子。因此,我更愿意把它看成一个神话而非一

【31】

---

[24] Brooke (1970).

[25] Lynd and Lynd (1929/1956).

[26] Warner and Lunt (1941).

[27] Achen and Snidal (1989); Geddes (1990); Goldthorpe (1997); King, Keohane, and Verba(1994); Lieberson (1985:107-15; 1992, 1994).

种方法。㉘

如表 2.3 所阐明的那样，如果我们从一个时间序列的截面（TSCS）的研究设计来思考案例研究的话，这个问题就更加清晰明了。让我们设想由国家构成的案例，而时间单位是年。因此，分析单位是"国家—年份"。在表 2.3 中，每个案例有五次观察，因此代表单个国家被观察了五年（T_{1-5}）。现在，考虑一下只从这些观察中的一个——在单个时间点上的单个国家——来建立案例研究的可能性。这似乎不太可能，当然除非在那一年中有重要的个案内变化。或许该国在那 12 个月里出现了一个关键时刻，当时具有理论意义的变量经历了重大变化。不论时期长短（而且我们可以设想更长或更短的时期），多数案例研究的重大特征在于它们紧盯着发生变化的时期，而这些发生变化的时期产生了（或者人们认为正在产生）独特的观察，即经典的"事前"（变化发生之前的）观察和"事后"（变化发生之后的）观察。此外，人们也可能利用该国在该特定时间上的空间（截面的）证据——例如运用广泛的文献记录或系统的调查报告。在这些条件下，人们会很容易联想到由时间序列截面研究设计中的单次观察建构起来的案例研究。但这只有将原始观察细分为多次观察之后才能完成。N 不再等于 1。

持怀疑态度的读者可能会把这个结论看作语义上的诡辩，对真实的研究世界没有任何意义。倘若如此，应当考虑下述相当常见的研究情景。一项民族志研究以散文形式提供了有关特定场景的深描（thick

---

㉘ 最可能的例外是否定一个确定性命题的反常案例（deviant example）。然而，反常案例的效用取决于一个更广泛的案例总体。这个案例总体位于集中关注单个案例的案例研究的背景中。因而我要说，该研究的观察对象不止一个，即便其没有收集个案内证据。下述问题可能更加重要。没有人曾进行过只有单个观察数据的案例分析。如果案例研究的目标是显示存在如此类型的单一案例（也许目的就是证伪一个确定性命题），那么它很可能使用大量研究来建立该案例的事实。这一工作包含了多次个案内观察。这再次说明，N 远远大于 1。

description),旨在揭示其他(未被研究的)场景的某些特征。这篇散文的草稿有 500 页的篇幅,而且十分啰嗦:某些模式被反复提及。为了减少描述性材料的绝对篇幅,也是为了获得更为综合的分析,研究者开始将其劳动成果编码为标准化类别——他/她开始计数。现在,通过采用计算行为,他/她是否将案例研究转化为其他类型的研究了呢?(假如是这样,我们应该怎样称呼这项研究?)要注意的是,即使这篇散文现在结合了某种或简单或复杂的定量分析,但它的研究对象并未改变。引入统计分析没有也不应该剥夺一项研究作为"案例研究"的资格。

分析风格

的确,非案例研究工作就定义而言是定量("统计")性质的。这是因为无论何时,当人们试图将大量案例整合到单项分析中时,有必要将证据压缩到少数几个维度。人们不能在考察 1 000 个案例时都遵循它们自身的措辞(即堆积细节)。(人们可以简单地将一个个案例研究积累起来成为一项总结性的多卷式工作。然而,为了使这堆数据得出有意义的结论,减少过多的信息载荷是必要的,这就是为什么我们要用统计学)。

就案例研究证据而言,情况明显更为复杂。案例研究可以使用定量和定性的大量技术以收集和分析证据。这是案例研究有趣的特征之一,并且还使研究具备其特有的灵活性。因此,认为案例研究设计和定性的小样本研究之间具有非强制性的亲缘关系似乎是公允的,尽管后者在定义上并无这种需要。让我们来考察一下为什么会是这样。

根据定义,案例研究关注单一的、相对有界的单位。该单一单位可能会——也可能不会——为大样本个案内分析提供机会。个案内证据有时相当宽泛,正如当个体层次的变化影响到集体层次的推论时一样。但情况并非总是如此。

让我们考虑一下下列经典研究,其中每一项都聚焦于美国公民的态度和特征。由奥格斯·坎贝尔(Angus Campbell)、菲利普·康弗斯(Philip Converse)、沃伦·米勒(Warren Miller)和唐纳德·斯托克斯(Donald Stokes)等人合作完成的《美国选民》(*American Voter*)一书,借助全国范围内普通民众的调查资料,考察了被认为会影响选举行为的一系列广泛议题上的公众舆论。[29] 保罗·拉扎斯菲尔德(Paul 【33】Lazarsfeld)、伯纳德·贝雷尔森(Bernard Berelson)和黑泽尔·高德特(Hazel Gaudet)合著的《人民的选择》(*The People's Choice*)是一项关注生活在俄亥俄州艾里郡(Erie County)的 600 名公民的纵向跟踪调查。这些人在 1940 年总统竞选期间每隔一个月接受一次调查,以确定竞选活动对他们选择候选人可能会产生的影响。[30] 罗伯特·林德和海伦·林德的《中镇》(*Middletown*)一书考察了一个中等规模城市的生活,包括诸如挣钱糊口、组建家庭、休闲时光、教养孩子、宗教活动和社区活动等主题(该书章节也照此划分)。林德夫妇及其同事们借助了大量各类证据的帮助,包括深度访谈、调查、直接观察、二手报道和图书馆外借书目记录等。[31] 罗伯特·莱恩(Robert Lane)的《政治意识形态》(*Political Ideology*)一书试图揭示一小部分美国民众的政治价值观来源,15 名对象作为代表接受了作者的深入访谈。这些对象为男性白人、已婚父亲,年龄在 25 至 54 岁,包括体力劳动者和办公室职员,本地出生,拥有不同的宗教信仰,生活在(未命名的)东部海滨城市。[32]

---

[29] Campbell et al. (1960).

[30] Lazarsfeld, Berelson, and Gaudet (1948).最初进行的是有 2 000 名受访者的更大规模调查,这是作为建立被选择的 600 人小组的基线。此外,那些在定组进行过程中改变了投票选择的人受到了特别关注。这些人可以被看作一系列嵌套在更大的定组研究中的案例研究。然而,因为这种分析在整个研究中仅仅发挥了次要作用,将这种研究设计归类为"跨案例研究"似乎是公平的。

[31] Lynd and Lynd (1929/1956).

[32] Lane (1962).

　　对上述四项研究的部分方法论特征的总结包含在表 2.5 中。要注意的是,前两项研究,即《美国选民》(*The American Voter*)和《人民的选择》(*The People's Choice*)被归类为跨案例研究,而第二对研究(《中镇》和《政治意识形态》)则是案例研究。导致这种区分的原因是什么呢? 显然,研究对象的类型(所有研究主要关注个人)、观察数量(范围上从小样本到大样本都有)或总体的幅度(所有研究都声称描述同一个国家的特征)并不是区分因素。分析风格在一个方面显现出不同:只有在案例研究中定性分析才构成研究中有意义的部分。反过来说,这是所研究的案例数量导致的结果。当上百个人同时接受研究时是没有机会以定性方式评估案例的。相比之下,当研究单个案例(如在【34】《中镇》一书中)或少数案例(如在《政治意识形态》中)时,定性分析通常是合乎需要的,尽管它可能还结合了定量分析(如在《中镇》中)。

表 2.5　案例研究和跨案例研究设计的比较

	研究	对象	案例	最大样本	分析	总体
跨案例研究	《美国选民》(Campbell et al.,1960)	美国公民	1 000+(人)	1 000+	定量	美国人
	《人民的选择》(Lazarsfeld, Berelson, and Gaudet, 1948)	俄亥俄州艾里郡公民	600(人)	2 000	定量	美国人
案例研究	《中镇》(Lynd & Lynd, 1929/1956)	印第安纳州芒西市公民	1(城市)	300+	定量和定性	美国城市
	《政治意识形态》(Lane, 1962)	"东部港口"的男性工职人	15(人)	15	定性	美国劳工阶层

所有类别(对象、案例、分析、总体)都是指由所讨论的研究产生的主要推论。

读者会注意到，研究目标之间的细微差别会让研究从一类转变为另一类。例如，如果罗伯特·林德和海伦·林德决定将其调查看作代表（全美国）普罗大众中的每一个个人，而不是代表美国的城市，那么《中镇》可能会呈现出与《人民的选择》一样的方法论特征：它会变成一项跨案例研究。实际上，这是对该研究的某些部分似乎合理的解读。

非常重要的是，案例研究所使用的分析技术不只是该分析单位中可以获得的个案内观察的绝对数值的函数。更确切地讲，它是该分析单位中可以获得的能够比较的观察数值的函数。考虑一下罗伯特·莱恩的深入访谈。大量的"数据"很明显是从这些大段的访谈中被恢复出来的。然而，受访者的回答并没有被编码以符合标准化变量的要求。因此，它们不能在一个通常被称为"样本"（虽然我们偶尔也在更宽泛的意义上使用这一术语）的数据集格式中进行处理。当然，莱恩本来可以选择对这些访谈重新编码以便可以进行定量分析，降低原始信息的多样性以符合统一参数的要求。但这种做法会有多少收获并不清楚。最终，他的研究被界定为定性形式的分析。 【35】

这个问题在下一章中还会详细论述。目前要注意的一个事实是，案例研究常常提供属于 A 的一件证据，属于 B 的另一件证据，以及属于 C 的第三件证据。可能（总共）存在多次观察，而且所有这些观察或许都与核心的因果论断有关，即便它们彼此之间不能直接进行比较。这些观察在第 7 章中被称为不可比较的观察。

总的来看，根据定义，大样本跨案例研究是定量的。这相当符合惯常的看法。然而，案例研究既可以是定性的也可以是定量的，抑或二者兼而有之，这取决于可以获得的、与手头上的问题有关的个案内证据的种类。因此，案例研究工作与定性方法之间的传统联系更应当被视为方法论上的类同而非定义上的必需。这种联系有时是真实的，但并非总是如此。 【36】

案例研究适于做什么？
——案例研究vs大样本跨案例分析

3

在第 2 章中，我主张案例研究方法最有用的定义是：一种为了理解一类更大规模的相似单位（案例总体）而对一个或少数单位（案例）进行的深入研究。这是作为该主题的最低限度定义而提出的。① 我在本章要着手讨论案例研究的非定义属性——即那些常常与案例研究方法相联系，但联系又并非固定不变的属性。这些属性将被看作由这一概念的最低限度定义产生的方法论倾向。②

案例研究设计展示了其相对于大样本跨案例分析的特有优势和弱点。这类优劣权衡首先源于基本的研究目的，如：(1) 研究的导向是

---

① 我的目的是只包括那些通常与案例研究方法联系在一起的属性，这些属性总是隐含在我们对该术语的使用当中。那些有时与标准用法相悖的属性则被排除在外。对最低限度定义的进一步讨论，见 Gerring（2001：Chapter 4）；Gerring and Barresi（2003）；和 Sartori（1976）。

② 这些附加属性也可以被理解为构成了该主题的一个理想型（"最大限度"）定义（Gerring 2001：Chapter 4；Gerring and Barresi 2003）。当前对案例研究优缺点的评估可以在下列著作中找到：Flyvbjerg（2004）；Levy（2002a）；和 Verschuren（2001）。

生成假设还是检验假设;(2)是内部有效性优先还是外部有效性优先;(3)是对因果机制的认识还是对因果效应的认识更有价值;(4)因果推论的范围是深入的还是宽泛的。这些权衡也依经验领域的形态而定,即依赖于:(5)研究中案例总体是异质性的还是同质性的;(6)作【37】者感兴趣的因果关系是强还是弱;(7)总体内关键参数的有效变化是稀少的还是常见的;(8)可用数据是集中的还是离散的。在上述每一个维度中,案例研究同第一种因素关系密切,跨案例研究则倾向于第二种因素。如表3.1的总结。

我认为影响研究形式的其他问题,例如(9)因果复杂性和(10)给定领域的研究现状,其含义并不确定。这些因素有时会有利于案例研究设计;而另一些时候,它们又会有利于跨案例研究设计。

表 3.1　案例研究与跨案例研究设计:考虑事项

	倾　　向	
	案例研究	跨案例研究
研究目的		
1. 假设	生成	检验
2. 有效性	内部	外部
3. 因果洞见	机制	效应
4. 命题的范围	深入	宽泛
经验因素		
5.案例总体	异质	同质
6. 因果关系强度	强	弱
7. 有效变化	稀少	常见
8. 数据可获性	集中	离散
附加因素		
9. 因果复杂性	不确定	
10. 研究现状	不确定	

要重申的是,表 3.1 中表述的八类权衡体现的是方法论上的倾向,而非一成不变的规律。每一项内容都可以找到例外。即便如此,这些总体趋势经常在案例研究中被发现,并且数十年来在多个一级和二级学科中不断再现。

应该强调的是,每一种权衡都附带着"其他条件相同"(ceteris paribus)的限制。在其他所有条件都相同时,案例研究在生成新的假设方面更为有效。读者必须牢记于心的是,其他九种因素对作者选择研究设计的影响也很强,它们也可能会倒向另一个研究方向。其他条件不会总是相同的。人们不应该急于下结论说某种研究设计适用于给定的背景,还应该考虑所涉及问题的整体范畴——其中某些问题可能比其他的更为重要。【38】

假设:生成 vs 检验

社会科学研究既包括对新理论的探索也包括对现有理论的检验,它由"猜想"和"反驳"共同构成。③ 遗憾的是,社会科学方法论大多只关注后者。社会科学中的猜想成分通常被斥为臆测、灵感或运气——就是撞大运,因而在方法论思考中是一个很弱的主题。④ 然而人们很快就会发现,许多社会科学著作,包括大多数公认的经典作品都是开创性的,并没有给出确定答案。它们的经典地位来自于引入了新颖的

---

③ Popper (1963).

④ 卡尔·波普尔(Karl Popper)(转引自 King, Keohane, and Verba 1994：14)写道："并不存在诸如得到新颖思想的一种逻辑方法这样的事情……发现包含了'非理性成分'或者'创造性直觉'。"最近一本论文集访谈将新颖思想作为其特别关注的对象(Munck and Snyder 2006),尽管在这个问题上是否存在可以普遍化的结论仍是存疑的。

思想或观点,并经受住了之后更为严格(和可反驳)的分析。实际上,在新理论提出的第一时间就设计出一个证伪程序是很困难的。顾名思义,突破性研究是多样化的。相同主题的后续研究则变得更具有确定性,因为其主要任务限定在了证实或证伪既有假设上。因此,社会科学中的所有问题都可以根据一项给定研究所承担的主要目标而有效地划分为假设生成和假设检验两类。在经验研究中有两个"时刻",即"灵光乍现"(lightbulb)时刻和怀疑时刻。两个时刻对一个学科的进步都至关重要。⑤

　　案例研究在探索性研究中享有天然的优势。几千年前,希波克拉底(Hippocrates)就记述了可能是史上最早进行的案例研究。这批案例共有 14 个。⑥ 达尔文(Darwin)关于人类进化过程的认识来自他**【39】**在几个绝佳地点的旅行,其中最著名的就是复活节岛。弗洛伊德(Freud)关于人类心理学的革命性著作建立在对不足一打临床案例的近距离观察上。通过观察自己两个孩子从儿童到成人的成长过程,皮亚杰(Piaget)创立了他的人类认知发展理论。列维-斯特劳斯(Levi-Strauss)关于人类文化的结构主义理论建立在对南北美洲几个部落的分析之上。道格拉斯·诺斯(Douglas North)关于经济发展的新制度主义理论大部分是通过对一些先发国家(主要是英国、荷兰和美国)进行深入分析而建立的。⑦ 还有许多其他的例子可以援引以说明开创性思想来自于对少数关键案例的深入研究。

---

⑤　Gerring (2001:Chapter 10)。Achen 和 Snidal (1989)暗示过两种研究类型之间的平衡;作者批评了案例研究在后一流派中的不足,但也承认案例研究在前一个维度中的益处(同上,167-8)。莱茵巴赫(Reichenbach)也区分了"发现语境"和"辩护语境"的不同。同样,皮尔斯(Peirce)的溯因(abduction)概念承认了生成性要素在科学中的重要性。

⑥　Bonoma (1985:199)。下面一些事例在 Patton (2002:245)中有过讨论。

⑦　North and Weingast (1989);North and Thomas (1973)。

显然,关于一种特定现象,其示例的绝对数量本身并不会产生洞见,或许只会让人困惑。牛顿在认识到地心引力的实质之前观察到了多少次苹果落地? 这是一个虚构的事例,但它阐明了一个核心论点:当首次遭遇或用一种全新的方式思考某个研究对象时,案例研究比跨案例研究更有用。一位研究者在回顾了医学研究中的案例研究方法后发现,虽然案例报告通常被看作证据的最低或最弱的形式,但这些报告被认为构成了"一线证据"。正如让·范登布鲁克(Jan Vandenbroucke)所言,案例报告的特征是"识别意想不到之处"。这就是发现的起点。⑧

案例研究在探索性研究中的优势也可能成为在证实性/证否性研究中的障碍。让我们简要探讨一下为什么会这样。⑨

传统上,科学方法论是通过区隔猜想与反驳来界定的,井水不犯河水。⑩ 然而在真实的社会科学世界里,灵光常常是与汗水相联系的。"灵光"时刻来源于与特定案例之特定事实的亲密接触。灵光更可能出现在实验室而非淋浴室。

猜想与反驳之间的循环性质在案例研究中表现得尤为明显。查尔斯·拉金注意到,案例研究就是"画地为牢"——界定主题,涵括作【40】者最感兴趣的假设、结果和提供了关于假设的相关信息的案例集。⑪一项关于法国大革命的研究可以被构思为一项关于革命、社会革命、起义、政治暴力等的研究。每一个主题都限定了不同的总体和一套不同的因果要素。由于在证据方面存在很大的自由度,因此在界定案例研究主题的过程中,作者的大量介入是必要的。尽管案例研究的主观性允许提出大量的研究假设,但对那些跨案例数量多、所用的经验数

---

⑧　Vandenbroucke (2001: 331).

⑨　这种权衡在经济增长理论语境中的讨论,见 Temple (1999: 120)。

⑩　Geddes (2003); King, Keohane, and Verba (1994); Popper (1934/1968).

⑪　Ragin (1992b).

据集薄弱,且对案例、变量和结果的定义固定(僵化)的跨案例研究者而言,洞见并不那么容易出现。正是案例研究的模糊性使其在探索阶段具有优势,因为单个案例研究允许人们以一种勉强过得去的方式检验多数假设。这并不完全是猜想的过程。一个案例内不同要素间业已被发现的关系乍看上去都具有因果联系:它们全都存在于案发现场。这在人们处于分析的早期阶段时很有启发意义,因为在那一刻,并没有明确的嫌疑人,连罪行本身可能都难以辨别。A、B 和 C 出现在预期的时间和地点(类比于研究者感兴趣的某些结果)的事实就足以将它们列为自变量。案例研究所要求的就是紧邻性证据。因此,人们通常将案例研究当作"可信性调查""试验性研究""启发式研究""探索"和"理论建构"活动。[12]

　　相比之下,大样本跨案例研究通常只考虑检验少量假设,但在进行检验时却信心十足,这非常适合主要目标是检验已有理论的研究。由于通过跨案例研究设计收集的证据只能以有限的几种方式进行解读,作者的干预空间很小,因而这种方法就更加可靠。另一种阐述该问题的说法是认为案例研究倾向于出现类型 I 的误差(错误地拒绝零假设),而跨案例研究则倾向于出现类型 II 的误差(无法拒绝不成立的零假设)。这就解释了为什么案例研究更可能成为范【41】式生成(paradigm-generating)式的研究,而跨案例研究则在常规科学平淡却高度有序的领域中辛勤耕耘。

　　我的意思并不是说案例研究绝对不能被用于证实或证否假设。正如即将讨论的那样,从单个案例中得到的证据可以证伪一个必要或充分假设。此外,案例研究常常对阐明因果机制很有用,这显然影响了自变量/因变量(X/Y)关系的可信性。然而,普遍理论很少提供有关个案内

---

[12]　Eckstein (1975); Ragin (1992a, 1997); Rueschemeyer and Stephens (1997).

变化的详尽而确定的预测,这种预测允许人们通过模式匹配(pattern matching)来反驳一个假设(而无需附加的跨案例证据)。理论检验并非案例研究的强项。对"关键"案例的选择在极力克服一个事实,即跨案例样本数 N 是最小的(见第 5 章)。这样一来,人们不太可能在单个案例的基础上拒绝一个假设或者认为它被决定性地证明了。

哈里·埃克斯坦本人承认,他认为案例研究是一种理论证实型研究的论述在很大程度上是假设性的。写作此观点是在数十年前,他尚无法指出关键性案例研究曾在哪一项社会科学研究中起到过人们所赋予的重大作用。[13] 我感觉这种情况到现在或多或少仍是事实。实际上,在自然科学的实验案例研究中,这甚至也是真实的。唐纳德·坎贝尔和朱利安·斯坦利注意到,"我们必须承认":

> 连续、多次的实验法比仅有一次的决定性实验更具有科学特征。我们今天所做的实验如果成功了,那么还需要在其他时间和其他条件下进行重复和交叉确认,之后它们才能被确立为科学的一部分……即使我们把实验法当作证据的基本语言……我们也不应该期望与对立理论较量的"关键性实验"将会得到清晰明了的结果。例如,当人们发现合格的观察者们强烈地主张对立的观点,那么基于先验理由,很可能二者都观察到了一些关于自然状态的有效事件,并且二者都代表了事实的一部分。争论越激烈,就越有可能是上述情况。因此,我们会期望在这种案例里看到一种实验成果,它或者包含混合结果,或者能协调在不同实验中发生细微变化的事实。更成熟的关注者……避免关键性实验,而代之以研究实验变量在众多取值上的空间关系与互动。[14]

---

[13] Eckstein (1975).

[14] Campbell and Stanley (1963: 3).

单一案例研究仍旧是单发事件——即一类更大现象中的一个示例。

假设生成与假设检验之间的权衡可以帮助我们调和案例研究者的热情与案例研究批评者的怀疑。他们都是正确的,因为案例研究的【42】松散性质,它既是产生新概念的福星,也是导致证伪失败的元凶。

有效性:内部 vs 外部

有效性问题通常根据其位于研究样本的内部还是外部(即应用于一个更广泛的未经研究的总体)加以区分。后者可以被概念化为样本和总体之间的代表性问题。只要遵循某些合理的案例选择程序(如第5章将要讨论的某些随机抽样类型),跨案例研究总是比案例研究更能代表研究所关注的人群。对案例研究而言,代表性是个大问题,因为根据定义,案例研究仅仅包括了某些更为普遍的现象中的少数案例。罗伯特·莱恩所选择的人是典型的美国劳工阶层的白人男性移民吗?[15] 中镇代表了美国的其他城市吗?[16] 这类问题永远萦绕在案例研究周围。它意味着案例研究在外部有效性方面通常要弱于其表亲——跨案例研究。

与之相应的是案例研究在内部有效性上具有优势。它通常更易于建立起关于一个案例(或少数案例)而不是一大组案例因果机制的真实性,尽管并非总能这样。案例研究者在这一方面抱有与实验主义者同样的成见:对样本内有效性的威胁比对样本外有效性的威胁更让他们感到不安。因此,将对外部和内部有效性之间的权衡,与其他因素的权衡一样,作为选择跨案例/单一案例研究设计的判断原则,似乎是可取的。

---

[15] Lane (1962).

[16] Lynd and Lynd (1929/1956).

因果洞见：因果机制 vs 因果效应

第三种权衡关系到研究者想要获得哪一类对因果关系的洞见。区分以下两种目标可能颇有助益。第一种目标涉及对因果效应的判断；第二种则涉及对因果机制（即从自变量 X 到因变量 Y 的路径）的【43】研究。

当谈到"因果效应"时，我是指两件事：（1）一个因果关系的重要程度（案例总体中 X 的给定变化对 Y 的预期影响），（2）该点估计的相对精度或相对不确定性。[⑰] 很明显，仅仅观察一个或少数案例很难获得对案例总体的因果效应的可靠判断（一种可能出现的例外是，在一项实验中给定案例能够被反复检验，而每一次检验后案例都回到原始状态，但人们在这里不可避免地要面对被大量研究过的该案例是否具有代表性的问题）。[⑱] 因此，对因果效应的判断几乎总是依赖于跨案例证据。

当前已经完全确立的观点是，因果论断不仅依赖于衡量因果效应，还依赖于辨明因果机制。[⑲] 就是说，X 要以一种可信的方式与 Y 发生联系，否则就弄不清楚一个协变模式是否真的具有实质性因果关

[⑰] 对因果效应的正确估计依赖于对可能的估计量的最佳选择。因此它遵循前述讨论所说的，以样本为基础的分析对于选择不同的估计量也是至关重要的——除了其他必要条件之外，以它们的相对效用和误差来判断。见 Kennedy（2003）对这些问题的讨论。

[⑱] 要注意，对单一案例的深入研究可能是评价该单位内部因果效应最恰当的方法。因此，如果有人对美国福利津贴与工作量之间的关系感兴趣的话，他可以通过检验仅仅从美国获得的数据而得到非常准确的评估，而不需要进行跨国研究。然而，由于由此产生的通则并没有扩展到讨论的单位之外，这并不是通常意义上的案例研究。

[⑲] Achen（2002）；Dessler（1991）；Elster（1998）；George and Bennett（2005）；Gerring（2005）；Hedstrom and Swedberg（1998）；Mahoney（2001）；Tilly（2001）.

系,或者也不知道因果互动会是什么样的。此外,不能清楚地认识在因果关系中发挥作用的因果路径,就不可能正确地说明其模型,不能找到可以用于处理感兴趣的回归变量的分析工具(如果有内生性问题),也不能说明其结果。[20] 因果机制因而被认为存在于对平均(一般)因果效应的每一次判断中。

　　在研究因果机制的任务中,跨案例研究的启示意义通常不足。这已经成为对大样本跨国研究最常见的批评。例如在讨论增长、民主、内战和其他国家层面结果的原因时,这些研究展示了输入与输出之间的相关性,但没有澄清产生这些相关性的原因是什么(即清晰的因果【44】 路径)。比方说,我们知道婴儿死亡率与国家失灵之间存在强相关,[21] 但要解释这种发现就完全是另外一回事了,因为它与许多各不相同的因果机制有关。婴儿死亡率的突然攀升可能是由饥饿、社会动乱、新型的传染病、政府镇压或其他数不胜数的因素导致的,其中某些因素或许被认为影响了国家稳定,而另一些因素更有可能是国家不稳定的结果。

　　如果构建得好,案例研究可以让人们一窥因果关系的黑箱,以便找出位于某些结构性原因及其可能产生的效应之间的中间因素。理想上,案例研究可以使人们"目睹"X 与 Y 的互动——休谟的台球穿越桌台撞击另一个球。[22] 巴尼·格拉泽(Barney Glaser)和安塞姆·施特劳斯(Anselm Strauss)指出,在实地研究中"普遍关系通常都是当场被

---

[20] 在讨论二阶最小平方分析中的工具变量时,Angrist and Krueger (2001:8)注意到"好的工具通常来自于有关经济机制的详尽知识,即决定有意义的回归量的制度"。

[21] Goldstone et al. (2000).

[22] 这与过程追踪证据的存在有关,这一问题将在后面讨论。但是对这种证据的预测并不是必需的。案例研究的另一个特别之处——敏感的时间序列数据——也与因果机制问题有关。

发现的,即实地研究者们直接看到它们发生"㉓。在研究决策行为时,案例研究可以用来深入认识给定背景中行为者的意图、推理能力和信息处理程序。因此,丹尼斯·郑(Dennis Chong)使用深度访谈研究了极小样本的受访者,以便更好地理解人们就公民自由议题做出决定的过程。郑评论道:

> 深度访谈相对于大规模调查的优势之一是,它更全面地记录了研究对象是如何得出其观点的。尽管我们不能实际观察到触发他们回应的潜在心理过程,但却能够见证许多表露在外的状态。当研究对象们以闲聊、迟疑、困惑或漫谈的方式表述答案时就向我们泄露了他们是如何思考和论证政治议题的。㉔

同样,对单个案例的研究可以让人们检验一个理论表述的因果含义,从而为因果论断提供确证性证据。这有时被称为模式匹配(见第7章)。

案例研究证据基于因果机制研究质疑普遍理论论断的一个例子涉及理性威慑理论。就像其在 20 世纪 80 年代为人们所理解的那样,威慑理论预设了一些关键假定,即"行为体拥有外部给定的偏好和选 【45】项,他们寻求根据其他行为体的偏好和选项来最优化自身偏好……结果的不同可以用行为体机会的不同来解释……并且国家就像单一的和理性的行为体那样行动"。㉕ 然而与该理论颇为抵触的是,一批案例研究提出:(1)国际行为体在其决策过程中常常利用"捷径"(即他们不会在纯粹分析偏好及其可能结果的基础上重新决策);(2)因"对当

㉓ Glaser and Strauss（1967：40）.

㉔ Chong（1993：868）.更多关于深度访谈的例子,见 Hochschild（1981）和 Lane（1962）。

㉕ Achen and Snidal（1989：150）.

前个人或其国家直接经历的重要案例进行历史类比"（例如"索马里＝越南"）而存在一种强烈的认知偏差；（3）在国际危机中，"意外和混乱"是常见的；（4）一个重要的价值或目标通常（以一种轻率和未经充分考虑的方式）压倒其他价值；（5）行为体对其他行为体的印象受到其自我认知的强烈影响（高度的信息不完全）。在这些认知偏差之外还有一系列心理偏差。㉖ 总而言之，尽管威慑理论可能仍旧有效，建立在跨案例研究基础上的早期研究也曾让我们对之深信不疑，但该理论所包含的因果路径似乎在很大程度上可以比早期研究更加多样化。对特定国际事件的深入研究有助于揭示这些复杂性。㉗

迪特里希·鲁斯切梅耶（Dietrich Rueschemeyer）和约翰·斯蒂芬斯（John Stephens）提供了对因果机制的检验如何质疑建立在跨案例证据上的普遍理论的第二个例子。该论文关注的主题是在后殖民政权中英国殖民主义对促进民主的作用。作者特别研究了扩散假设，即民主因为"英国政府制度与代议制度的转移以及殖民者指导殖民地人民按照英国政府那样行事"而得到强化。在深入分析了几个案例的基础上，作者们写道：

> 我们确实在作为英国殖民地的北美和澳大利亚发现了这种扩散效应；但在西印度群岛，历史记录指出了英国统治与民主之间的不同联系。在当地，英国殖民政府反对扩大投票权，只有白人精英才能在代议制度中得到"指导"。但具有讽刺意味的是，我们在与中美洲作对比的基础上进行论证时发现，英国殖民主义的确阻碍了当地农场主精英控制本国并且还以大规模镇压应对20

【46】

㉖ Jervis（1989：196）。另见 George and Smoke（1974）。

㉗ George and Smoke（1974：504）.检验建立在预测因果机制之上的理论的另一个案例研究，见 McKeown（1983）。

世纪30年代的工人起义。为了应对当地精英的坚决抵抗，英国殖民统治者做出了妥协，允许根植于黑人中产阶级和劳工阶级的政党——工会复合组织的发展，这一组织成为了后来的民主和独立运动的中流砥柱。因此，这些案例所描述的历史显示英国殖民主义与民主之间稳健的统计关系只有部分是由扩散效应产生的。必须将阶级力量、国家权力和殖民政策之间的互动引入到对统计结果的全面解释中。㉓

我们在这里不需要关心鲁斯切梅耶和斯蒂芬斯所得出的结论是否正确。不管怎样，关键之处在于处理该因果机制问题的任何尝试都高度依赖于从案例研究中得到的证据。和其他很多例子一样，这个例子中的因果路径问题太困难了，它需要非常多未经充分测量或未被测量的变量，以至于无法进行准确的截面分析。㉙

可以肯定的是，因果机制并不总是需要明确的关注，它们可能是很明显的。在其他条件下，它们可能经得起跨案例研究的检验。例如，相当多的文献强调贸易开放与福利国家之间的因果关系。通常的 【47】

㉓　Rueschemeyer and Stephens（1997：62）.

㉙　第三个关注因果机制的案例研究分析例子涉及联合政府中的政策委派。Michael Thies（2001）检验了政党如何委派权力的两种理论。第一种理论叫作部长政府，它假设政党将内阁部长职位完全委派给政党成员（政党成员掌握部长职位）。第二种理论被称为管理委派，它假设多党联合阵营的成员委派权力，但也积极监控其他政党所掌握的部长职位的行动。检验上述竞争性理论的关键证据是对副部长（junior ministers，简称JMs）的任命。如果副部长也来自同一政党，那么我们可以假定部长政府模式是有效的。如果副部长来自不同政党，Thies 推断管理委派模式有效。因为在这一模式中，副部长被认为是对所讨论的政府机关的行动起到监督作用。对这一经验问题的检验探讨了四个国家——德国、意大利、日本和荷兰，提供了一系列关注议会制政府内部工作情况的案例研究（我将该事例中证据的实质进行了简化，这些证据不仅延伸到仅指跨委派副部长是否存在，而且还包括了各种附加的过程追踪线索）。其他很好地解释了更大范畴理论的个案内研究的示例，见 Canon（1999）；Martin（1992）；Martin and Swank（2004）；Young（1999）。

经验发现是，更开放的经济体与更大的社会福利支出有关。那么问题就变成了为什么会存在如此稳健的相关性。贸易开放与社会福利之间可能存在的相互联系是什么？大卫·卡梅伦（David Cameron）提出了一种可能的因果路径，[30]即贸易开放性的增长导致国内经济面对外来冲击（比如由于贸易条件的改变）更为脆弱。如果这种关系是真实的，那么人们将发现在一个国家贸易条件的年度变化（一种测量经济脆弱性的标准）与社会福利支出之间具有稳健的相关关系。凑巧的是，这种相关关系并不稳健，这导致一些评论者怀疑大卫·卡梅伦和很多其他人所推定的因果机制是否真实有效。[31] 因此，在干预变量可以在较大案例样本中被有效操作化的情况下，检验因果机制而不诉诸案例研究是可能的。[32]

即便如此，在案例研究模式中研究因果路径的机会总体而言更为明显。考虑一下设计对一大组受访者的标准化调查与设计对一个或一小组对象的深入访谈之间的差异，就像丹尼斯·郑在上述例子中所做的工作。在后一种情况下，研究者能够深入探究在标准化调查中可能无法探究，更不用说提前预见的细节。他/她还能更好地判断受访者的真实性与可靠性。探索因果机制就是培养对地方情境（local context）的敏感性。通常这些地方情境对跨案例检验是至关重要的。然而，使案例研究在微观层次研究上有用的因素同样也让其在测量平均（一般）因果效应时不那么有用。这是一个典型的利弊权衡。

---

[30]　Cameron（1978）.

[31]　Alesina, Glaeser, and Sacerdote（2001）.

[32]　关于这一性质的其他示例，见 Feng（2003）；Papyrakis and Gerlagh（2003）；Ross（2001）。

命题的范围：深入 vs 宽泛

研究者希望证明或展示的因果论断的范围，部分地决定了一个案例研究分析模式的作用。追求具有较大广度的论断通常更需要跨案例证据；限定在一小组案例上的因果论断则能够在单一案例研究的基础上合理存在。广泛与精深之间的权衡是一种极为基本的常识。[33] 一项针对法国的案例研究可以为关于欧洲而不是关于全世界的论断提供更为有用的证据。命题的宽度与证据的宽度总是密切相关的。 【49】

的确，单一案例研究有多种方式能够令人信服地宣称为广泛的因果命题提供证据。例如，通过选择最能代表被研究现象的案例（"典型"案例）或者选择代表给定命题中最困难的情境并因此排斥某些结果的案例（"关键"案例），这将在第 5 章中讨论。即便如此，在同等条件下，范围狭窄的命题比范围宽泛的命题更适合运用案例研究分析。因此同其他众多因素一样，推论的广度构成了选用案例式分析的一个因素。这反映在许多案例研究者们那里就是，不愿意援用覆盖较大范围的确定性因果命题——用科学哲学的习惯用语来说即为"覆盖律"。

出于同样的原因，案例研究方法主要的优点之一是其提供的分析的深度。有人可能认为深度就意味着细节、丰富、详尽、全面，或一项解释所要说明的结果的变化程度。案例研究者们抱怨跨案例分析很浅薄就是一种明证，那种研究常常不会谈及单个案例。除非有不同的说明，跨案例研究更可能只解释有关给定结果的很小一部分变化。跨案例研究是在一种非常普遍的层次上探讨该结果。比较典型的是，一项跨案例研究的目标仅仅是解释革命是否发生，而案例研究还可能尽

---

[33] Eckstein（1975：122）.

力解释该事件的特征——为什么它会在这个时间并以这种方式发生。案例研究因而被恰如其分地鉴定为"整体"研究,并对事件进行"密集的"描述。[34]

　　追求广度还是深度不是一个能够以某种确定方式回答的问题。我们唯一可以有把握地总结的是,研究者们总要去面对是更深入地了解少数事物还是较浅表地了解大量事物之间的选择。可以依据这样的线索来对案例研究进行辩护,或批评也一样。[35] 事实上,把围绕案例研究"情境敏感性"(contextual sensitivity)的争论理解为关于深度和广度的争论可能更加精确(和恰当)。那些觉得单一主题的跨案例研究对研究情境敏感的案例研究者,通常并不争论到底有没有任何一致性因素贯穿所有被选中的案例。相反,案例研究者们的抱怨是,能说的太多了——准确地说,是缩小推论范围能让我们对所研究现象写出更多准确的论述。[36]

【49】

　　实际上,我相信一些有关案例研究的传统问题可以被理解为这种基本权衡的产物。例如,案例研究常常因其对社会现象的整体研究方法而获得称赞,其中行为被置于自然背景下进行观察。相比之下,由于在其人为建构的研究设计中使用了似乎与受关注的现象关系薄弱的抽象变量,从而脱离了社会行为领域的实际环境,跨案例研究因而遭受批评。[37] 这些相关的赞美和批判可以被认为是案例研究者一方将深度置于广度之上的有意选择。

---

[34] 我对"密集的"一词的用法在一定程度上有别于 Geertz(1973)的用法。

[35] 见 Ragin(2000: 22)。

[36] Ragin (1987: Chapter 2). 然而, Herbert Blumer(1969: Chapter 7)的抱怨还有更多内容。

[37] Orum, Feagin, and Sjoberg (1991: 7).

案例总体：异质 vs 同质

正如刚才评述的那样，对案例研究和跨案例分析方式的选择并不仅仅受到研究者的目标驱使，它还被研究者试图理解的经验世界所塑造。对于刚开始进行研究的人来说，要考虑到跨案例分析的逻辑是建立在某种程度的跨单位可比较性（单位同质性）的前提之下的。案例必须在可能影响作者所研究的因果关系的任何方面都是彼此相似的，或者相互间的差异必须为了研究而进行控制。未经控制的异质性意味着那些案例好比是"苹果和橙子"；人们无法通过比较它们的历史而获知关于潜在的因果进程的任何事情。研究者感兴趣的潜在因素在不同情境（概念延伸）中意味着不同的东西，或在不同情景中研究者感兴趣的自变量/因变量关系是不同的（单位异质性）。

案例研究者们时常质疑大样本研究，他们怀疑其中包含着其差异很难被建模的异质性案例。"变量导向"的研究被认为牵涉到不符实际的"同质化设定"。[38] 例如在国际关系学科中，根据威慑失败或威慑成功来划分案例是很常见的。然而，亚历山大·乔治和理查德·斯莫克指出，"将因变量仅仅分为威慑成功和威慑失败两个子集"忽略了威慑可能失败的各种方式。在他们看来，威慑存在众多独立的因果路径（同果不同因），而当一项研究将异质案例归并到同一样本中时，这些路径就可能被隐藏起来。[39] 【50】

另一个例子来自于心理学的临床研究，它关注由个人所构成的样

---

[38]　Ragin（2000：35）. 另见 Abbott（1990）；Bendix（1963）；Meehl（1954）；Przeworski and Teune（1970：8-9）；Ragin（1987；2004：124）；Znaniecki（1934：250-1）.

[39]　George and Smoke（1974：514）.

本的异质性。迈克尔·赫森和戴维·巴洛解释说:

> 相比于分别说明50个案例,对从50个案例所获得的结果进行说明更能令人信服地展现特定技术的有效性。然而,这一方法的主要困难在于,对这些当事人的分类几乎总是变成难以处理的异质类别。[例如],"精神病患者"可能具有的共性要比任何随机选择的人群还少。然而,当分别说明每个案例时,临床医生更容易搜集某些重要信息,因为具体问题和具体程序通常是以相当详尽的方式加以说明的。当人们把案例归并到宽泛界定的类别中时,对单个案例的描述就消失了,随之而来的成功率报告就变得毫无意义。⑩

在案例具有极端异质性的条件下,研究者可能会判断当其关注一个案例或少数相对同质性的案例时情况能更好一些。个案内证据或从少数最相似案例中得到的跨案例证据会比跨案例证据更有用,即使研究者的终极兴趣是一个更庞大的案例总体。假设有人有一个由异质性很强的案例构成的总体,其中一两个案例实施了类实验转化。他通过详尽地检验这些案例而获得的对整个总体因果模式的认识,极有可能远远超过实施大样本跨案例分析的收获。同理,如果研究中可以用到的案例具有相对同质性,那么倾向于跨案例分析的方法论论断相应就很强。把附加案例纳入其中不太可能影响到研究的结果,因为这【51】些附加案例足够相似,能提供有用的信息。

因此,异质性/同质性总体的问题可以被理解成N(观察)与K(变量)之间的权衡。在寻求解释特定现象的过程中,如果每一个潜在案例仅仅提供一次观察并且还要求人们控制变量(以抵消由此得到的样

---

⑩ Hersen and Barlow (1976:11).

本的异质性），那么每个附加案例就会丧失自由度。使用跨案例分析或将一个双案例研究扩展到更多的案例是没有意义的。另一方面，如果每一个附加案例都相对不那么有价值——如果不需要控制变量，或者如果附加案例（在不同时间）提供了不止一个有用的观察——那么跨案例研究设计就有可能是合理的。[41] 更简单地说，当相邻案例是单位同质性的，附加更多案例就很简单，因为没有（或少）异质性特征需要建模处理。当相邻案例是异质性的，附加案例的代价就很高昂，因为对每个添加上去的异质性要素必须正确地建模，每一个模型调整都要求独立的（并且很可能是无法检验的）设定。为了做出一个因果推论而要求的背景设定越多，推论就越薄弱。这不只是一个关于结果统计显著性的问题。处于所有因果分析核心的"其他条件相同"这一设定带来了问题（见第 6 章）。在任何案例中，案例研究与跨案例研究设计之间的争论不是关于因果复杂性本身（就这一概念经常被使用的意义而言），而是关于在特定经验领域中 N 和 K 之间的权衡问题，也是关于通过统计技术建立案例异质性模型的能力问题。[42]

在结束本节讨论之前，得指出一个十分重要的问题，即研究者对案例可比性的判断在严格意义上不是一个可以得到经验验证的问题。的确，人们能够寻找——也应该寻找——潜在案例中的经验模式。如果这些模式很强，那么关于案例可比性的设定看上去就相当可靠；而如果这些模式不强，那么就有怀疑的理由。然而，关于案例可比性的

---

[41]　Shalev（1998）.

[42]　的确，如果相邻案例是完全相同的，那么研究者感兴趣的现象就是不变的。在这种案例中，研究者研究一个现象的更多示例也什么都无法获得，因为仅仅会不断复制从第一个案例得到的结果。然而，实际上社会科学家所有感兴趣的现象都有某种程度的异质性（案例不是完全相同的），以及某些随机成分。因此，具有理论可能性的完全相同、一成不变的案例几乎不会在实践中遇到。

争论通常关注边界案例。要注意的是,社会科学家们感兴趣的很多现象没有严格的边界。如果有人正在研究民主国家,那么总是存在如何界定一个国家是民主的,并且由此决定样本范围的问题。研究者们对这些问题有不同的想法,而这些想法几乎不可能接受严格的检验。类似的,关于将贫穷和富裕社会归并到单个样本中是否合理,或者它们是否构成了截然不同的总体长期存在争论。再者,贫穷和富裕(或"发达国家"和"不发达国家")之间的界限是模糊的,将一个与另一个分开来进行独立分析的想法在严格的经验范畴上是有问题的,也是无法解决的。没有任何安全(或"保守")的方式可以进行。最后一个关键问题涉及社会现象的文化、历史成分。许多案例研究者感到,对存在巨大文化和历史差异的社会进行比较是毫无意义的。然而,很多跨案例研究者觉得将人们的分析焦点局限于单一文化或地理区域极其武断,同样毫无意义。在这些情况下,如何理解一项推论中潜在总体的案例同质性或异质性,很明显是研究者的选择。相似案例止于何处而不相似案例又始于何地呢?

　　由于这个问题严格来讲不是经验性的,因此它可以被称为研究设计的本体论要素。本体论是关于世界究竟是什么的看法,它是关于世界如何运转的一套或多或少连贯一致的设定,是类似于库恩范式的研究世界观(Weltanschauung)。[43] 尽管将本体论问题引入社会科学方法论讨论中看上去比较奇怪,但应该承认社会科学研究并不完全是实证方面的努力。人们发现什么取决于他们在探索什么,而人们探索什么在某种程度上又取决于他们期待发现什么。惯常的看法是,案例研究者们倾向于对世界有一种"区块状"的看法,他们将国家、社区和个人看作高度个体化的现象。相较而言,跨案例研究者所抱持的世界观差

---

[43]　Gutting (1980); Hall (2003); Kuhn (1962/1970); Wolin (1968).

异化较低，他们更愿意相信在每个地方事物都是相同的，至少就基本的因果进程而言是如此。在划定恰当的研究范围时，研究者们的许多选择都是在这些基本设定，或曰本体论驱动下做出的。

因果关系强度：强 vs 弱

在不考虑总体是同质性还是异质性的情况下，真实的因果效应较强则因果关系就易于研究，反之则较为困难。在这里，因果关系的"强度"是指案例总体中自变量 X 对因变量 Y 的影响的重要程度和一致性（它既涉及手中证据的形态，也涉及对该证据进行解读的相关先决条件是什么）。当自变量 X_1 对因变量 Y 具有较强影响时，对这种关系的研究就相对容易。相比之下，较弱的因果关系通常很难识别。这更多是一种常识，并且适用于所有研究设计。【53】

就我们的目的而言，重要的问题是在案例研究模式中遇到的弱因果关系尤其模糊。因此，在弱因果关系和大样本跨案例分析之间，以及强因果关系和案例研究分析之间有一种方法论上的紧密关系。

这个问题在极端条件下最为明显。最强的因果关系类型可能被认为是决定性的，其中自变量 X 被认为是因变量 Y 出现的必要和/或充分条件。必要且充分的原因解释了发生在 Y 上的所有变化。充分原因解释了 Y 在某种条件下的所有变化。必要原因自身解释了 Y 不出现的原因。在所有三种情况中，因果关系通常被认为是完全一致的，即不变的。这里不存在任何例外情况。

为什么案例研究设计更容易表述这类原因应该是很清楚的。考虑一下一个决定性因果命题只用一个案例就可证否。[44] 例如，占主导

---

[44] Dion（1998）.

地位的政治稳定理论曾规定,只有在相对同质性的国家或可以通过横向分割而减弱现有异质性的国家里,社会和平才能持久。[45] 阿伦·利普哈特(Arend Lijphart)对荷兰这个社会分裂不断加强而社会冲突却极少的国家进行的案例研究在单个案例的基础上证否了这一确定性理论。[46]（人们可能会质疑将原始理论理解为确定性的是否正确。然而,如果它真是确定性的,那么它就被一项单一案例研究确定性地驳倒了）。证实一个不变的因果推论一般要求更多的案例。然而,这并没有证实一个概率性论断那么复杂。原因很简单,人们认为因果关系是不变的,因此被研究的单一案例的分量就更重,随机变化被排除【54】 在外。

重要程度和一致性——因果关系强度的两个组成部分——通常是一个程度问题。由此可知,X 与 Y 之间的联系越薄弱,以案例研究形式进行表述就越困难。这是因为当所有影响都很轻微或极其无规律时,联系 X 与 Y 的因果机制就不太可能在一个案例中被发现。因此,案例研究设计从一开始就同确定性的因果论断联系在一起,而跨案例研究则同被认为是轻微地和高度概率性的因果论断相联系。这种状况一点也不令人吃惊。[47]（严格来讲,重要程度和一致性是独立的因果关系特征。然而,因为它们具有协变倾向,还由于我们倾向于将其作为并列的概念,所以我把它们当作一个单一维度的组成部分）。

现在,让我们思考一下来自于另一个极端的例子。人们普遍认为政权类型与经济绩效之间的因果关系很弱。如果说民主对经济增长

---

[45] Almond (1956); Bentley (1908/1967); Lipset (1960/1963); Truman (1951).

[46] Lijphart (1968);另见 Lijphart (1969)。其他证否一个确定性普遍命题的案例研究示例,见 Allen (1965); Lipset, Trow, and Coleman (1956); Njolstad (1990);以及 Rogowski (1995)的讨论。

[47] Znaniecki (1934). 另见 Robinson (1951)中的讨论。

有什么影响的话,那么它也只可能对中近期的发展存在些微影响。这些影响很可能还有许多例外情况(即不符合普遍模式的案例)。这是因为除了民主外还有很多因素影响一个国家的经济增长绩效,还因为在经济增长中可能存在重要的随机成分(不能以普遍方式模型化的因素)。由于该因果关系的扩散性特征,因而可能很难通过审视单一案例而获得相关认识。要在一个事例中观察到弱的因果关系是十分困难的。要注意的是,即使给定国家中民主和经济增长之间的因果关系看起来较强,但该案例是否对人们感兴趣的更大总体而言具有代表性则仍有疑问。这是由于我们已经断定该因果关系的典型性意义是微弱和不符合规律的。当然,民主同增长之间假定的弱关系也是跨案例分析的软肋。有大量批评针对这类研究,而这类研究也少有稳健的发现。[48] 即便如此,有一件事情似乎是明确的,即如果民主与增长之间存在因果关系,那么更有可能在跨案例研究的背景下发现这种关系。在一个样本而非案例中可以更好地处理正向假设(positive hypothesis)和 【55】零假设。

有效变化:稀少 vs 常见

在分析因果关系时,我们不仅必须要关心 X/Y 关系的强度,还需要关心所有可用案例中的证据分布。特别是我们必须关注有效变化——被认为在可能产生关于因果关系之线索的相关参数(时间或空间)上的变化——的分布。因而,当有效变化很稀少时——即变化局限在少数案例中——案例研究形式宜采用。另一方面,当有效变化很

---

[48] Kittel (1999, 2005); Kittel and Winner (2005); Levine and Renelt (1992); Temple (1999).

常见时,跨案例分析方法或许更有用。

考虑一下像社会革命这种现象,它是一种极少发生的结果。如果我们将每个"国家—年份"算作一次观察,那么在该变量上的经验分布由上千次的无革命和少数几次革命构成。在直觉上,人们显然对少数"革命的"案例有巨大兴趣。我们需要尽可能多地了解革命,因为它们提供了我们可资利用的所有变化。在这种条件下就很难回避案例研究分析方式,尽管它可以与大样本跨案例分析共同进行。凑巧的是,很多社会科学家们感兴趣的结果都十分罕见,因此这个问题绝非微不足道。[49]

作为对比,设想一下类似政党更替这种现象,它被认为是执政党或执政联盟在选举中被击败的情况。政党更替在多数民主国家是经常出现的,因此对该变量(连任/更替)的观察在贯穿"国家—年份"的总体中的分布相对均衡。两种结果的例子都大量存在。在这些情况下跨案例研究设计似乎更站得住脚,因为案例的变化是平均分布的。

[56]　　另一类变化涉及在给定案例内部会发生哪种变化。假设在一个大的总体内只有一两个案例表现出类实验特质:研究者有特殊兴趣的因素(X)发生改变,其他可能影响结果的因素不产生相应变化。(案例的类实验特质可能是人为操纵处理的结果或者是自然发生的处理。第6章将探讨这些问题。)很明显,我们极有可能从研究这个特殊案例中收获颇丰——或许比我们研究成百上千个偏离实验理想的附加案

---

[49]　考虑一下下面的主题以及它们——极端罕见的——变化例子:早期工业化(英国、荷兰);法西斯主义(德国、意大利);使用核武器(美国);世界大战(第一次世界大战、第二次世界大战);单一非转移式投票选举制度(约旦、瓦努阿图、改革前的日本);民主国家内部的选举制度改革(法国、意大利、新西兰、泰国)。"稀缺"的问题就是不常见,其中的参数是分等级的而不是两分法的。但是也有关于某种现象的大量例子,其分布被少数异常值歪曲,例如:人口(印度);个人财富(比尔·盖茨、沃伦·巴菲特);民族异质性(巴布亚新几内亚)。

例还能知道得更多。但是，如果许多案例都拥有这种实验特质，那么将自身限定在单个例子上就毫无道理了；跨案例研究设计可能会更加合理。

最后一类变化涉及一个案例相对于被研究的特定理论显示出的特征。假设案例提供了对一个理论的"关键"检验；它完美而精确地满足了该理论的预测，没有其他解释可以合理地说明该案例的表现。如果没有出现其他关键案例，那么深入研究该特定案例就是按常规行事了。当然，如果有很多这样的案例存在于总体内，那么（以某种减少相关参数数量的方式）一次性研究所有这些案例也是可能的。

这里的总体观点是，案例总体中有效变化的分布在选择案例研究还是跨案例研究设计时相当重要。（第 5 章和第 6 章讨论的很多问题在什么构成了"有效变化"这一点上同此处的讨论有关。因此我在这里只简要地触及了这些问题。）

数据可获取性

我把最乏味的因素留到了最后。有时，人们对研究设计的选择受到在给定问题上目前可获取或便于收集的信息的数量和质量的驱动。这是一个实践问题，独立于经验世界的真实形态。它关系到的就是在给定时间点上关于前者我们知道些什么。[50] 证据问题可以从以下几个方面提出：对于手头上可能与受关注的因果问题相关的案例我们了解多少？我们对这些数据的精确性、确定性和案例可比性又知道多少？一个证据丰富的环境是指在其中所有相关因素都可测量，这些测量都

---

[50]　当然，我们对可能案例的了解并不是独立于潜在事实；但是它也不是完全依赖于该事实。

【57】 相对精确,它们都能被转换为跨案例的可比较的形态,人们可以相信信息相对来说的确是准确的。一个证据贫乏的环境则恰恰相反。

可获取证据的问题会影响到对研究设计的选择,因为人们要考虑在案例总体中证据的分布情况。如果相关信息集中于单个案例或以不可通约的形式包含在案例总体中,那么采用案例研究分析方式几乎是不可避免的。但是,如果信息均匀地分布在整个总体中——也就是说,如果我们对所有案例都同等熟悉——而且是跨案例可比较的,那么一个狭窄的研究范围就毫无可取之处。(在本节中,我将数据、证据和信息作为同义词使用。)

让我们考虑最简单的一类例子,其中信息被完全限制在一个或几个案例中。当前只能获得少数国家准确的婴儿死亡率和其他人类发展指数的历史数据(这些国家包括智利、埃及、印度、牙买加、毛里求斯、斯里兰卡、美国和一些欧洲国家)。[51] 这种数据问题在将来不太可能得以扭转,因为如果没有公共或私人记录,要测量婴儿死亡率是极其困难的。因此,任何研究该一般主题的人很可能严重依赖上述案例,对这些案例进行深入分析是可行的也是有益的。实际上,我们还不清楚任何关于 20 世纪之前的大样本跨案例分析是否可行。在这里,案例研究形式在事实上是被指定的,而跨案例研究形式则是被禁止的。

有关证据的其他问题更为微妙。现在让我们细想一下数据的可比性问题。穆里甘(Mulligan)、吉尔(Gil)和萨拉(Sala-i-Martion)在其对社会安全支出的研究中注意到,

> 尽管我们的支出和设计数字都有很高的质量,但仍然有某些观察是缺失的,即使有了所有的观察,也很难把多种老年津贴简

---

51 Gerring (2006c).

化为一两个数字。由于这个原因,案例研究成为了我们分析的重要部分,因为这些研究不要求有在大量国家之间可比较的数字。我们的案例分析使用了一批具有各国特色的数据,因此我们不必将"社会安全"或"民主"简化成一个数字。[52]

在这里,证据不可通约性的影响有利于选择案例研究形式。最终,作 【58】者们(或后来的分析者们)会发现一种编码系统,它可以为社会安全、民主和其他相关概念提供相当有效的跨案例测量标准,随后我们关于这一主题的知识状况就会发生改变,跨案例研究设计也会具有更多的合理性。

重要的是,有关某一主题的证据从不会处于完全固定的状态。研究者可以收集额外的数据,重新编码现有数据或是发掘新的数据宝库。因而在讨论证据问题时,人们必须要考虑在给定问题和给定的时间与资源条件下可以收集到的证据的质量和数量。在案例研究形式中收集新数据和修正现有数据通常要比在大样本跨案例形式中更简单,观察到这种情况是很正常的。如果人们手上的案例数字是成百上千,那么修正数据问题就会很困难。这是因为数据点太多而无法这么做。

人们可以在近期民主研究的背景下思考这一问题。学者们对试图充分体现这一复杂概念的现有全球性指标(例如,由"自由之家"[Freedom House]和"政体"[Polity]资料组收集的数据)的可行性存在普遍的批评。[53] 测量误差、聚合问题和概念有效性问题都十分严重。在处理一个国家或大洲时,通过对受关注的国家进行人工重新编码可

---

[52] Mulligan, Gil, Sala-i-Martin (2002：13).

[53] Bollen (1993); Bowman, Lehoucq, and Mahoney (2005); Munck and Verkuilen (2002); Treier and Jackman (2005).

以消除一部分这类错误。[54] 案例研究形式常常使研究者有机会核实事实、查阅多重来源、追溯一手材料和克服可能影响二手文献的任何误差。毋庸多言的是,对单个研究者来说,如果他的课题涵盖了世界上每个国家,这就不是一个可行的方法。在这种情况下,人们通常最多能做的是某些形式的会聚性确认(即比较同一概念的不同指标)或对试图矫正聚合问题或测量误差的编码进行细微调整。[55]

　　出于同样的理由,在跨案例分析中收集原始数据要比在案例研究分析中更为困难,它涉及更高的费用、在案例的识别和编码上更大的困难、学习外语和出差等。把对一组案例需要做的工作放在一个案例

【59】 上就要简单得多。

　　应该牢记在心的是,人们对人类学家、经济学家、历史学家、政治学家和社会学家所关心的许多国家仍然所知甚少。在经合组织(OECD)以外的国家,除了少数大国得到了学者们的认真关注(如印度、巴西、中国),世界上大多数国家并没有在社会科学文献中得到充分讨论。如果一名学者只有第二手资料来源的话,那么他想对比任何针对博茨瓦纳这类的国家的论述都难以得到检验。而且这些十分有限的第二手资料还不一定是最可靠的那种。因此,如果人们希望就世界上约90%国家的政治模式表达一些观点时,又或者人们希望超越由世界银行、IMF以及其他机构所收集的标准统计数字能够得出的结论时(况且关于研究不足的国家的这些统计数字还十分粗略),人们或多或少都有必要进行案例研究。当然,原则上人们可以从所有相关案例中去收集类似的信息。然而,这种企图要面对严峻的后勤困难。因此出于现实的理由,当研究者在面对一个缺乏信息的环境时,案例研究

---

[54]　Bowman, Lehoucq, and Mahoney (2005).

[55]　Bollen (1993); Treier and Jackman (2005).

有时是最能自我辩护的选择。

不过，这一理由很容易彻底改观。现有的数据集可用于研究社会科学中的众多重要问题。因此，人们可能不必再为自己的书、文章或博士论文收集原始信息。有时深入的单一案例分析比跨案例分析更为耗时。如果这样的话，案例研究形式就不具有信息优势。实际上，使用现有信息去做跨案例分析可能更简单，尤其是当案例研究形式会带来它自己特有的障碍时——诸如到遥远的地方旅行、个人受伤的危险、高额费用等。有趣的是，我们注意到一些观察者认为案例研究"相对更耗费时间和资源"。㊶

无论在后勤方面有哪些具体的障碍，证据形态——目前能得到的和可以被作者收集到的证据——常常对研究者的研究设计选择具有重大影响，这是一个普遍真理。当针对特定案例的证据十分丰富和准确时，人们就会相当明显地要求对这些案例进行案例研究。相反，当相关证据对所有潜在案例都同等有效并且在这些案例中可以进行比较时，就没有理由回避跨案例分析。事实上，在这种条件下使用案例 【60】研究形式可能会一无所获。

因果复杂性

并非所有影响研究设计选择的因素都会明显地倾向案例研究或是跨案例研究。有一些因素的含义并不确定。这些因素究竟是有利于针对少数案例的集中研究还是针对众多案例的浅表研究，取决于一些很难概括的问题。

让我们以因果复杂性开启这个争论不休的问题。案例研究者常

㊶ Stoecker（1991：91）.

常称赞其偏爱的方法能更好地理解复杂的原因,[57]而批评者们则声称因果关系越复杂就越需要跨案例证据。[58] 两种立场在直觉上似乎都有道理,并且很明显取决于对"复杂性"的解读。复杂性可能是指概率性的(而不是不变的)因果模式、必要和/或充分条件、非线性关系、多重原因(同果不同因)、非叠加性因果相互关系、因果序列(因果关系的顺序影响研究者感兴趣的结果)、大量看似可信的原因(过度决定的问题)以及其他很多内容。事实上,"复杂性"作为在社会科学界使用的术语,似乎是指一个因果关系问题中所有不能完全符合标准的线性、叠加性和独立性等设定的特征。就这点而言,因果复杂性是在转移话题,因为它没有确定的意义。

如本章先前所论述的那样(见因果关系强度一节),某些因果复杂性——比如必要和充分条件——可能会有利于选择案例研究设计。其他的(因果复杂性的)影响,我认为,则是不确定的。也就是说,有时可以在案例研究中发现复杂的因果关系,我们能够从每一个因素中解析出独立的因果效应(这可能取决于其在一个延伸的因果链条中的位置)。这正是案例研究所能做到的,如果研究做得很好而且所选择的案例适用于那种研究风格的话。但这常常都是行不通的。类似的,有【61】时人们能够在跨案例研究的背景下把复杂的因果关系模型化,而有时则无法做到。一言以蔽之,一切视情况而定。

让我们考察一个例子。假设有人对财政压力对社会革命的影响感兴趣——即认为当政府受资金束缚的程度越高,他们越有可能提高税收,但这样做会招致反抗。一项良好的(确证)案例研究可以精确地

---

[57] Abbott (1990); George and Bennett (2005); Ragin (1987: 54; 2000: Chapter 4); Rueschemeyer (2003).

[58] Goldthorpe (1997); King, Keohane, and Verba (1994); Lieberson (1985).

表现这一点而不涉及任何干预（混淆）的因素。如果以类实验的方式进行研究（见第 6 章），变数会多一些。可以施加某种干预（处理）——增加预算赤字，随之提高税收——然后观察其结果。然而，一个糟糕的（确证）案例会显示同时发生的许多事件也可能导致革命。正如在现实中很多事情的确容易在诸如革命等关键时刻同时发生，因此常常很难分辨真实与虚假的因果效应。我们可以将其理解为统计术语上的共线性问题。现在，让我们假设你可以使用 100 个国家的年度财政压力测量数据、税收工具，还有各种混淆因素（控制因素）。共线性依旧是个严重的问题。但是通过大量的跨案例证据，至少有努力克服问题以获得成功的机会。而克服问题的机会在多数案例研究条件下就十分渺茫。（事实上，一些统计学家把共线性看作数据不充分的问题。）

总体观点仍然成立。"复杂性"本身（牢记复杂性有很多意思）在因果关系的分析中既不偏向案例研究也不偏向跨案例方法。

领域现状

另一类有关环境的考虑是给定主题所在领域的研究现状。社会科学家们习惯的一个观点是，研究发生在持续存在的传统环境中。所有研究工作都依赖于这一研究传统去识别主题、观点和证据。我们需要知道并因而展开研究的内容在某种程度上取决于我们已有的知识。由此可知，案例研究相对于非案例研究的效用在某种程度上是给定领域研究现状的产物。一个由案例研究主导的学科可能不再需要更多的案例研究，而一个跨案例研究居于霸主地位的学科则可能极其需要集中力量对所知甚少的案例做深入研究。

事实上，很多关于案例研究方法效用的争论与这种方法本身并没

有多大的关系,这些争论更多是关系到特定领域的当前研究状况。如

【62】 果案例研究和跨案例方法都有很多优点值得推荐(本书的隐含设定),

那么二者都应该被人们所践行——或许不能等量齐观,但至少应当报

以同等的努力和尊重。追求一种而排斥另一种方法,或将使用少数方

法的实践者隔离开并无好处,甚至有巨大的潜在危害。对社会科学进

步至关重要的三角测定法需要使用各种(切实可行的)方法,包括案例

研究。但是,我们对这种迫切的愿望却无法一概而论,因为它取决于

【63】 每个领域或分支领域的状态。

第 II 部分
实 施 案 例 研 究

在本书开篇，我强调了案例研究的方法论经常被诋毁，而该方法本身又被大量实践，因而造成极为严重的分裂现象。案例研究不受尊重，即便如此，它又被经常使用。实际上，它始终是社会科学多数学科和分支领域依赖的通用工具，就像在第1章中所展示的那样。那么，人们怎样才能理解这种方法论理论与方法论实践之间的矛盾呢？这是驱动本书第一部分的问题。

案例研究的烦恼始于其定义的模糊，如第2章所述。这一关键术语经常同一系列毫不相干且界定不清的方法论特征混为一谈。因此，我们的第一个任务是精心构造一个用于方法论讨论的更精确和更有效的概念。我认为，案例研究的最佳定义是对单个案例（或一小组案例）进行的深入研究，其目的在于推广至更大一组具有相同的一般化类型的案例。如果推论涉及民族国家，那么案例研究会聚焦于一个或几个民族国家（而跨案例研究则会同时聚焦很多民族国家）。如果推论涉及个人，那么案例研究会聚焦于一个或几个个人（而跨案例研究会同时聚焦于许多个人），诸如此类。

　　按照这一定义,案例研究可以是小样本或大样本的(因为一个案例可以提供一个或许多观察)、定量的或定性的、实验的或观察的、共时性的或历时性的。同样按照这一定义,案例研究设计适合于任何宏观理论框架或范式——例如,行为主义、理性选择、制度主义或诠释主义。它并不存在认识论上的不同。① 区分案例研究与跨案例研究的只是其界定观察的方式,而非其对那些观察的分析或其塑造因果关系的方法。案例研究设计通过单一案例或少数案例构建起观察,而跨案例研究设计则由多个案例构建观察。在大多数情况下,跨案例和案例研究在不同的分析层次上进行操作。

　　在其他方面,案例研究所面对的窘境不仅是由于其定义问题,本质上还在于方法本身。旨在了解其他案例而研究单一案例导致了一系列在方法论上模棱两可的问题。第一,案例研究的概念依赖于人们头脑中的特定命题,这个命题可能随时间(在研究被学术界吸收期间)甚或在一项给定研究中(当作者改变了研究的分析层次时)就发生了变化。第二,尽管研究者倾尽全力,但一个案例的边界有时是开放性的。这对于那些可能以相当不确定的方式穿越古今的时间边界而言尤为如此。第三,案例研究通常建立在种种协变证据之上;案例研究不是只有一种类型,而是有五种(见表2.4)。

　　此外,案例研究的阵痛还根植于一种不充分的评估,该评估针对这一方法引发的方法论上的考量,在第3章讨论过的。其中必须考虑至少八种典型的优缺点(见表3.1)。在其他条件相同时,当研究目的是生成假设而非检验假设时,当偏好内

---

① 在 Orum, Feagin 和 Sjoberg(1991:22)的著作中,案例研究和跨案例研究的认识论不同被当作一个主题来研究。

部有效性甚于外部有效性时，当对因果机制的洞见优于对因果效应的洞见时，当重视观点的深度超过了重视观点的广度时，当总体是异质性而非同质性时，当属于强因果关系而非弱因果关系时，当在关键参数上的有用变化罕见而不是常见时，当高质量的证据集中而不是分散时，案例研究更为有用。因果复杂性和学科研究现状也可能影响一个研究者选择采用单一案例还是跨案例研究设计，尽管它们的方法论含义是含糊的。

　　本书第一部分的目标是重新赋予案例研究方法以意义、【66】目的和尊严。希望通过对该方法提供更加精心限定的定义，将其从模棱两可的问题中被解救出来。也希望这一方法的典型优势和局限，会对案例研究的制造者和使用者更为明显。案例研究对于某些研究目标和在某些研究条件下是有用的工具，但不全然如此。

　　在本书第Ⅱ部分，我转向了研究设计的实践问题。人们如何运用对一个或少数案例的深入研究来了解一大组案例？

　　第4章提出关于这一探索的初步问题。第5章考察了案例选择问题。第6章通过实验性研究设计的棱镜考察了内部有效性问题。第7章通过使用一种被称为过程追踪的完全不同的路径处理内部有效性问题。终章提出了单一结果研究的研究设计要素，此时单一结果而非一组更宽泛的结果是研究的主要兴趣所在。　　　　　　　　　　　　　　　　　　【67】

预备讨论 4

在进入具体研究设计技巧的讨论之前,有必要插入令案例研究工作中所有研究设计问题相形见绌的几项因素的预备讨论。这些因素包括证据搜集技巧、构思假设、可证伪度,案例研究中的特殊化与一般化目标之间的紧张关系,确定案例研究旨在代表的总体以及跨层次研究的重要性。尽管这六个问题影响着社会科学中所有的经验研究,但它们在案例研究中尤为令人困惑,由此也值得我们密切关注。

证 据

我在第 2 章已指出,案例研究不应按一种独特的数据搜集方法而应按与研究领域的范围相关的研究目标来界定。案例研究的证据可能来源于一个既有的数据集或一系列文本,也可能是研究者的原创性研究成果。书面资料既可能是一手的,也可能是二手的。证据可以是定量的,也可以是定性的,或二者兼而有之——比如说对定性观察进

行数值编码从而建立一个定量变量。① 证据可能来源于实验(将在第

【68】 6章讨论)、"民族志"实地研究②、非结构化访谈或者高度结构化的

调查。③

简言之,搜集证据("数据")的方法多种多样,而且没有哪种方法

是案例研究所独有的。技巧因学科、研究领域和研究题材的不同而差

异巨大——而且应该如此。的确,证据搜集方法越精细,跨越多个案

例实施那种技巧就越困难。就此而言,民族志研究被正确地认定为一

种案例研究方法。即便如此,一个人或一群人(或许在一个课题上花

费几代人的时间)可能开展的民族志研究的数目并不存在理论上的限

制。一旦该数目超出了可能进行定性分析的范围,如果想要对总体采

取整合的研究方法,就或多或少需要某种形式的数学简化。比如,在

存在大量文本数据的情况下,分析者通常需要采用内容分析或话语

分析。④

准确获取事实对于做好案例研究而言至关重要。不过,由于数据

① Kritzer (1996); Stoker (2003); Theiss-Morse et al. (1991).

② 关于民族志(包括参与观察和实地调查)的文献非常多。关于这方面早期研究成果的简要讨论,参考 Hamel (1993)。当代社会科学中的研究包括 Becker (1958); Burawoy, Gamson, and Burton (1991); Denzin and Lincoln (2000); Emerson (1981, 2001); Fenno (1978: 249-93; 1986; 1990); Hammersley and Atkinson (1983); Jessor, Colby, and Shweder (1996); Patton (2002: 339-428); Smith and Kornblum (1989)。所谓的"民族方法学(ethnomethodology)"见 Garfinkel (1967)。Helper (2000)讨论了实地调查在经济学中的前景。关于民族志研究在犯罪学、医学、心理学等"硬科学"中的应用包括 Athens (1997); Bosk (1981); Estroff (1985)和 Katz (1999),均引自 Rosenbaum (2004: 3)。关于开展实地调查(特别是在国外)的实用建议可参见 Barrett and Cason (1997)和 Lieberman, Howard, and Lynch (2004).

③ 关于调查研究的一般介绍可参见 Dillman(1994)。Gubrium 和 Holstein (2002)对访谈研究作了全面介绍。

④ 对于不同技巧的讨论可参见 Coulthard (1992); Hart (1997); Krippendorff (2003); Laver et al. (2003); Neuendorf (2001); Phillips and Hardy (2002); Silverman (2001)。另见"Symposium: Discourse, Content Analysis" (2004)。

搜集方法众多，人们对这个问题很难发表一概而论的评论。⑤

不过，有一个问题值得强调。所有的数据都需要进行诠释，而且就此而言所有的证据搜集技术都是诠释性的。⑥ 证据极少会不言自 【69】明。可能存在像"基本事实"（brute facts）那样的东西——比如凯撒（Caesar）于公元前 51 年跨过卢比孔河（Rubicon）。⑦ 然而，在一项以探究一般原因为导向的研究中，人们有必要赋予此类行为以意义。而这需要研究者自己去判断。

请注意，各种社会科学是由它们对决策行为——人类以及人类创造的机构所进行的、并非天生命定的活动——的关注来界定的。因此，任何社会科学的解释都包含关于人们为何为其所为、想其所想的假定，这是关于意图和动机的问题。社会科学不可避免地是一种诠释性活动。

在许多情形中，以行为者为中心（actor-centered）的意义或多或少是不言而喻的。当人们以明显自利的方式行事时，研究者可能不会觉得有必要对行为者的意图进行研究。⑧ 低价买进、高价卖出是有意的

---

⑤ 有关一手资料和二手资料的研究，参见 Thies（2002）. 还可参考 Bloch（1941/ 1953）；Elton（1970）；George and Bennett（2005）；Lustick（1996）；Thompson（1978）；Trachtenberg（2005）；Winks（1969）。

⑥ 诠释主义［也称解释学（hermeneutic）或理解（*Verstehen*）］方法可以宽泛地指关注意图和社会行为中所包含的主观意义的证据搜集方法。参见 Gadamer（1975）；Geertz（1973, 1979a, 1979b）；Gibbons（1987）；Hirsch（1967）；Hirschman（1970）；Hoy（1982）；MacIntyre（1971）；Rabinow and Sullivan（1979）；Taylor（1985）；vonWright（1971）；Winch（1958）；Yanow and Schwartz-Shea（2006）。

⑦ 这个术语源于 Anscombe（1958），尽管她的用法与我的用法不尽相同。另一个相似的用法，可参见 Neta（2004）。

⑧ 可以肯定，自利行为（超出自保的水平）在某种层次上也是社会建构的。但是如果我们想要了解钱袋袋投票对选举结果的影响，通过调查钱和物质作为人类行为的驱动力量的起源就不会有太大的收获。有些事我们可以视为理所当然。对这一点的有益讨论参见 Abrami andWoodruff（2004）。

行为,但在我们知道(或凭直觉感知)会发生什么的情况下,它很可能不需要详尽的民族志研究。另一方面,如果有人感兴趣的是为何不同文化背景下市场的作用存在差异,或者为何一些文化中的人们会放弃他们所囤积的商品,或者为何在另一些情况下人们没有低买高卖(当这样做看似符合他们的利益时),那么他就有必要超越诸如自利等很容易理解的(明显的)的动机。⑨ 在这些情况下——包括社会科学家本身感兴趣的许多事件在内——小心留意行为者自己所理解的意义至关重要。⑩ 霍华德·贝克尔(Howard Becker)解释说:

> 【70】 为了理解个人行为,我们必须知道他如何看待形势、他认为自己必须面对的障碍以及他认为可行的替代选择。除非我们从行为者的观点来考虑,否则我们无法理解可能性的范围、犯罪亚文化、社会规范以及其他通常被援引的行为解释的影响。⑪

这是一种诠释主义的探索——根据行为者的立场理解行为,在行为者的观点与常识不符的情况下,它也是一种具有启发性的探索。

因此,一项社会科学研究中的证据通常包含着一种诠释活动。但这并不是案例研究设计所独有甚至是特有的。

假 设

人们至少得对自己的研究问题是什么有大致想法,才可能提出关于研究设计的问题。在抽象上没有诸如案例选择或案例分析之类的

---

⑨ Geertz (1978).

⑩ Davidson (1963); Ferejohn (2004); Rabinow and Sullivan (1979); Stoker (2003); Taylor (1970).

⑪ Becker (1970: 64), 引自 Hamel (1993: 17)。(贝克尔在《社会学家的窍门》一书中对此亦有阐述,该书由重庆大学出版社引进出版。——译者注)

事情。一项研究设计必须有一个目的，而那个目的是由它想要论证或证明的推论所界定的。

在本书中，我主要关注因果推论，而非描述性或预测性推论。因此，所有假设至少包含一个自变量（X）和一个因变量（Y）。为了方便，我将具有特定理论意义的原因因素标记为 X_1，将控制（背景）变量或者多个控制变量的向量（如果有的话）标记为 X_2。

如果一位作者关心的是解释一个令人困惑的结果，但对其原因没有预设的想法，那么这种研究可以被称为以 Y 为中心的研究（Y-centered）。如果研究者关心的是调查某一特定原因的影响，并没有预想这些影响可能是什么，那么这种研究可以被称为以 X 为中心的研究（X-centered）。如果研究者关心的是研究一个特定的因果关系，这种研究就被称为以 X_1/Y 为中心的研究（X_1/Y-centered），因为它将某一特定原因与某一特定结果联系起来。[12] 以 X 或 Y 为中心的研究是探索性的，其目的是形成新的假设。以 X_1/Y 为中心的研究则相反，是证实性或证伪性研究，它旨在检验一个已有的假设。

需要注意的是，开展一项以 X_1/Y 为中心的分析并不意味着作者试图去证明或否定一个单因的或确定性的论断。X_1 和 Y 之间假设的因果关系可能是任何一种类型的。X_1 也许只能解释 Y 的很小一部分 【71】变化。X_1/Y 的关系也可能是概率性的。X_1 既可以指单个变量，也可以指原因因素的向量。这一向量可能是一种相互关系（比如一种互动形式）。以 X_1/Y 为中心的分析的唯一区别性特征是设定了一个（一些）特定的原因因素、一个特定结果以及联系二者的某种模式。因此，以 X_1/Y 为中心的分析提出了一个特定的假设——一个命题。相比之

---

[12] 这一点是对密尔（Mill 1843/1872：253）的扩展，他认为科学研究具有双重目的："要么探究特定影响之原因，要么探究特定原因的影响及性质。"

下,以 Y 或 X 为中心的分析更具开放性。在此,研究者"浸透加刺探"
去探究其原因或结果。⑬ 借助第 3 章中所介绍的对比,我们可以说以
Y 或 X 为中心的分析是假设生成型研究,而以 X_1/Y 为中心的分析则
是假设检验型研究。

通常,因果假设越是具体和可操作,识别一系列相关案例就越容
易。研究者的操作性假设会自然地在其研究过程中进行调整。的确,
许多以案例为基础的研究的探索性本质正是这种研究设计的优势之
一,正如第 3 章所观察到的。认为假设可以被完美无瑕地构想出来而
不受数据的"污染"的观点是错误的。我们最好忘记这一实证主义的
教条。它经常为人们所鼓吹,却鲜少付诸实践——而且当它付诸实践
时,极少能产生好的结果。通常,假设来源于研究者与其证据之间的
开放式对话。的确,人们可能对某一论点只有大致的想法,直到他已
经开展了大量研究。社会科学研究通常由对这里或那里发生的一些
"有趣"事情的怀疑——研究者具有的直觉——所驱动。困惑是好的出
发点。即便如此,研究设计问题只有在最初的直觉被表述为一个具体假
设之后才能得到充分应对。

匆匆一瞥真实的社会科学世界会发现,很少有研究纯粹以 Y 或者
X 为中心。研究者通常对什么导致了 Y 或 X 导致了什么有一些预想。
大多数情况下,研究者会被劝告提出一个更全面详细的假设,它包含
因果等式的两边。以 Y 为中心和以 X 为中心的分析是存疑的出发点。
它们难以精确确定,因为因果等式的一边是开放式的。

【72】　　也要记住,检验单个假设(你的或其他人的)是无法孤立开展的。
总是存在竞争性假设,即使这些竞争性理论难以识别(如果该研究领

---

⑬　Fenno (1978).(美国著名政治学家 Fenno 提出做研究要"在上下文中浸透","用统
　　计去刺探"。——译者注)

域相对不发达,你可能需要自己构建它们)。一个好的研究设计就是将某一原因因素的影响与其他可能造成结果的因素区分开来。如果所要讨论的理论比一个单一的、明显的原因因素(如果它可以用多种方法进行操作化)更加广泛,那么一个好的研究设计就要证实那个理论,同时驳斥其他理论——或者至少表明它们不能解释某类特定结果。[14] 好的研究设计排除了竞争性解释。因此,在全面考虑研究设计问题时,问问自己下面这个问题将是有益的:是否有替代性方式解释这组结果?

最后,人们必须记住,所有的因果论断都推测有一个因果机制,或一组因果机制。[15] 机制可以解释 X_1 与 Y 之间据推断存在的关系。它是 X_1 和 Y 之间的因果路径或连接线。一个具体而确定的因果路径是因果分析的"王牌证据"——"冒烟的枪"(smoking gun)。当然,社会研究中的因果路径往往比"冒烟的枪"这一比喻所表明的更为模糊不清。这就是研究设计为什么通常关注这项艰巨却又至关重要的任务的原因。也就是说,在检验竞争性理论时,人们也有必要检验竞争性的因果机制,而不仅仅是 X_1 和 Y 之间的共变模式。的确,我们已经看到案例研究的优势之一在于它常常揭示了跨案例研究(第 3 章)中仍然模糊的因果机制。

因此,在全面考虑研究设计问题时,有必要问问自己一个理论所提出的因果机制是什么,它们是不是多重的、交互的或者呈现出其他

---

[14] 检验诸如威慑理论和现实主义(都来源于政治学中的国际关系领域)等非常宏大的、抽象的理论比检验一些具体的理论要复杂得多。主要的问题在于,宏观理论(也称框架、范式)能够以很多不同的方式进行操作化。因此,它们很难被证伪,或者就此而言被证实。在本书中,我只对检验比较具体的假设感兴趣。

[15] 假设一下,仅仅依靠共变性论据对因果关系提出强有力的论证是可能的,特别是当共变性证据是实验性的。不过,如果研究者也可以明晰因果机制,那个论证就会更加有力。进一步的讨论参见第 3 章。

的复杂形式。如果你正以探索性方式展开研究,就必须问问这些问

【73】 题,尽管是以一种更为开放的方式。不论哪种情况,来自案例研究的证据应该被用来证明或反驳受关注的理论。也就是说,对因果机制的预测或预期可能影响所要研究的案例的选择。"黑箱"(black boxes)应尽可能地被"冒烟的枪"所取代。

可证伪度

卡尔·波普尔试图根据其可证伪度——一个命题被证明为伪命题的难易程度——归类所有的科学命题。[16] 这相应地可以被视为一个"风险性"问题。从一个有风险的命题可以推出多个精确的、确定的经验预测,这些预测无法轻易地被其他原因因素(外在于受关注的理论)解释,并由此被解读为所讨论的理论的强有力支持证据。

可证伪性/风险性将在下一章作更详细的讨论。现在,让我们观察一下这个维度上存在着的范围广泛的变化。一些案例研究会产生(或检验)极其有风险的命题。其他研究会以一种抽象或模糊的方式进行,以至于当它们被用更大的案例总体(并非深入研究的那个案例)来检验时几乎立于不败之地。例如,E.P.汤普森(E. P. Thompson)的著名历史著作《英国工人阶级的形成》(1963年)提供了一个在一国(英国)背景下阶级形成的案例研究。它提出了一个非常普遍化的范畴,也许适用于所有现代国家。汤普森并没有提供一个阶级形成的具体理论,除了工人阶级参与到自身发展中这样一个模糊的观点。如此,除非我们凭直觉有重大发现(在仅有一个理论的提示下建立一个普遍理论),否则我们只能推导出相对很少的

---

[16] Popper (1934/1968; 1963).

适用于更广泛总体的命题。

　　许多案例研究考察了特定背景下某个界定松散的一般性话题——战争、革命、性别关系。的确,有时最狭窄的领域可以做最广泛的延伸。对一场战争的研究是对所有战争的研究,对一个农业社会的研究是对世界各地农业社会的研究,对个人的研究是对领袖或人性的研究,等等。但是,这类研究可能并没有采用一般性的战争理论、农业理论、领袖理论或人性论。比如,大多数根据诠释主义传统进行的案例研究可能就是这样。[17] 同样,带有"观念很重要""制度很重要""政 【74】治很重要"等标题的案例研究通常不会以冒险的预测作为结束。它们告诉我们一个观念在其中起作用的例证("观念在这里起作用"),但是并没有产生关于观念作用的一般化命题。大多数基于关键节点(critical junctures)和路径依赖序列等组织工具的研究也是这种性质,因为所讨论的路径是唯一的,而它作为一种路径的事实在某种非常普遍的意义上适用于不同案例。[18] 所有这些理论框架的共性(实际上几乎是它们唯一的共性)在于它们既宽泛又模糊。它们提供了一个可能用来解释某个特定案例的框架,而不是一个可以适用于其他案例的可证伪命题。

　　相比之下,一些案例研究工作从分析模糊的因果框架转向分析具

---

[17]　克利福德·戈尔茨(Geertz 1973:26)赞同大多数历史学家和人类学家——大概这些人都对社会科学工作持诠释主义的观点——的怀疑,他将跨案例的一般化描述为临床推理(clinical inference)。"并非从一组观察开始,试图将它们纳入一个支配性法则之下,这种推理从一组(假定的)符号开始,试图将它们置于一个易于理解的框架之下。测量与理论预测相匹配,但是症状(即使在它们被测量时)是为了理论上的特性而进行扫描——即诊断它们。"关于诠释主义的简要概述,参见 Gerring (2004a)。这种类型的案例研究可能被认为是诠释主义、个案式的或"背景对比"(Skocpol and Somers 1980)。

[18]　Collier and Collier(1991/2002);Pierson(2000, 2004)。

体命题。X_1被认为在一定范围内的案例中、在一系列背景条件下导致了 Y。一个好的例子是本·赖利(Ben Reilly)关于选举制度在种族分裂社会中的作用的研究。基于几项案例研究,赖利指出,单一可转移投票制(single-transferable-vote,STV)的选举制度相对于简单多数投票制(first-past-the-post,FPP)的选举制度对群体冲突具有缓解作用。[19]就其提出了一个具体的、可以通过相对宽泛的案例来检验的——并且

【75】 可能被证伪的——因果假设而言,这类案例研究是有风险的。[20]

特殊与一般

我已经说明,案例研究这一概念至少在某种程度上具有一般化倾向。严格地说,一项案例研究必须推广到一系列案例(参见第 2 章)。[21]然而,一项推论的广度显然是一个多大程度的问题。没有哪项(所谓的)案例研究否定重点聚焦下的案例的重要性,也没有哪项案例完全放弃一般化的冲动。因此,正确的理解是,特殊化/一般化的区分是一个连续统,而不是一种二分法。案例研究典型地同属于这两个世界,它们既研究特殊事物,也研究更一般性的事物。

这种紧张关系在格雷厄姆·艾利森(Graham Allison)广为人知的

---

[19] Reilly(2001). 其他例子参见 Eaton(2003);Elman(1997);Lijphart(1968);Stratmann and Baur(2002)。这种风格的案例研究分析参见 David Collier(1993);Harry Eckstein(1975);George and Bennett(2005);George and Smoke(1974);Arend Lijphart(1975);Skocpol and Somers(1980);Robert Yin(1994)。在经济学、政治学和社会学中,它很可能是占主导的风格。

[20] 可以认为,个案研究比跨案例研究更冒险,如果理论产生于对一系列更广泛案例缺乏了解的情况下。在这方面,根据波普尔的观点,案例研究工作是值得赞扬的。然而,我并不建议这种"盲目"类型的案例研究,并且怀疑它是否真正出现过。

[21] 在法语中,内涵是截然不同的。*L'Analyse de cas* 被理解为一种单个事件研究,而不是对一些更宽泛的现象的案例研究。

研究中是显而易见的——他的副标题《解释古巴导弹危机》（*Explaining the Cuban missile Crisis*）引出了一个狭窄的主题，而正标题《决策的本质》（*Essence of Decision*）表明了一个更宽泛的主题（政府决策）。显然，同一研究中的不同命题适用于不同主题，这种复杂性已经被作者明确指出。特殊化／一般化的区分有助于在同一研究内部对不同性质的研究或不同的关键节点进行分类。

人们会发现关于案例研究所产生推论的适用范围的大量争论，这不足为奇。杰克·戈德斯通认为，案例研究"旨在为特定案例或几组相似案例提供解释，而不是提供可以统一适用于某一疑似案例总体中所有案例的一般性假设"。[22] 亚历山大·乔治和理查德·斯莫克建议用案例研究来形成他们所说的"有条件的一般化"（contingent generalizations）——"如果情形 A，则结果 O"。[23] 像许多案例研究者一样，他们倾向于考察跨越不同案例或不同子类的差异而非共性的分析风格。另一方面，哈里·埃克斯坦认为案例研究能够证实（或证伪）的假设与跨案例研究所提供的假设一样广泛。[24]

有时，一项案例研究的特殊化或一般化特征是由研究者的意向所决定的。据说，一些研究者偏爱解释单个案例中 90% 的差异，而另一些偏爱解释 100 个案例中 10% 的差异。在这个问题上，既有主合派（一般化者）也有主分派（特殊化者）。经济学家、政治学家和社会学家通常对一般化更感兴趣，而人类学家和历史学家如今对解释特殊背景更感兴趣。我们已经讨论了深度与广度之间的权衡取舍（第 3 章）。【76】

特殊化／一般化的拉锯战也受制于经验现象的形态。就社会流动

---

[22]　Goldstone（1997：108）.

[23]　George and Smoke（1974：96）. 也可参见 George and Bennett（2005：30-1）.

[24]　Eckstein（1975）.

这一主题而言，约翰·戈德索普（John Goldthorpe）和罗伯特·埃里克松（Robert Erikson）注意到，一些模式可以用跨案例（一般）模型得到很好的解释，而另一些模式会抗拒那些一般性解释。

> 我们的分析表明……历史上形成的文化或制度特征或政治环境更为重要，除非以一种相当牵强的方式，否则它们无法用变量值来表示。例如，社会的流动性水平并不高度对应于各国国内教育不平等的总体水平，但是，关于流动性的模式往往确实反映出这种不平等在特定国家（例如德国和日本）独特的、由制度塑造的特征。再者，一国社会主义政权的存在本身比波兰、匈牙利或捷克斯洛伐克等政权在诸如农业集体化或吸收知识分子等问题上实际采取的大相径庭的政策对社会流动的影响更小。那么，在这些例子中，似乎对我们而言，在我们的解释性论述中保留专有名词和形容词既是不可避免的也是可取的，而且试图将这种由历史造成的具体影响纳入任何类型的理论范畴内都不会带来多少收获。㉕

这一经验领域提供了一个范例，表明一种单一现象（社会流动）如何在所选案例中展示其既统一又独有的特征。

统计研究者们对"固定效应（fixed effects）"这种技术比较熟悉，它将每一单元的某个独特截段纳入一个时间序列的截面模型中。这是理解统一性蕴含多样性这一观念的又一途径——案例的特殊性与案例的一般性共存。

案例研究形式在方法论上通常介于"个案式（idiographic）"与"通则式（nomothetic）"之间的区域（我对这些术语的使用极其谨慎，因为它们包含如此多的不同含义）。一些研究倾向于前者，另一些则倾向

㉕　Goldthorpe（1997：17）.

于后者。

确实,一定程度的模糊性是案例研究这个行当所固有的。阿夫纳·格赖夫(Avner Greif)在他关于中世纪晚期热那亚的分析叙事结尾处作了如下说明:

> 这份研究展示了考察自我强制式政治制度的复杂性。这样一项研究需要细致审视所要考察的时间和地点的特殊性,利用一种连贯的、针对具体情景的模型。因此,试图将这项关于自我强制式政治制度的来源和影响的研究加以一般化可能是不成熟的。[26]

在此,一位沉浸在经济学通则式传统中的研究者接受了将他自己的案例研究工作加以一般化是极大的冒险这一事实。它们可以延伸多远是不清楚的。[27]

确实,很难做到写作一项关于单个案例的研究而又没从事案例研究,反之亦然。同样,截然区分一项研究中的单个案例内容与跨案例内容也并不总是那么容易。这种结构性模糊的存在是因为案例研究的效用有赖于其双重功能。人们既想知道那个单元的特殊性何在,也想知道其一般性何在,而这些要素通常是不明确的。因此,在其有关

---

[26] Greif (1998: 59). 在同一本文集中,温加斯特(Weingast 1998: 153)注意到,他的案例研究"不能经受一系列其他案例的一般化检验。"也可参考这本有影响的文集的导论和结论部分(Bates et al. 1998: 11, 231, 234)。另一方面,利瓦伊在其他地方(Levi 1997: 6)坚持认为,"分析性叙事将具体案例的细节研究与能够产生假设的更为一般化的模型结合起来,这些假设涉及特定研究项目的样本之外的一些重要案例。"

[27] 乔治和斯莫克(George and Smoke 1974: 105)提供了一个关于他们的案例研究的类似反思,他们关注的是国际关系中的威慑。"这些案例研究具有双重价值。第一,它们为理论分析提供经验基础……但是,第二,这些案例研究本身旨在充当对冷战期间许多威慑努力结果的历史解释。当然,从它们是回溯性的意义上说,它们是'历史性'的。不过,就我们运用了多种工具、概念,试图从威慑过程的内部逻辑[一种据说可以扩展到过去、现在和未来的逻辑]的角度解释特定结果背后的原因而言,它们也是分析性的。因此,它们既属于'历史学',也属于'政治学'。"

多边经济制裁的研究中,丽莎·马丁(Lisa Martin)向她的读者坦白:

> 尽管我已经选择了能够对(具有理论意义的)假设进行检验的案例,其他因素似乎不可避免地对特定案例中的合作产生重要影响。由于很少有作者在有关经济制裁的案例中关注合作问题,我会在这些因素出现时给予一些关注,而不是将我的分析限定在(关于理论的一章)所提出的假设范围内。[28]

【78】

需要牢记的是,案例研究常常应对的是那些以往知之甚少或者既有知识存在根本错误的主题。案例研究典型地体现了某种原创性研究。确实,正是对单个案例开展深度研究的机会构成了案例研究方法的主要优点之一(参见第3章)。

考虑一下,如果研究者仅仅将自己局限在某个案例中可以加以一般化的要素上(即如果研究者严格地坚持通则式分析),这种严格可能会澄清主要推论的总体,但它也可能造成学术精力的极大浪费。设想一项关于经济增长的研究聚焦于毛里求斯做案例研究,但却拒绝回答因果问题,除非它们明确适用于其他国家(因为这项研究应该作为一种更为一般的现象——增长——的案例研究)。提及毛里求斯这一案例所特有的因素是不允许的;所有专有名词被转化为普通名词。[29] 设想一位人类学家历时10年对一个遥远的、从未被外人踏足过的部落进行研究的成果,以某个被认为可以一般化的特定因果关系的分析作为结尾,但付出的代价是在由此产生的研究中忽略了部落生活的所有其他特征。人们只会想,同事、导师和资助机构对一项如此密切关注一般化(跨案例)的因果问题的人类学研究是不会满意的。上述类型的研究并不存在,因为它们过于一般化了。

---

[28]　Martin (1992: 97).

[29]　Przeworski and Teune (1970).

由于通常很难说某个特定案例的诸多特征中哪一些是更大范围的案例所共有的(因而是一般性推论的素材),而哪一些是所研究的案例特有的,恰当的权宜之计是报告所有可能相关的事实和假设。简而言之,就是过度报告(overreport)。典型案例研究所提供的大多数细节可能会被视为对未来的、或许具有不同研究议程的研究者具有可信效用的"田野记录"。

总之,案例研究在两个层次上——案例本身以及更广泛(也许难以具体化)的一系列案例——同时实施似乎是合理的。案例研究的定义性特征是它能够从一个很小的部分推断更大的整体。但是,二者在最终结果中都会保留一些重要性。因此,所有的案例研究在某种程度上都是两可的。它们同属于两个世界:特殊化和一般化。(请注意,本书最后一部分即终章所关注的是高度特殊化的研究,在这类研究中研【79】究者旨在阐明某个单一结果而非一组结果。在其他部分,我主要关注案例研究的一般化内容。)

明确总体

鉴于案例研究的两个环节之间的结构性冲突,极其重要的事情是,案例研究作者们应尽可能明确哪些命题旨在描述正被细致研究的案例,哪些旨在运用于更广泛的一组案例。每个推论都必须具有明确的宽度、领域、范围或总体(我或多或少交替使用这些术语)。

遗憾的是,这些问题经常是模糊的。聚焦于美国政治的某些要素的研究常常将它们的分析设计成对政治的研究——暗示着一般性的政治(不分时间地点)。㉚ 人们不禁疑惑这项研究是否仅适用于美国

㉚ 例如参见 Campbell et al. (1960).

政治,或者适用于所有的当代政治,或者在不同程度上二者兼有。的确,研究与个案研究之间的摇摆可能导致了我们在阅读单个案例分析时遭遇的大多数困惑。围绕西达·斯考切波对社会革命的分析、迈克尔·波特对行业竞争的分析、亚历山大·乔治和理查德·斯莫克对威慑失败的研究,以及其他许多基于个案的研究的有效性所展开的持久争论,部分是由于这些作者未能澄清其推论的适用范围所致。㉛ 这些研究是关于什么的并不清楚。至少,它是可以争论的。如果在研究的结尾,主要推论的总体仍然模糊不清,那么假设也是一样。它是无法证伪的。澄清一个推论可能会牺牲一些叙述上的流畅性,但作为进入社会科学的代价,这样做被认为是正确的。

在澄清一个推论的总体时,小心谨慎显然是必要的。人们不希望主张太多,也不希望主张太少。错误在两个方向上都可能出现,正如我们已经看到的。在这一讨论中,我应该强调宽度的优点,因为在我**【80】**的印象中,许多案例研究者倾向于狭隘的命题——它们看上去更适度、更保守——却没有认识到这样做的代价。

在讨论巴林顿·穆尔(Barrington Moore)的《专制与民主的社会起源》(*Social Origins of Dictatorship and Democracy*)和西达·斯考切波的《国家与社会革命》(*States and Revolutions*)这两本极富影响的比较历史著作时,斯考切波和玛格丽特·萨默斯宣称,这些研究以及其他类似的研究"不可能轻易地推广到实际讨论的案例之外",因为它们在因果分析中使用的是归纳法而不是演绎法。因此,将这些研究中的观点投射到未来的革命或者一组特定结果之外的革命上的任何尝试都是鲁莽的。作者将案例研究比作一幅地图来为这种有限的范围辩护。

㉛ Skocpol (1979); Porter (1990); George and Smoke (1974). 也可参见 Collier and Mahoney (1996); Geddes (1990); King, Keohane, and Verba (1994)的讨论。

"不论地图(比方说北美地图)有多好,飞行员都不能用这一幅地图飞越其他大陆。"[32]

地图的比喻对一些现象是贴切的,但对另一些却不是。它暴露了作者们关于社会科学感兴趣的大多数现象都是随着语境而极富变化——如同一块大陆上的陆路与水路——的一般假定。让我们考虑一下革命的原因,正如斯考切波在其开创性研究中所探索的。斯考切波小心地限定了她的结论——据说只适用于那些富裕的、(在整个历史上)未被殖民统治的国家,并由此排除了墨西哥(1910 年)、玻利维亚(1952 年)和古巴(1959 年)等其他革命案例。[33] 人们愿意接受这一范围限定取决于他们接受一个重要前提,即贫穷国家或者那些有殖民遗产的国家发生革命的原因不同于其他国家发生革命的原因。人们必须接受关于所选案例的单元同质性以及被排除案例的单元异质性的假定。这是一个看似正确的主张,但是它并非没有问题(古巴和俄国革命原因真的如此不同吗?)

很明显,一个论点的可信范围既取决于特定的论点,也取决于对所涉及总体内外的各个案例的判断。当研究者将一个推论局限于一小部分案例总体或者其所研究过的总体(可能很大也可能很小)时,她可能会被指责以操纵范围作弊——仅仅因为某些案例似乎符合所研究的推论而确定一个范围。唐纳德·格林(Donald Green)和伊恩·夏皮罗(Ian Shapiro)称之为"随意的范围限定"。[34] 一个推论的宽度必须【81】合理;纳入一些案例和排除另一些案例必须有一个可以解释的理由。

---

[32] Skocpol and Somers (1980:195). 也可参考 Goldthorpe (2003:47) 和 Skocpol (1994)。

[33] Skocpol (1979). 也可参考 Collier and Mahoney (1996:81) 和 George and Bennett (2005:120)。

[34] Green and Shapiro (1999).

如果推论是关于橙子的,那么所有的橙子——而不是苹果——都应该被纳入总体之中。如果推论是关于水果的,那么苹果和橙子都必须包含其中。因此,定义总体——比如就像(a)橘子或(b)水果——对于界定推论而言至关重要。

时间界限同样如此。如果一个推论被限定在一个特定时期,那么作者有义务解释为什么那段时期不同于其他时期。作者躲在社会科学无法预测未来这一预设背后是不行的。如果未来像现在一样与理论是相关的,理论观点就无法不对未来的事件做出预测。的确,如果未来的证据被认为不适用于判定既有理论的准确性,那么作者就都可以有效地规避任何样本之外的检验了(假设许多社会科学理论在其构建过程中都已经穷尽了当前可获的所有可能证据)。

在其他条件不变的情况下,社会科学更偏爱一些宽泛的推论而非狭隘的推论。这一学科偏好是出于几个方面的原因。第一,一个推论的范围通常与其理论意义直接相关。宽泛的经验命题是理论建构型;狭隘的命题通常理论意义较小(除非它们可以被纳入某种更大的理论框架之下)。第二,宽泛的经验命题通常具有更大的政策相关性,当它们扩展到未来时尤其如此。它们有助于我们设计有效的制度和政策。最后,推论的范围越宽泛,其可证伪度越高,因为可以被审视以确定推论真实性或虚假性的相关证据倍增。出于上述原因,假设应该尽可能地在逻辑上合理的范围扩展。

当然,没有哪种理论是可以无限扩展的。的确,"普遍覆盖法则"的观念是欺骗性的,因为即便最广泛的社会科学理论也有其适用范围。那么,问题在于如何确定一个特定命题的合理边界。随意的范围限定无法得到合理的辩护:没有理由认为一个理论可以扩展到某一特

定时间或空间范围但却不能扩展得更远,或更近。一个适用于 18 世
纪、19 世纪和 20 世纪却不适用于 21 世纪的革命理论必须证明这种时
间上的排斥性是合理的。同样,一个适用于非洲却不适用于亚洲的革　【82】
命理论必须证明这种空间上的排斥性。而一个属于全世界的革命理
论必须证明这种空间的包容性。我们并不清楚革命这一现象在所有
文化和地缘政治舞台上都是相似的。

　　我的观点很简单:范围限定可以随意扩大,也可以随意缩小。研
究者不应该"排除"或"纳入"与所描述的模式不符的时间或空间案
例,除非其可以想出为何这么做的充分理由。所有的总体不仅需要加
以确定,而且要证明其合理性。理论的可信性以及认定一个可行的研
究设计都取决于这一证明。

　　经过深思熟虑之后,如果一个推论的范围看起来仍然具有无法消
除的模糊性,那么作者可以采用如下权宜之计。通常,我们有可能确
定一组有限案例,某一特定命题如果要有意义的话就必须涵盖它
们——大概地,这组案例与所研究的案例最为相似。与此同时,我们
通常也能够确定一个可能被纳入推论的范围之内的更大的案例总体,
尽管其纳入更具猜测性——大概地,因为它们与所研究案例的共同特
征较少。如果研究者仔细区分这两个总体,读者就清楚地了解了特定
推论的显在范围和潜在范围。

跨层次推理

　　案例研究(根据定义)试图告诉我们一些比直接的研究主题更广
泛的东西。它是一种提喻式研究,通过密切关注某个部分(或几个部
分)来研究整体。尽管这种从样本到总体的推理步骤是所有实证研究

的特征(姑且抛开一些相对较少但可以包含整个受关注总体的研究不论),但是当样本被限定为一个或几个时是尤其成问题的,原因将在下一章中讨论。

样本与总体之间的巨大差异尽管造成了推理上的危险,但也提供了独特的机会。特别是,它为一种不同风格的因果推论提供了机会,这种推论位于较低的分析层次上。这意味着案例研究是——几乎总是——跨层次研究。它既在主要分析单元(案例)所在层次上也在所选案例内(案例内证据)开展。作为本章的结尾,我想强调一下案例研究不断来回跨层次的本质。

【83】

不论哪个研究领域,也不论使用哪种工具,案例研究和跨案例研究应该被视为反复执行因果调查任务的伙伴。跨案例论断依赖于案例内假定,而案例内论断则依赖于跨案例假定。任何一者离开另一者都不会做得很好。因此,在大多数情况下,同时开展这两类分析是可取的。每一种研究都会因为另一种而变得更有力。

克里斯托弗·尤德里(Christopher Udry)在自己的专业领域发展经济学证明了这种相互影响的效用。

> 这份研究的特点是它让研究者参与到一个细致观察、建立经济学模型、搜集数据和经验检验的互动过程之中。初始假设通过细致观察而得到推敲和明晰,它指导了对适当数据的搜集。随着经济环境在实地调查过程中得到明确,数据搜集的程序可以做相应调整。最后,研究进行到了正式的统计分析,并且人们希望得到新的假设……。相对较小规模的研究有助于这种循环过程,尤其是就研究者迅速修正数据搜集的能力而言。㉟

㉟ Udry (2003: 107).

从理想上来说,案例研究者在对单个案例展开耗时的深入研究之前应该仔细思考跨案例证据。研究者对于他获得的结果如何可能适用于一系列案例至少应该有一个初步想法。无论如何,所有的案例都应该在某种程度上被一般化。也就是说,作者应该阐明这些集中研究的案例如何代表某种更宽泛的案例总体。在许多情况下,案例研究会得到一个新的命题(或者对既有观点的重大修正),一个在之前的跨案例样本中没有得到检验的命题。如果是这样,研究者就十分有必要揭示——或者至少应该提出——这一新命题如何在其他案例中进行操作化,推论适用的广度如何,以及一个合理的跨案例检验可能是如何构成的。探索性案例研究应该以跨案例的证实性分析作为结束。

当然,案例研究者可能会觉得,鉴于自己对所考察个案的深入了解以及对其他案例的相对忽视,对后者进行推测是不合理和不负责的。这种担忧可以理解。不过,如果适当加以限定——作为一个直觉 【84】 而不是一个结论,就没有必要限制跨案例推测。这些直觉是未来研究的重要路标。它们让受关注的主要推论变得更加清楚,并且为一项累积性研究的进程指明了道路。如果没有指出(至少暗示一下)研究者的个案如何置身于更广泛的案例总体中,那么就没有哪一项案例研究可以视作大功告成。没有这种跨案例的一般化,个案研究孤掌难鸣。其洞见——无论它们多么深邃——将无法被整合到更广泛的研究领域。

因此,说得更为宽泛一点,所有的案例研究分析都预设会涉及跨案例分析。根据定义,案例研究是对一些比所考察的单元更广泛的现象的研究。人们对这一更广泛案例总体越了解,选择案例和理解它们的重要性就越容易。同样,人们对单个案例越了解,说明延伸到案例总体的因果模式以及构建合适的因果模型就越容易。㉟ 跨案例和案例内分析是相互依赖的。难以想象不借助于个案研究的跨案例研究,也难以想象忽视相近案例的个案研究。它们在社会生活分析中是独特【85】 而又相互协作的工具。㊲

㉟　Gordon and Smith (2004).

㊲　L. L. Bernard (1928: 310)几十年前阐述了同样的观点,Samuel Stouffer (1941: 357)再一次阐述了这种观点。

挑选案例的技巧 **5**

案例研究分析集中关注少量案例,这些案例理应有助于研究者理解贯穿于更多个案中的因果关系。这就给研究者带来一个棘手的难题——案例选择。应该选择哪些案例呢?

在大样本研究中,案例选择通常通过某种形式的随机抽样来完成。如果一个样本由足够多的独立随机抽样组成,选中的案例就可能在任何给定的变量上相当好地代表整个总体。而且,如果总体中的案例在关键变量的值域内是同质分布的,那么让样本包含来自于每一个重要域段的一些案例则是可能的,从而为因果分析提供足够的支持。(一些情况下,只有少数几个案例其变量的取值在理论上有意义,一个超额抽样总体中某个子集的分层样本也可能会被采用。)

对随机抽样可能会产生具有代表性的样本这一事实的例证如图5.1 所示。该直方图表示 500 个随机样本的均值,每个样本由 1 000 个案例组成。对于每一个案例,我们测量其在某一变量上的值,它是介于 0 到 1 之间的连续性变量。在总体中,该变量的均值是0.5。这些随

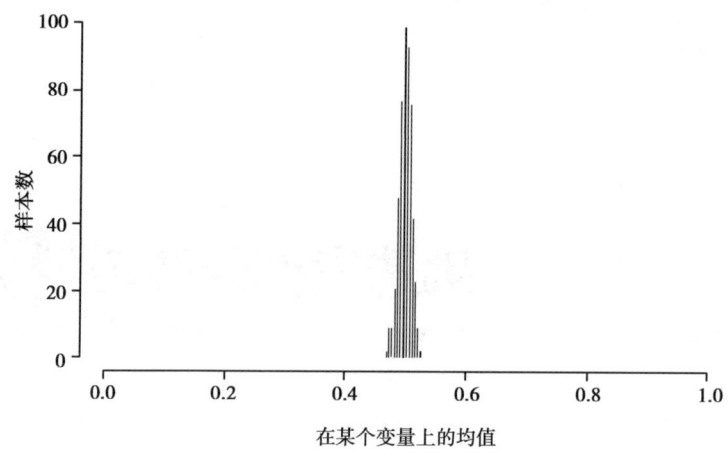

图 5.1　大样本抽样的样本均值

该直方图表示 500 个随机样本在某变量上的均值,每个样本由
1 000 个案例组成。总体均值为 0.5。

机样本具有多大的代表性呢? 一个很好的判定方法就是把 500 个随
机样本每一个样本的均值与总体均值进行比较。正如我们能从图中
看到的,所有的样本均值都非常接近总体均值。因此,这次随机抽样
是成功的,结果证明 500 个样本中的每一个样本都相当好地代表了
【86】 总体。

　　然而,在案例研究中,(根据定义)样本是很小的,这就使得随机化
变得困难了。试想一下如果把样本容量从 1 000 减少到 5 会发生什
么。结果如图 5.2 所示。总体上说,这些小容量的随机样本给出的答
案是正确的,这一随机抽样过程最终产生的结果是没有偏差的。但
是,许多样本均值离总体均值相当远,而且有些确实太远了。因此,即
使平均起来,这种案例选择方法能够产生具有代表性的样本,但某个
特定样本可能根本不具有代表性。用统计术语表述,问题在于小容量
样本产生的估计值往往具有很大的方差,有时这称为"精度"问题。正
因为这一原因,随机抽样在小样本研究中是不可靠的。(注意:在本章

中,"N"表示的是案例数,而不是观察数。)而且,我们并不能保证随机挑选的几个案例就能有助于解决驱动一项研究的研究问题。样本可能具有代表性,但却不能提供有效的信息。

如果在案例研究中,随机抽样不适合作为一种挑选案例的方法,那么,我们怎样才能挑选一个由一个或者几个案例组成的样本呢? 请谨记,不管所挑选的样本容量有多大,挑选案例的目标仍然是一样的。【87】大样本跨案例分析和个案研究分析都旨在识别出一些案例,这些案例能够再造某个更大总体的重要因果特征(代表性),并且在我们感兴趣的理论维度上提供足够的变化(因果杠杆)。然而,在案例研究中这些目标只有通过有目的的(非随机)挑选过程才能实现。我们可以把这些挑选过程细分为九种方法,从而得到九种案例研究类型:典型案例研究、多变案例研究、极端案例研究、反常案例研究、影响性案例研究、关键案例研究、路径案例研究、最相似案例研究、最相异案例研究。

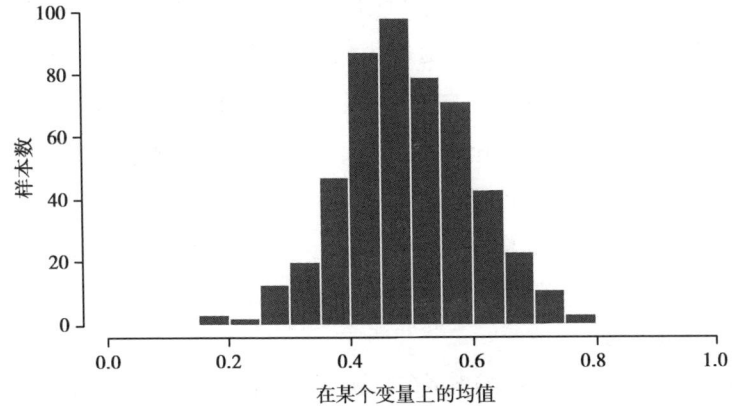

图 5.2 **小样本抽样的样本均值**

该直方图表示 500 个随机样本在某变量上的均值,每个样本由

5 个案例组成。总体均值为 0.5。

表 5.1 对每一种案例类型进行了总结,包括其基本定义、从潜在案

例的总体中识别它的方法、它的用途及其可能具有的代表性。虽然每一种方法通常只实施在一个或者几个案例上(多变、最相似和最相异案例研究方法至少需要两个案例),但它们都可能会采用额外的案例——条件是到某个时刻,它们再也不能提供更深层次的分析,从而不再是通常意义上的案例研究。

表 5.1 案例选择的方法

1. **典型案例法**

- 定义:(一个或者多个)案例是某种跨案例关系的典型例子。

- 跨案例方法:具有小的残差值的案例(在回归线上的案例)。

- 用途:检验假设。

- 代表性:根据定义,典型案例是具有代表性的。

2. **多变案例法**

- 定义:(两个或者多个)案例体现了在 X_1、Y 或者 X_1/Y 上的全部变化。

- 跨案例方法:多变性可以通过以下方法计算:(a) X_1 或 Y 的分类值(例如,犹太教、天主教、新教);(b) X_1 或 Y 的标准差(如果它们是连续的);(c)组合值(比如基于交叉表、因子分析或者判别分析)。

- 用途:生成假设或者检验假设。

- 代表性:仅就代表总体的全部变化这一最低要求而言,多变案例可能是具有代表性的(但它们可能不能反映那一变化在总体中的分布)。

3. **极端案例法**

- 定义:(一个或者多个)案例在 X_1 或 Y 上具有相对于某个单一分布的极值或者异常值。

- 跨案例方法:距离 X_1 或 Y 的均值多个标准差的某个案例。

- 用途:生成假设(X_1 或 Y 的开放式探索)。

- 代表性:只有与更大的案例样本相比照时,它才具有代表性。

4. 反常案例法

- 定义:(一个或者多个)案例偏离某种跨案例关系。
- 跨案例方法:某个具有大的残差值的案例(离群案例)。
- 用途:生成假设(提出对 Y 的新解释)。
- 代表性:在完成案例研究之后,它可以通过跨案例检验来证实,该检验包含一个以案例研究为基础的一般性假设(一个新变量)。如果此时案例是一个在回归线上的案例,可以认为对于新的关系而言,其具有代表性。

5. 影响性案例法

- 定义:(一个或者多个)具有自变量重要取值的案例。
- 跨案例方法:帽子矩阵或库克距离(Cook's distance)。
- 用途:验证假设(以检验案例是否可能影响跨案例分析的结果)。
- 代表性:鉴于影响性案例研究的目的,代表性无关紧要。

6. 关键案例法

- 定义:(一个或者多个)案例最可能或者最不可能出现某个既定结果。【89】
- 跨案例方法:相对粗糙的定性评估。
- 用途:验证假设(证实性的或证否性的)。
- 代表性:可以通过参照对案例和总体的先前预期进行评估。

7. 路径案例法

- 定义:X_1 而非 X_2 可能导致正面结果(结果变量 $Y=1$)发生的(一个或者多个)案例。
- 跨案例方法:交叉表(对于分类变量)或残差分析(对于连续性变量)。
- 用途:验证假设(以探究因果机制)。
- 代表性:可以通过分析所选择案例的残差来检验。

8. 最相似案例法

- 定义:(两个或者多个)案例在除 X_1 和/或 Y 之外的特定变量上取值相似。

续表

- 跨案例方法:匹配。
- 用途:生成假设或验证假设。
- 代表性:可以通过分析所选择案例的残差来检验。

9. 最相异案例法

- 定义:(两个或者多个)案例在除 X_1 和/或 Y 之外的特定变量上取值相异。
- 跨案例方法:与大样本案例选择最相似案例法正好相反(见上文)。
- 用途:生成假设或验证假设(排除决定性原因)。
- 代表性:可以通过分析所选择案例的残差来检验。

　　本章的主要内容在于展示案例挑选过程如何依赖于——至少是隐性的——对更大的潜在案例总体的分析。用于进行深入研究的案例是从总体中挑选出来的,挑选依据在于这些案例在总体中所处的位【88】置。这就是刚才所列出的术语——典型的、多变的、极端的等——的缘由。由此可以得出结论,在案例研究中,案例选择过程可能会基于先前的跨案例分析,至少依赖于对总体的某些假设。这反过来又强化了本书的核心观点:离开跨案例分析,案例研究分析就不复存在,也不可能被概念化。

　　当然,在给定研究情境下可能进行的跨案例分析的类型取决于潜在案例的总体有多大,与这些案例相关的信息有多少,可能建立什么样的一般性模型及可采用的模型的可信度有多高。要想让大部分定量(统计)案例选择方法取得丰硕的成果,就必须满足以下几点:第一,推论必须不只是跟几个案例有关,否则,统计分析通常就是有问题的;【90】第二,可以获得那个总体或者那个总体的重要样本在关键变量上的相关数据,并且研究者对这些变量的准确性和概念的有效度有一定的信心;第三,对统计研究所有一般性的考量标准(例如识别、设定、稳健性)必须谨慎对待,并且在任何可能的情况下进行仔细调查求证。除了告诫研究者不要不假思索地使用统计方法之外,以后将不再赘述这些大家熟悉的事项。

如果这些要求没有得到满足,研究者就必须采用定性方法来挑选案例。因此,本章的要旨不是坚持在案例研究中使用定量案例挑选方法。相反,我的目的是阐明在案例研究中能够指导案例挑选过程的一般性原则,不管它是定量的还是定性的。这些原则中的一些已经广为人知,并被广泛应用。其他的就不那么普遍或者没有被充分理解。在定性和定量情境中,大部分这些方法是通用的——实际上,几乎是一致的。因此,本章的统计部分通常只是重新表述定性案例挑选过程的逻辑,因为只要上述条件得到满足,这些过程也适用于大的总体。[1]

典型案例

为了让所关注的案例研究能有助于理解某个更普遍的现象,它必须能够代表更多的个案。只有在这种情况下,才能称得上是案例选择的典型案例法。基于对某一现象的一些基本了解,典型案例代表了人们所认为的一组典型值。从结构上说,典型案例也是代表性案例,我把这两个术语作为同义词来使用。[2] (与其对立的反常案例会在后文中进行讨论。)

[1] Gujarati(2003);Kennedy(2003)。有趣的是,在有助于挑选进行深入分析的案例方面的潜力,跨案例统计方法在最早的案例研究方法的讨论中就已经得到认可(例如,Queen 1928:226)。

[2] 后一术语常用于心理学著作中(如 Hersen and Barlow 1976:24)。

一些典型案例起到了探索性作用。这里,作者先根据一系列描述性特征挑选一个案例,然后再对因果关系进行探讨。罗伯特·林德和海伦·林德挑选了一个"尽可能代表当代美国生活"的城市。具体地说,他们在寻找一个具有以下特征的城市:

> 1)温和的气候;2)足够快的发展速度,以确保伴随当代社会变革出现种种"成长的烦恼";3)与现代的、高速的机器生产联系在一起的工业文化;4)一个城市的工业不是由一个工厂主导的(即非单一产业城市);5)有极具当地特色的艺术生活来平衡其工业活动……;6)不存在显著的地方特色或严重的地方问题,这个城市没有偏离美国社会的主航道。③

在考察完一些选项之后,罗伯特·林德和海伦·林德认为印第安纳州的曼西市(Muncie, Indiana)比其他美国中等城市更具代表性,至少具有同等的代表性,因而够格作为一个典型案例。

这是一种归纳式的案例选择法。注意,典型性可以理解为在某一特定维度上的均值、中值或者众值。(如前述例子中)有可能会存在多个维度;每个维度可能会被赋予不同的权重(一些维度可能比其他维度更为重要)。当选择标准是多维度的,并且有大量可供挑选的潜在案例,某种形式的因子分析可能有助于确定最典型的案例。虽然罗伯特·林德和海伦·林德并没有采用统计模型对潜在案例进行评估,但【91】是至少在前五项标准上,我们很容易知道他们原本可以怎么做。(最后一项标准在大样本中难以操作化,因为它涉及各种各样的"地方特色"。)

然而,典型案例法更普遍的应用与我们在理论上感兴趣的某一现

---

③ Lynd and Lynd(1929/1956),转引自 Yin(2004:29-30)。

象的因果模型有关。这里,研究者已经确定了某个特定的结果变量
(Y),可能还有他/她希望研究的某个X_1/Y的具体假设。为此,他/她
要寻找一个代表那个因果关系的典型例子。在直觉上,人们认为根据
所有参数的均值所选择的案例就是针对某个因果关系的典型案例。
但是,这一点并不能得到保证。

假如罗伯特·林德和海伦·林德主要感兴趣的是解释不同社会
阶层成员之间的信任/不信任感(《中镇》(*Middletown*)研究中一个隐
含的研究目标)。这一结果变量可能受到许多因素的影响,但其中只
有一些包含在前文他们所列的六项选择标准之中。因此,挑选与因果
假设有关的案例首先涉及确定相关的变量。其次,要挑选一个相对于
整个因果模型具有"典型"值的案例,这一挑选过程要解释得非常 【92】
清楚。

注意,在某个特殊维度上具有非典型值(例如,过高或者过低)的
案例仍然可能是某个因果关系的典型例子。事实上,它们可能比那些
取值接近均值的案例还要典型。

还要注意,由于典型案例在某些变量上具有典型值,研究者感兴
趣的变量的变化必须包含在该案例内。具体地说,某个现象的典型案
例要有助于探讨因果机制以及解决一些识别问题(比如 X_1 和 Y 的内
生关系;可以解释 X_1 和 Y 关系的遗漏变量;或者其他一些虚假的因果
联系)。依据案例研究的结果,作者可能会证实一个既有假设,也可能
会证否那个假设,或者重构假设使其与案例研究的结果相一致。

跨案例方法

我们如何从大量的潜在案例中确定一个典型案例呢?如果因果
关系只涉及一个自变量而且关系非常强烈,可能仅仅通过目测一些迹

象就能确定典型案例。X_1 和 Y 之间强烈的正相关关系意味着在 X_1 和 Y 上具有相似(高、低或中)值的案例可能就是一个典型案例。然而,在社会科学中几乎不存在二元因果关系。通常需要评估的原因因素不止一个,即使其他变量只是充当控制变量。此外,不对跨案例证据进行某种总体评估,就很难说一般性的关系是正还是负、是强还是弱。因此,在任何大样本中(即当潜在案例的数量很大时),为了识别"典型"案例,最好进行规范的跨案例分析。

假设总体中任一案例——用案例 i 表示——在每一个相关变量上的值是已知的。为了语言上的简洁,因果关系中涉及的变量依次表示为 y_i 和 $x_{1,i}, \cdots, x_{K,i}$,其中 y_i 是案例 i 在一个变量上的值,$x_{K,i}$ 是案例 i 在所考察的第 K 个其他变量上的值。因此,这个因果关系一共涉及 K+1个变量。K 可以是大于或者等于 1 的任何整数。

[93]

有了这些符号,所确立的变量间的关系就可以用数学形式表示。研究思路就是找出一个函数 $f(\ )$,这样在 $x_1, \cdots, x_K$ 上具有某组特定值的案例在 y 上的均值就等于 $f(x_1, \cdots, x_K)$。因此,所选取的函数 $f(\ )$ 应该体现对感兴趣的因果关系的核心看法。举一个大家熟悉的例子也许能让这一讨论更加清楚。

通常,研究者选择叠加(线性)函数来表示 $f(\ )$。利用传统的统计符号,无限个重复的案例 i 在 y_i 上的均值用 y_i 的期望值 $E(y_i)$ 来表示。$E(y_i)$ 是一个线性函数,它代表以下关系:

$$E(y_i) = \beta_0 + \beta_1 x_{1,i} + \cdots + \beta_K x_{K,i} \tag{5.1}$$

在这个等式中,每一个 β_K 代表一个未知常数。回归分析可以让研究者利用关于 y 和 $x_1, \cdots, x_K$ 等变量上的已知信息去估计这些未知常数。在这里,β_K 的估计值用 b_K 表示。

采用这一术语,现在我们可以得出一个公式,用以表示一个特定案例关乎某个既定因果关系的典型程度。从小样本方法论的角度看,一个案例只要在变量 y 上的值接近在变量 $x_1, \cdots, x_K$ 取值相同的案例在变量 y 上的均值,这个案例就是"典型的",正如等式 5.1 所示。即

$$
\begin{aligned}
典型性(i) &= - \left| \left[y_i - E(y_i \mid x_{1,i}, \cdots, x_{K,i}) \right] \right| \\
&= - \left| \left[y_i - b_0 + b_1 x_{1,i} + \cdots + b_K x_{K,i} \right] \right|
\end{aligned}
\tag{5.2}
$$

根据这一讨论,对于某一特定关系,一个案例的典型性就是 -1 乘以回归分析中该案例误差项(其残差)的绝对值。理论上,这一典型性的测量值在 $-\infty$ 到 0 之间变化。当一个案例落在回归线附近时,其典型性就刚刚小于 0。当一个案例远离回归线时,其典型性就远远小于 0。典型案例的残差很小。

在大样本中,通常存在许多具有高典型值(即接近 0)的案例。在这种情况下,研究者可能不会选择关注具有最高估计典型值的案例,因为这些估计值可能还不够精确到能够区分一些几乎完全相同的案例。相反,研究者可能会从具有高的典型值的案例中进行随机挑选,或者根据其他的标准从这些案例中进行挑选,例如选择那些将要在文中被讨论的案例,或者因为实用性(成本、方便程度等)的缘故而选择【94】某个案例。然而,研究者们应该尽量避免从与相关遗漏变量有关的典型案例中进行挑选,这种挑选方法会使因果推断的工作复杂化。

我们来考察一下经济发展和民主程度之间的关系(假设是因果性的)。④ 在这里民主被理解为一个尺度为 21 点的连续性概念,从 -10(最专制)到 +10(最民主)。⑤ 经济发展通过人均国内生产总值(GDP)

---

④ Lipset(1959)。经济发展是只会影响民主政权的维系(Przeworski et al. 2000)还是会导致政权的变更(Boix and Stokes 2003)与此处的讨论无关。在这里我假设财富与民主之间存在简单的线性关系。

⑤ 这种取值方法来源于政体数据库 IV(Polity IV)的变量 Polity2(Marshall and Jaggers 2005)。

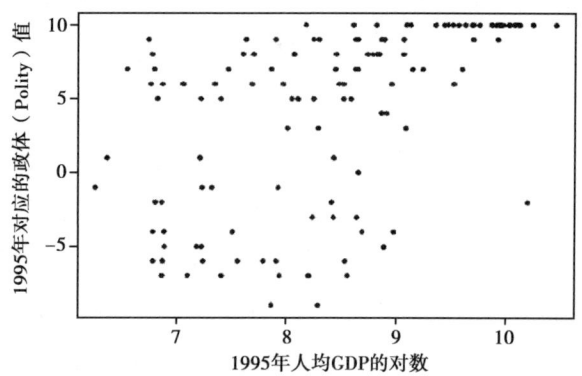

图 5.3　经济发展和民主之间假定的关系

　　图中的散点表示可获得的 1995 年所有国家的民主水平(纵轴)和

富裕程度(横轴)，$N = 131$。

这一标准形式来衡量。⑥ 图 5.3 以二元散点图的形式展现了这一关
系。该图鲜明地例证了一个经典的结论：富国几乎都是民主的。(为
了便于探讨，需要采用一些简化的假设。比如，我会假定对民主的这
一衡量是连续的、没有边界的。⑦ 更重要的是，我会假定经济发展与民
主之间的真正关系是对数线性的、正相关的以及因果不对称的，其中
经济发展被当作外生变量，民主当作内生变量。⑧)

　　基于这种一般性的关系，怎样才能挑选出一组"典型的"案例？
记住，变量 Y 就是民主的值，而且只有一个自变量：人均国内生产总
值的对数。因此，最简单的相关模型是：

$$E(\text{政体}_t) = \beta_0 + \beta_1 \text{GDP}_t \tag{5.3}$$

对于我们的目的而言，这一模型最重要的特征就是每个案例的残

---

⑥　数据来自于宾夕法尼亚大学世界表(Penn World Tables)。

⑦　见 Treier and Jackman(2003)。

⑧　见 Gerring et al.(2005)和 Przeworski et al.(2000)。

差。图5.4给出了这些残差的直方图。显然,有相当多的案例残差很小,因而可以被认为是典型的。与远远落在回归线以上的案例相比,远远落在回归线下的案例比例更大,这表明模型可能是不完整的。但【95】愿案例内的分析能够解释这一非对称性。⑨

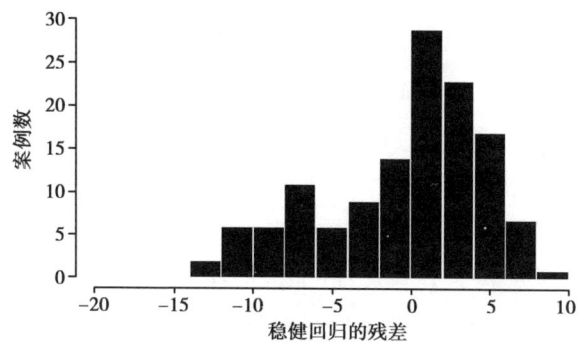

图 5.4　潜在的典型案例

取对数后的人均 GDP 对民主水平进行稳健回归后的残差直方图。

由于大量的案例残差很小,研究者进行典型案例挑选时就有一系列选择。事实上,在这个例子中,有 27 个案例的典型值在 0 到 −1 之间。基于等式 5.3 中所描述的模型,这些案例中的任何一个或者全部都有理由被选为典型案例。

小　结

典型性回应的是案例选择的第一先决要件,即所选择的案例要能够代表(如主要推论所界定的)总体。即使如此,我们提醒自己一心追求代表性并不能保证这一先决要件得到满足是很重要的。事实上,案例的代表性问题不是一个能在案例研究设计中得到彻底解决的问题。

⑨　如前文所述,在这个例子中,这一非对称性可能是因为没有考虑到因变量的有限变化范围。

当我们说某个案例是"典型案例",事实上是指该案例具有代表性的概率相对于其他案例要高。

注意,如果统计模型设定错误,这里所介绍的对典型性的测量——案例残差值的大小——就可能具有误导性。它基本上不能保**【96】** 证误差仅仅缘于偶然。一个案例可能就落在回归线上,但在某个重要方面,仍然是非典型的。比如它可能是变量取值的怪异组合,该案例变量之间的相互关系可能与其他案例不同,或者反常的因果关系可能在起作用。最重要的是,残差分析不能解决样本偏差的问题。如果大样本不能代表相关总体,那么在前者基础上进行的任何分析都可能会有问题。典型性不能确保代表性。由于这些原因,用源自研究案例的证据(案例研究本身)以及我们对世界的普遍了解,对案例的统计分析进行补充是很重要的。我们决不能仅仅通过它的残差来评判一个案例。但是,在其他条件等同时,残差小的案例比残差大的案例异常的可能性更小。在这个意义上,这里所介绍的案例选择方法可能有助于指导面临大量潜在案例的案例研究人员。

多变案例

另一种案例选择的方法以在相关维度上获得最大的变化作为主**【97】** 要目标。我称之为多变案例法。显然,这种方法需要挑选一组案例——至少两个——它们旨在体现 X_1 和 Y 全部取值的特性或者 $X_1/$Y 的某种特殊关系。[⑩]

当感兴趣的单一变量是分类的(有/无,红/黑/蓝,犹太教/新教/

---

⑩ 因为这一方法还没有得到定量方法学家很多的关注,所以它没有一个普遍认可的名字。它与 J.S.密尔(J. S. Mill)的同异并用法有些相似之处(Mill 1843/1872),该方法是后文所论述的最相似和最相异分析的混合体。巴顿(2002:234)采用了"最大变异(异质)抽样"的概念。

天主教），多样性的确定便显而易见。研究者只要从每一类中挑选一个案例即可。对于连续性变量，选择就没有这样明显了。然而，研究者最好选择代表极值（高和低）、均值或中值的案例。我们也可以寻找分布中的断点，其看起来对应案例在分类上的差别。或者我们可以跟随理论直觉来确定哪些阈值更有意义——即哪些值可能产生不同的 Y 值。

另一种多变案例考虑到多个变量（即一个向量）而非单一变量的取值。如果这些变量是分类的，因果类型的确定取决于每种类别的交集。两个二分变量产生一个 4 元矩阵；三个二分变量产生一个 8 元矩阵，依此类推。如果认为所有的变量都与分析有关，多变案例的挑选就要从每个单元格中挑选出一个案例。假设我们认为某个结果变量受到性别、种族（黑人/白人）和婚姻状况的影响。这里，按照案例选择的多变案例法，我们就从每一个这些交叉的单元格中选定一个案例——一共 8 个案例。此外，当有一个或者多个因子是连续的而非分类的，情况就变得更加复杂了。这里，案例多变的取值不会刚好落在单元格内。相反地，这些单元格必须强行生成，例如，高、中、低。

当考虑到多个变量时，我们会看到多变案例分析取决于类别的理论化——变量的不同组合会对依类别而异的结果产生影响。乔治（George）和贝内特（Bennett）把类别理论定义为：

> 一种把自变量具体化的理论，把它们描述成定类的、定序的 【98】
> 或者定区间的分类变量。该理论不仅提供了这些变量如何独立
> 运作的假设，而且提供了一些条件性的规则，这些规则是关于如
> 何以及在何种条件下它们形成特定的组合或者结构从而对特定
> 的因变量产生影响。我们称变量的特定组合或者结构为"类别"。
> 一个非常具体的类别理论提供的假设要涉及所有关于某一个现
> 象在统计上可能出现的类型，或者用拉扎斯菲尔德（Lazarsfeld）的
> 话说，就是涉及整个"属性空间"。然而，类别理论很少完全具体

化,因为研究者通常只对比较常见的类型或者那些对于理论建设或政策制定具有最大意义的类型感兴趣。⑪

例如,乔治(George)和斯莫克(Smoke)希望按照"既成的事实""有限的刺探"以及"被控的压力"来探讨威慑失败的不同类型。因而,他们希望能找到例证每一种因果机制的例子。

因此,多样性或指的是 X_1 或 Y 的变化范围,或指的是原因因素的特定组合(考虑或者不考虑结果)。无论何种情况,案例选择的目标都是为了获得在感兴趣的维度上的全部变化。⑫

跨案例方法

因为多样性可以有多种含义,跨案例方法在大样本情况下的应用必然取决于对多样性如何理解。如果被理解为只与单一变量(X_1 或 Y)有关,那么正如我们已经讨论过的,跨案例研究的任务就相当简单了。在大样本情况下,通过描述性统计或者通过对数据的直观检测通常就很容易发现单变量的特征。

当多样性指的是变量的特定组合,对应的跨案例方法要么是某种分层随机抽样(在概率情况下)⑬,要么是定性比较分析(在确定性情况下)。⑭ 如果研究者怀疑因果关系不仅受到因素组合的影响,还受到【99】它们的先后顺序的影响,那么分析的方法就必须包括时间要素。⑮ 因此,确定因果类型的方法取决于存在哪些方法用来识别因果关系。

---

⑪ George and Bennett(2005:235). 也见 Elman(2005)和 Lazarsfeld and Barton(1951)。

⑫ 更准确地说,他们(George and Smoke 1974:534,522-36,Chapter 18;也见 Collier and Mahoney 1996:78 的讨论)从研究因果路径出发,在他们对许多案例的研究过程中,他们发现了这三种因果类型。但是对于我们的目的而言,重要的是在最终的样本中每一种"类型"至少有一个代表性案例。

⑬ Cochran(1977).

⑭ Ragin(2000).

⑮ Abbott(2001);Abbott and Forrest(1986);Abbott and Tsay(2000).

注意,确定不同的案例类型意在识别出(在可能影响有趣的因果关系的所有方面)内部同质的案例组。因此,在任何一个案例组的内部进行案例挑选应该不太困难,可以通过随机抽样来完成。然而,如果怀疑每一组内部还存在多变性,那么应该采取一些措施以确保所选择的案例是每一类别的典型案例。案例研究不应该关注小组中的一个非典型组成案例。

事实上,对多样性和典型性的考虑通常是相伴的。因此,在一个关于全球化和社会福利系统的研究中,杜安·斯旺克(Duane Swank)首先确定了三组截然不同的福利国家:"普适型的"(社会民主的)、"集体保守型的"和"自由型的"。然后,他在每一组的内部进行考察,找出最典型的案例。他认为北欧国家比荷兰更能代表普适型福利国家,因为后者具有"以职业为基础的项目结构的某些特征,以及集体保守型福利国家典型的由基督教民主党领导政府的政治环境"。[16] 因此,北欧国家被选为普适型案例类型的代表性案例,在他的分析中,还包括代表其他福利国家类型的(集体保守型的和自由型的)其他案例。

小 结

囊括取值的全部变化可能会提高研究者所选择的案例样本的代表性。这是一个显著的优势。当然,包含所有的变化或许会曲解案例在变化域内真正的分布状况。如果在一个总体中,取值高的案例多于取值低的案例,研究者若只选择一个取值高的案例和一个取值低的案例,那么由这两个案例构成的最终样本并不完全具有代表性。即使这样,多变案例通常比其他小样本案例(包括典型案例)代表性更强。多变案例的选择通过在感兴趣的关键变量上引入更多的变化来获得额外的优势。根据其定义,一组多变案例是一组在相关维度上包含从高【100】

---

[16] Swank(2002:11). 也见 Esping-Andersen(1990)。

值到低值所有变化的案例。

因此，这种案例选择方法是很值得推崇的。我想案例研究者通常都明白这些优势，并能不自觉地加以运用。然而，由于缺乏一个可辨识的名称——一个明确的方法论上的辩护，这就让案例研究者难以识别出这种案例选择方法，并向读者解释其逻辑。

极端案例

极端案例法选中某个案例，是因为其在（研究者）感兴趣的自变量或者因变量上具有极值。[17] 因此，对家庭暴力的研究可能会选择关注虐待的极端例子；[18]对利他主义的研究可能会关注那些极少数冒着生命危险去帮助他人的个人（比如屠杀抵制者）；[19]为了更好地了解种族在民主社会中的作用，对族群政治的研究可能会关注最异质的社会（比如巴布亚新几内亚）；[20]对产业政策的研究通常关注那些最成功的国家（比如新兴工业化国家）；[21]等等。[22]

通常，与极端案例相对立的是被奉为某现象的典型或典范的案例。这是因为概念通常是由它们的极端情况来定义的，即它们最理想的类型。用德国法西斯来定义法西斯主义概念，部分是因为它提供了该现象最极端的一个例子。然而，这一案例以及其他类似案例在方法

---

[17] 在一项证实性或者证否性分析中应用极端案例法没有任何意义。如果某个特定因果关系仍然没有定论，那么，如接下来所描述的各种情形，在挑选案例时既要考虑 X_1，也要考虑 Y。因此，此刻我们假定研究者脑海中有一个一般性的研究问题，但不是一个具体的假设。

[18] Browne(1987).

[19] Monroe(1996).

[20] Reilly(2000/2001).

[21] Deyo(1987).

[22] 更多的例子，见 Collier and Mahoney(1996)；Geddes(1990)；Tendler(1997)。

论上的价值来源于其极端性(在研究者关心的某个维度上),而非其理论上的地位或其在主题文献中的地位。

或许现在我们可以把"极端"的含义定义得更准确些。极值指的是一个远离特定分布均值的观察值。对于连续性变量而言,到均值的【101】距离可以是任一方向的(正的或者负的)。对于二分变量(有/无)而言,我把极端理解为反常。如果大部分案例在某个特定维度上的取值是正的,那么一个取值为负的案例就可以构成一个极端案例。如果大部分案例的取值是负的,那么一个取值为正的案例就可以构成一个极端案例。在同等情况下,我们不但要关注某些事件已经"发生"了的案例,还要关注某些事件没有"发生"的案例。在这种情况下,让案例变得有价值的是其值的稀缺性而非其取值为正或为负。㉓ 因此,如果我们研究国家能力,失败国家的案例可能比持久国家的案例更有意义,这仅仅是因为前者更加不寻常。同样地,如果我们对乱伦禁忌感兴趣,乱伦禁忌缺失或者薄弱的文化可能比存在乱伦禁忌的文化更有助于研究,法西斯主义比非法西斯主义更重要,等等。因此,对变革的案例研究倾向于关注"革命"的例子是有理由的。斯柯波尔(Theda Skocpol)从法国学到的比从奥匈帝国学到的更多,原因就是在其关注的民族国家总体中,法国比奥匈帝国更不寻常。㉔ 理由很简单:革命的例子比非革命的例子少。因此,置于非革命的大背景下,我们希望找寻的能够导出因果关系的变化只存在于这些革命的例子中。

跨案例方法

如上所述,极端案例远离变量的均值。案例 i 的极端性(E)可以用那个变量的样本均值($\bar{X}$)和标准差(s)来定义:

㉓ 传统上,方法论专家把案例分为取值为"正"的案例和取值为"负"的案例(例如,Emigh 1997;Mahoney and Goertz 2004;Ragin 2000:60;Ragin 2004:126)。

㉔ Skocpol(1979)。

$$E_i = \left| \frac{X_i - \overline{X}}{s} \right| \quad\quad\quad (5.4)$$

对极端性的这种定义就是案例 i 的标准化("Z")值的绝对值。具有大 E_i 的案例可以当作极端案例。有时候,这条唯一的标准是相对的。研究者希望在可获得的极端案例中找到最极端的案例。在其他时候,设立一个强制性的临界值可能是有益的。在正态分布的假定下,极端性值小于 2 的案例通常不会被认定为极端案例。如果研究者希望在极端案例的归类上更加保守,他们可以设立一个更高的临界值。通常,临界值的选择取决于研究者,只要对研究者手中的问题是恰当的就行。

【102】

例子中的民主变量的均值为 2.76,这表明 1995 年数据库中包含的国家更偏向于民主(0 被定义为民主和独裁的分割点)。标准差为 6.92,这意味着在均值附近有相当多的散点。

直方图 5.5 表示所有国家在民主水平上的极端性值。我们很容易发现,没有哪个国家的极端性值比 2 大。极端性值最高的两个国家是

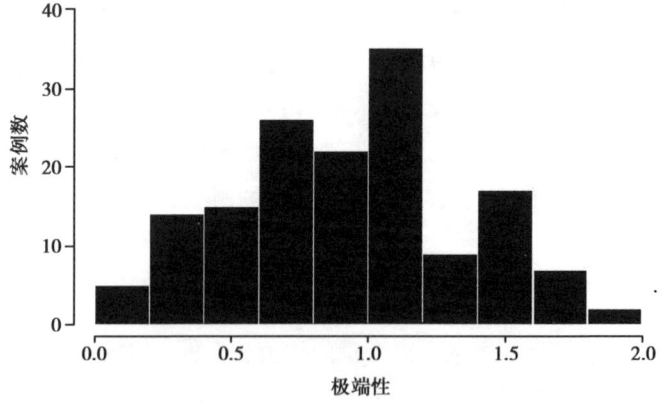

图 5.5 潜在极端案例

该直方图表示所有国家在民主维度上的极端性,通过到均值的标准差(绝对值)来衡量。

卡塔尔和沙特阿拉伯。这两个国家 1995 年民主取值为 -10,可能是进行极端案例分析的最佳选择。

小　结

极端案例法看起来似乎违反了社会科学中警告我们不要"基于因变量选择案例"的"民间智慧"。[25] 如果选中的案例都位于因变量分布的一端(它们都为正或者都为负),然后研究者用这个样本进行跨案例分析,好像它就代表总体,那么根据因变量来挑选案例这一方法就是有问题的。[26] 几乎可以肯定这种分析的结果是有偏差的。而且,因为每一个案例的取值都明显受到了限制,所以几乎没有什么变化可供解释。

然而,这是对极端案例法不正确的运用。(称它为极端样本法更合适。)极端案例法回归到大样本,以它们作为分析的基石,不仅提供了变量的整个变化范围,还提供了一张更代表总体的图谱。这是自觉努力去最大化而非最小化在感兴趣的维度上的变化。如果这些案例已经被广泛了解——通过作者自己的跨案例分析、通过他人的研究工作或者通过常识——那么研究者或许可以为选择具有极值的单个案例进行案例内分析提供正当的理由。如果不能的话,研究者最好采用多变案例法(见前面的讨论)。

作为总结,让我们回到代表性的问题上。在因果分析中,代表性指的是案例在 X_1 和 Y 上的值服从总的分布。在跨案例模型中,单个案例的代表性通过其残差的大小来衡量。因此,代表性案例是典型案例(已经论述过),而非反常案例(将会讨论)。极端案例可能被视为典型的,**或**可能被视为反常的。研究者无法加以区分,因为他们还没有提出一个因果看法。一旦有了这样的一个因果看法,那时我们可能

25　Geddes(1990);King,Keohane,and Verba(1994). 也见 Brady and Collier(2004);Collier and Mahoney(1996);Rogowski(1995)的讨论。

26　例外的一种情况是研究者试图去证否一个决定性的论断。

会问所研究的案例是否与一些案例相似(在可能影响 X_1/Y 关系的所有方面)。只有在这个时候才能判定,在跨案例统计模型中,一个案例

【104】 是靠近还是远离回归线。然而,这种分析意味着研究者不再继续采用极端案例法。极端案例法是纯解释性的,是一种以开放性的形式探讨 Y 的可能成因或者 X_1 的可能影响的方法。如果研究者感觉其他因素或许会影响其关心的结果变量,或者对其关心的原因因素与 Y 之间的关系心里有某个想法,那么他/她应该采用本章讨论过的其他方法中的一种。这也意味着随着研究的深入,即随着更加具体的假设的提出,极端案例法可能会转化成一种不同的方法。在研究初始时有用的"极端的"案例可能在后期的分析证明中不那么有用。

反常案例

反常案例法通过参照对某一问题的大致了解(要么是某一特定理论,要么是常识)挑选出具有奇怪值的案例。芭芭拉·格迪斯(Barbara Geddes)注意到反常案例在医学上的重要性,研究者习惯性地关注那些异态例子(对于标准理论和实践而言)。《新英格兰医学期刊》(*New England Journal of Medicine*)是医学领域的一本顶级期刊,有一个固定专栏名叫"马萨诸塞综合医院的病历记录"。这些文章用以下类似名字命名:"单侧盲的 80 岁老妇"或者"76 岁老人高烧、呼吸苦难、肺部感染、胸积水和意识模糊"。[27] 同样,医学研究者也热衷于研究那些尽管重复发作却没有死于艾滋病的稀有个案。[28] 为什么他们就能抵抗住

---

[27] Geddes(2003:131).关于来源于医疗记录的案例研究的其他例子,见《柳叶刀》中的"临床报告";《加拿大医疗学会期刊》中的"案例研究";多期《美国妇产科学期刊》,它常常致力于临床案例研究(见 Jenicek 2001:7 的讨论)。关于来源于比较政治各个次领域的案例,见 Kazancigil(1994)。

[28] Buchbinder and Vittinghoff(1999);Haynes,Pantaleo,and Fauci(1996).

呢？这些人有什么不同？通过观察已经对这一疾病产生免疫力的人群，我们可以学到哪些艾滋病知识？

心理学和社会学的案例研究通常由（在社会意义上）反常的个人或者群体组成。在经济学中，案例研究可能由比预期超常发挥的（如博茨瓦纳、微软）或者不及预期的（20世纪大部分时候的英国；最近几十年的西尔斯百货）国家或者企业组成。在政治学中，基于福利国家【105】发展的一系列一般性预期，案例研究可能会关注比我们的期望发展更好的福利国家（如瑞典），或者发展更差的福利国家（如美国）。

在所有的领域，反常案例总与研究理论上的不规则现象紧密相关。事实上，说"反常"就意味着"不规则"。[29] 注意，极端案例的评判是相对于单一分布（在单一维度上值的分布）的均值而言，而反常案例的评判是相对于因果关系的某个一般性模型而言。反常案例法是通过参考案例间的某种普遍关系挑选出具有奇怪值的案例。它们之所以"反常"是因为它们不能被多元模型很好地解释。重点在于反常性的评估只能是相对于所采用的一般性（定量的或者定性的）模型而言。

这意味着一旦一般性模型发生改变，案例的相对反常性就可能会发生改变。例如，当衡量福利水平相对于社会财富而言，美国是一个反常的福利国家。正如本小节结尾部分所讨论的，当某些额外的（政治和社会的）因素被纳入模型，美国可能就不那么反常，或许一点都不反常。反常性依模型而异。因此，当讨论反常案例这一概念时，最好先问接下来这个问题：案例A相对于哪个一般性模型（或者哪些背景因素）而言是反常的。

反常案例分析的目的通常是为了寻求新的——尚未被详细阐述的——解释。（正如稍后将要讨论到的，如果目的在于证否一个既有

[29] 对于不规则现象在科学理论发展中的作用的讨论，见 Elman（2003）和 Lakatos（1978）。社会科学中反常案例研究设计的例子，见 Amenta（1991）；Coppedge（2004）；Eckstein（1975）；Emigh（1997）和 Kendall and Wolf（1949/1955）。

理论,我会把这样的研究称为关键案例研究。)因此,反常案例法相比极端案例法只是稍微更具决定性。它也是一种解释性的研究方法。研究者希望反常案例包含的因果过程能够例证某个原因因素,该因素也适用于其他(反常)案例。这意味着反常案例研究通常以提出一个一般性命题而结束——这一命题可能会适用于总体中的其他案例。

跨案例方法

【106】 统计上,挑选反常案例正好与挑选典型案例相反。典型案例应尽可能地接近研究假设在形式上、数学上的预测值,而反常案例则应尽可能地远离那个预测值。回到等式 5.3 所提出的模型,我们可以按如下方式来定义一个案例偏离预测关系的程度:

$$\text{偏离度}(i) = \left| [y_i - E(y_i | x_{1,i}, \cdots, x_{K,i})] \right|$$
$$= \left| [y_i - b_0 + b_1 x_{1,i} + \cdots + b_K x_{K,i})] \right| \quad (5.5)$$

偏离度从 0(刚好落在回归线上的案例)变化到无穷大(理论上的界限)。研究者通常喜欢从估计的总偏离度最高的案例中挑选反常案例。

在我们正在讨论的例子——经济发展(X_1)和民主(Y)的双变量模型中,最反常的案例落在回归线的下面。这在图 5.4 中可以看出来。事实上,偏离值大于 10 的 8 个案例的残差都为负。鉴于它们的经济发展水平,它们在结果变量上的取值低于它们应该要达到的值。这 8 个案例是克罗地亚、古巴、印度尼西亚、伊朗、摩洛哥、新加坡、叙利亚和乌兹别克斯坦。我们关于民主的一般性模型不能很好地解释这些案例。如果我们知道除了人均 GDP 以外,还有什么因素决定了这些国家的政体类型,那么我们很可能可以提出一个更好的模型。这就是采用反常案例分析的通常目的。

小　结

正如我刚才提到的,反常案例法是一种解释性的分析方法。只要研究者对某个特定案例的研究已经找到了一个因素去解释那个案例,(根据定义)它就不再反常了。(案例的结果被视为偶然的或者独一无二的,因而不能被任何一个一般性模型解释,该种情况除外。)如果新的解释能够在更大的案例样本中通过一个变量(或者一组变量)得到准确地衡量,那么一个新的跨案例模型就呼之欲出了。用这种方式,最初被框定为反常案例的案例研究可能会转化成某种其他形式的分析。

反常案例的这一特性也有助于消除对其代表性的质疑。显然,反常案例的代表性是成问题的。因为根据其组成,反常案例研究所关注的案例是非典型的。然而,如果研究者能把反常案例研究得到的结论普及到其他个案,这一问题就会得到缓解。在大样本模型中,这通过创造一个变量来完成,该变量代表反常案例研究所提出的新假设。这可能需要对所有案例进行独创性的编录(不仅仅对进行深入研究的案例)。然而,只要进行这种编录的基本信息是可获得的,就应该有可能 【107】对跨案例模型中的新假设进行检验。如果新变量可以成功解释所研究的案例,它就应该不再反常,或者至少不那么反常。用统计学术语来说,反常案例的残差将会缩小。此刻它是典型的,或者至少更加典型,这就减轻了对其可能存在的非代表性问题的关注。

影响性案例

有时,之所以选择某个案例仅仅是出于检验因果关系一般性模型背后的假定的需要。在这里,分析者试图给忽略某个问题案例或者某组问题案例提供正当的理由。那就是说,研究者试图证明为什么即使特例出现,或案例被更充分理解时,明显偏离常规的案例并不是真正的反常,或者它们并不能挑战理论的核心。跨案例分析可能最终被几类问题破坏,包括测量误差、模型设定误差、在设定推论的合理界限时产生的误差(论断的适用范围)以及统计误差(基于已有的理论和经验素材,被研究者视为发生在研究对象上的随机变动)。如果参考这几类问题,不怎么适合的案例能够被解释掉,那么研究者关心的理论会有更强的解释力。这种反常案例分析回答了诸如"那如何解释案例 A(A 类案例)?""那个(看起来证否性)的案例如何与模型相符合?"等问题。

因为影响性案例研究的根本目的及其挑选案例的适当方法与反常案例研究不同,所以我给这种方法起了一个新的名字。影响性案例指的是第一眼看起来就否定某个理论,或者至少对某个理论提出质疑的案例。而经过严密的考察,也许它并非如此。事实上,它最终可能会证实那个理论——或许以某种稍有变化的形式。在这个意义上,影响性案例指的是对规律加以证明的案例。

影响性案例的简单版本就是证实一个重要案例在某个关键维度上的取值。这本质上是一个测量问题。有时候,案例没有被很好地解释仅仅只是因为它们没有被很好地理解。通过对特殊情形的仔细考察,我们可能会发现一个明显的否定性案例被错误地编录了。如果是[108]这样,那个案例最初对某个一般性模型提出的挑战就消除了。

然而,影响性案例法更普遍的应用集中于对案例或许甚至是一般性模型的完全重新诠释。它不只是一个测量问题。想想托马斯·埃特曼(Thomas Ertman)关于西欧国家建立的研究。正如热拉尔多·芒克(Gerardo Munck)总结的那样,这项研究认为:

> 1)在国家建立第一阶段地方政府的类型;2)地缘竞争与日俱增的时间点,它们之间的交互作用强烈影响了将要出现的政体和国家的类型。[埃特曼]以欧洲的历史经验对这个假设进行检验,

发现大部分国家符合他的预测。然而,丹麦是个重大的例外。在丹麦,持续的地缘竞争开始相对较晚,在国家建立的初期,地方政府基本上是参与式的,这本应该会导致国家形成"世袭立宪主义"政体。事实上,它却形成了"官僚专制主义"政体。埃特曼对丹麦形成官僚专制主义国家的过程进行了仔细研究,发现丹麦有过世袭立宪主义国家的早期迹象。然而,受德国骑士的影响,他们进入丹麦带来了德国的地方政府制度,丹麦偏离了这一发展路径。而后埃特曼通过这些进口的制度推动丹麦向官僚专制主义发展的因果过程进行追踪,得出结论认为这种发展路径是由完全位于他的解释框架之外的一个因素所导致的。[30]

通过对丹麦的深入讨论,只要埃特曼能够证明一般性理论里所设定的因果过程仍然适用于这个明显的证否性案例,就能证实他的整个理论框架。丹麦仍然是反常的,但之所以如此是因为理论之外的"偶然性的历史环境"。[31]

读者会注意到影响性案例分析类似于反常案例分析。二者都关注离群的、不寻常的案例(相对于已有的理论而言)。然而,正如我们将会看到的,他们关注不同类型的不寻常案例。而且,这两种研究设计的持久目标是截然不同的。影响性案例分析最初的目的是证实某个一般性模型,然而反常案例研究的目的却是生成一个新的假设对已有的一个一般性模型进行修正。这两种案例研究之间的混淆源自于对同样的案例进行研究却能实现双方的目标这样一个事实,它既修饰了某个一般性模型,同时又证实了该模型的核心假设。

在他们对罗伯托·米歇尔斯(Roberto Michels)"寡头政治的铁律"的研究中,利普塞特(Lipset)、特罗(Trow)和科尔曼(Coleman)选择关　【109】

---

[30]　Munck(2004:118). 也见 Ertman(1997)。

[31]　Ertman(1997:316).

注似乎违反核心前提假设的一个组织——国际印刷联盟。[32] 正如其中的一个作者所说，国际印刷联盟有"悠久的实行自由选举和频繁轮流执政的两党制"，因此绝对不是寡头。所以，它对米歇尔斯关于组织行为的普适性提出了质疑。作者通过联盟成员极高的教育水平来解释这一怪异的结果。[33] 因此，米歇尔斯所总结的规律对大部分组织是适用的，但不是所有组织。它的适用性是有条件的。注意，对最初模型的重新设定包括探讨新的假设（事实上，利普塞特、特罗和科尔曼引入了一个新的控制变量或者边界条件）。在这方面，应用重大案例去证实某个已有理论与应用反常案例去发掘某个新的理论是非常相似的。

跨案例方法

在回归分析中，影响性案例就是那些如果对因变量赋予一个与事实相悖的值，相应的估计结果就会发生最实质性改变的案例。有两种衡量影响性的定量方法被普遍应用于回归诊断中。[34] 第一种常被称为案例"杠杆"，源于所谓的帽子矩阵。[35] 假设在一个回归模型中，所有案例自变量的值由矩阵 $\mathbf{X}$ 表示，它有 N 行（代表 N 个案例）、$K+1$ 列（代表 K 个自变量和一个常数项）。此外，让矩阵 $\mathbf{Y}$ 代表所有案例在因变量上的取值。因此，$\mathbf{Y}$ 有 N 行，但是只有 1 列。

利用这些符号，帽子矩阵 $\mathbf{H}$ 的表达式如下：

$$\mathbf{H} = \mathbf{X}(\mathbf{X}^\mathsf{T}\mathbf{X})^{-1}\mathbf{X}^\mathsf{T} \tag{5.6}$$

---

[32] Lipset, Trow, and Coleman (1956).

[33] Lipset (1959：70).

[34] Belsey, Kuh, and Welsch (2004).

[35] 这个有点奇怪的名字的由来是：如果帽子矩阵乘以包含应变量取值的向量，得到的结果是代表每个案例拟合值的一个向量。通常利用符号"ˆ"（也叫"帽子"）把代表应变量拟合值的向量与代表应变量真实值的向量区分开来。因此，产生拟合值的帽子矩阵可以说是在因变量上戴上一顶帽子。

在这个等式中,符号"T"表示矩阵的转置运算,符号"-1"表示矩阵的逆运算。[36] 对每个案例的杠杆作用的测量值来自于帽子矩阵的对角线。具体来说,案例 i 的杠杆作用由帽子矩阵中 (i,i) 位置的数字或者 $\mathbf{H}_{i,i}$ 决定。[37]【110】

对于任何一个矩阵 $\mathbf{X}$,帽子矩阵中的对角元素会自动增加到 $K+1$ 个。因而对不同案例杠杆值的解读必然取决于案例的总数。显然,任何一个杠杆值接近 1 的案例是一个具有非常大杠杆作用的案例。然而,在大部分回归情形下,没有案例有那么高的杠杆值。一条通用的经验法则就是密切关注杠杆值比 $2(K+1)/N$ 大的案例。对于挑选影响性案例而言,杠杆值高于这个值的案例是比较好的备选案例。

帽子矩阵一个有趣的特性是它不依赖因变量的值。事实上,向量 $\mathbf{Y}$ 并没有出现在等式 5.6 中。这意味着源于帽子矩阵对杠杆作用的衡量,事实上是对潜在影响性的一种衡量。它告诉我们如果一个案例在因变量上有一个异常值,它会使最后的估计结果产生多大的偏差,但是它不能告诉我们每个案例对最后的估计结果实际产生的影响。

有时,分析者在挑选影响性案例时会对衡量潜在影响的方法感兴趣,因为当因变量上的值可能存在先验不确定性时,这些测量方法就与案例的选择息息相关。在这些案例研究中,许多信息来源于对因变量谨慎、细致的测量。在案例研究开始之前,因变量的值可能是未知的,或者只是大概知道。通过帽子矩阵对杠杆作用的衡量适用于这些情形,因为它不需要因变量的实际取值。

在统计中常被讨论的衡量影响力的另一种方法就是库克（Cook）

---

[36]　简单的回顾见 Greene(2002)。

[37]　这里的讨论包括线性回归中帽子矩阵的应用。分析者可能也对与非线性回归问题不相似的情形感兴趣,如应变量为二分变量或者是分类变量的情况。有时,这些情形可以采用广义线性模型的分析框架,广义线性模型本身就包括广义的帽子矩阵(McCullagh and Nelder 1989)。

距离。这个统计量是衡量如果某个特定案例从分析中被去掉,参数 β_i 的估计值会发生多大程度的变化。因为回归分析通常包括一个以上的参数 β_i,(所以对影响力的衡量,需要某种方法来合并每个参数上的差异,以产生案例影响力的总测量值。)库克距离统计量通过计算与

【111】 去掉某个特定案例有关的参数差值的平方的加权和来解决这个问题。具体说,库克距离的公式是:

$$\frac{(b_{-i} - b)^{\mathrm{T}}\mathbf{X}^{\mathrm{T}}\mathbf{X}(b_{-i} - b)}{(K + 1)\mathrm{MSE}} \qquad (5.7)$$

在这个公式中,b 代表对所有案例进行回归的所有的参数估计值,b_{-i} 代表把第 i 个案例剔除后进行回归的参数估计值。跟上面一样,$\mathbf{X}$ 代表自变量的矩阵。K 是因变量的总数(不包含常数,常数只有在使用 $K+1$ 的表达式中才会出现)。最后,MSE 代表均方误差,它是一种测量因变量变化程度的方法,这些变化与自变量无线性关系。[38]

这个在某种程度上有点吓人的数学符号准确地表达了我们先前讨论的衡量影响力的直观想法,即当单个案例被从样本中剔除时,对由此导致的每个参数估计结果的差异取加权和。这个表达式的一个缺点是为了计算每一个案例的影响力,它需要进行数次额外的回归。当然也必须进行整体回归,然后每剔除一个案例,需要对每一个案例进行一次额外的回归。

幸运的是,通过矩阵的数学换算可以证明等式 5.7 中 Cook 距离的表达式等同于下面这个计算起来更加简单的表达式:

$$\frac{r_i^2 \mathbf{H}_{i,i}}{(K + 1)(1 - \mathbf{H}_{i,i})} \qquad (5.8)$$

在这个表达式中,$\mathbf{H}_{i,i}$ 表示第 i 个案例杠杆作用的测量值,如前文所述,它取自于帽子矩阵的对角线。K 还是表示自变量的个数。最

---

[38]　具体地说,MSE 的计算方法是完全回归中的残差平方和除以 $N-K-1$,其中,N 是案例的个数;K 是自变量的个数。

后，r_i^2 是被修正了的第 i 个案例的回归残差值,被称为学生化残差,它需要单独计算。

之所以设计学生化残差是为了让所有案例的残差具有相同的方 【112】差。如果案例 i 的标准回归残差用 ε_i 表示,那么学生化残差 r_i^2 可以按如下方式进行计算。(这个表达式中的所有符号与上文所定义的相同。)

$$r_i = \frac{\varepsilon_i}{\sqrt{\mathrm{MSE}(1 - \mathbf{H}_{i,i})}} \tag{5.9}$$

考察等式 5.8 和 5.9,我们可以看到,一个案例的库克距离主要决定于两个量:案例回归残差值的大小以及杠杆值。最具影响力的案例是那些具有相当大的杠杆值且距回归线相当远的案例。

某个特定案例的库克距离给出的是把那个案例纳入回归模型对参数估计造成的总差异和。库克距离值大的案例对于分析中进行推论贡献颇多。在这个意义上,这些案例对于维护分析结论是至关重要的。发现因变量上有重大测量误差或者这个案例有重要的遗漏变量可能会完全修改对整个关系的估计。因此,选择影响性案例进行深入研究是有道理的。

总结起来,我们在这部分介绍了三个统计概念。帽子矩阵提供了一种测量杠杆作用或者潜在影响力的方法。仅仅基于每个案例在自变量上的取值,帽子矩阵就告诉我们一个案例在因变量的变化(或者测量误差)时会对整个回归线产生多大的影响。库克距离更向前进了一步,为了告诉我们如果把某个案例从分析中剔除出去,整个回归的估计值会受到多大的影响,库克距离对自变量和应变量的值都进行了考察,于是就产生了一个关于每个案例事实上对整个回归产生多大影响的测量值。

对于挑选研究案例而言,不管是帽子矩阵还是库克距离,都可当作一种可接受的测量影响力的方法,但是刚刚讨论过的二者的差异也必须铭记于心。在下面的例子中,因为我们感兴趣的是任何特定案例是否会影响我们对民主与发展回归模型中的系数估计,我们将把库克距离作为测量影响力的主要方法。另外一个概念——学生化残差(Studentized residual),在计算库克距离时已作为必要的元素进行了介绍。(当然,帽子矩阵也是计算库克距离的必要组成部分。)

图 5.6 表示在 1995 年人均生产总值和民主程度的数据库中每个国家的库克距离值。大部分国家的值非常低。对于这一整体性概括【113】而言,三个最大的例外就是图中标注数字的线:牙买加(74),日本(75)和尼泊尔(105)。这三个国家中,显然尼泊尔以非常大的优势成为最具影响力的案例。因此,任何对影响性案例进行的研究都会从深入考察尼泊尔着手。

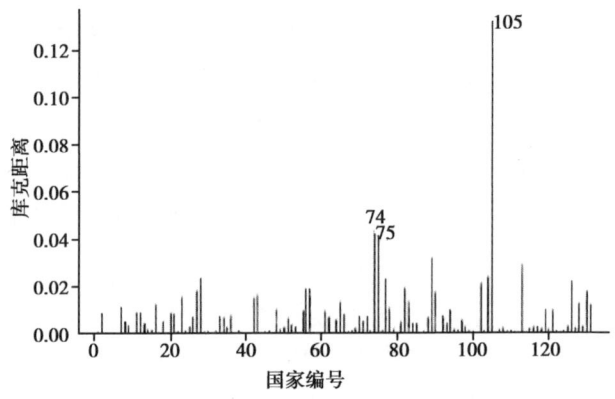

图 5.6　潜在影响性案例

该图表示民主对取对数的人均生产总值进行最小二乘(OLS)回归的库克距离值。三个标注数字的案例具有高的库克距离值。

小　结

案例选择中影响性案例策略的使用只限于研究者有理由相信该研究结果是一个或者少数几个案例驱使所致的情况。在小样本或者中等样本中更加可能如此。当样本容量很大时,假设大于1 000,少量的案例(更不用说单个案例)发挥"影响性"的作用是极不可能的。当然,可能会存在影响性案例组,例如在特定洲或者特定文化区内的国家,或者有爱尔兰血统的人。成组的影响性观察在时间序列横截面数据中通常很成问题。因为每个研究单位(例如国家)都包含(历时的)多次观察,所以都有可能对总体结果产生重大的影响。然而,一般规律是:样本越大,单个案例可能越不重要,因而研究者越不可能采用帽 【114】子矩阵和库克距离统计量来挑选案例。在这些情况中,单个案例取什么值可能不是很重要。(当然,对于研究因果机制而言,它可能关系重大。然而,对于这种目的,我们不会采用测量影响力的统计量去挑选案例。)

关键案例

在现存所有的案例选择方法中,最著名的——肯定也是最有争议的——可能是关键案例法。几十年前,它由哈里·埃克斯坦(Harry Eckstein)引入社会科学领域。在他的一篇重要论文中,埃克斯坦把关键案例描述为这样一个案例,"如果我们要对理论的有效性有信心,关键案例就必须非常符合这个理论,或者从反方向说,关键案例不能同样好地符合任何与所提出的理论相对立的理论"。[39] 当一个案例最可能或者最不可能实现某个理论预测时,它在不太严苛但是非常普遍的意义上是"关键的"。"最大可能案例"是除了在理论上感兴趣的维度外,在其他所有维度上,被预测会获得某个结果但却没有实现的案例,因而它被用来证否一个理论。"最小可能案例"是除了在理论上感兴趣的维度外,在其他所有维度上,被预测不会获得某个结果但却实现

---

[39] Eckstein(1975:118).

了的案例，因而它被用来证实一个理论。在所有的研究设计中，通过关键案例去验证某个观点是最艰难的。因此，在非实验单个案例情境下可获得证据中，关键案例提供的证据可能是最强有力的。

自从埃克斯坦这篇影响重大的论文发表之后，关键案例法在社会科学领域众多研究当中被称为案例研究方法的标杆。[40] 但是单个案例可以发挥关键性的（或者"决定性的"）作用这一观点并没有被大部分方法论专家广泛接纳。[41]（甚至它的创始人似乎也心存怀疑。）

不幸的是，对这种方法的讨论注意力被错误地放在那些原本认为【115】 主要为归纳性的事件上。在经验世界中存在好的关键案例吗？社会科学家已经能很好地识别它们了吗？正如接下来我们将会看到的，这种方法的实用性取决于那些本质上主要是演绎性的事件。

证实性（最小可能）关键案例

让我们从证实性（又叫最小可能）关键案例开始介绍。这种研究设计的隐含逻辑可以总结为：给定一系列事实，我们要去考量一个既定理论为真的可能性。虽然毫无疑问这些事实很重要，但是这类研究的有效性还取决于所研究的理论的形式特征。具体地说，一个理论在多大程度上经得起验证取决于能从理论中做出多少预测以及每一个预测的"风险"有多大。用波普尔的话说：

> 只有当它们是**风险性的预测**的结果，它们才可算作是证实；
> 也就是说，如果不受所研究的理论的启发，我们应该期望看到一

---

[40] 关键案例法的例子，见 Bennett, Lepgold, and Unger(1994)；Desch(2002)；Goodin and Smitsman(2000)；Kemp(1986)；和 Reilly and Phillpot(2003)。一般性的讨论见 George and Bennett(2005)；Levy(2002a)；和 Stinchcombe(1968: 24-8)。

[41] 例如，见 Sekhon(2004)。

个与理论不符的事件发生——一个拒绝该理论的事件。任何一个"好的"科学理论就是一道禁令,它禁止某些事情发生。理论禁止的事情越多,它就越好。[42]

因此,一个风险性的预测就是一个高度准确和确定的预测,它不可能被(感兴趣的理论之外的)其他原因因素或者其他随机过程所解释。一个理论如果被充分阐述,它就会产生许多这样的预测。这样的理论不但可以预测感兴趣的核心结果,而且如果它的适用范围很广的话,它还可以预测特定的因果机制。(概念"风险"可以理解为波普尔所说的"可证伪的程度"。)

这些观点还可以用贝叶斯定理来表述。科林·豪森(Colin Howson)和皮特·乌尔巴赫(Peter Urbach)这样解释:"h[某个假设])被 e[某组证据])证实的程度取决于 $P(e|h)$ 大于 $P(e)$ 多少,即与仅仅基于背景假定 e 发生的概率相比,基于假设 h 以及背景假定 e 在多大程度上更可能发生。"同样,"证实还与假设如果是正确的,与假设如果是错误的情况相比,证据在多大程度更可能成为事实有关。"[43]因此,理论提供的预测越奇怪——相对于通常我们所期望的而言——证据提供的支持度就越大。豪森(Howson)和乌尔巴赫(Urbach)提供了下面这个直观的例子:

【116】

> 如果一个算命先生预言你在某个时候会碰到一个陌生人,而且事实上你碰到了,你对他预知能力的相信度不会大幅提高:你可能仍会认为他的预测只是猜测的结果。然而,如果他的预测还给出了那个陌生人头发的正确发量,你之前的怀疑肯定会大大动摇。[44]

---

[42] Popper(1963:36). 也见 Popper(1934/1968)。

[43] Howson and Urbach(1989:86).

[44] 同上。

虽然波普尔或贝叶斯的解释㊺与所有的经验研究设计息息相关,但是更确切地说,它们是与案例研究设计有关,因为在这些案例研究设计中单个案例(或者至多是少量案例)需要承担沉重的论证任务。因此波普尔有关"风险"的观点被诸如哈里·埃克斯坦等案例研究者用去论证个案分析这一研究的合法性应该不足为怪。(虽然埃克斯坦没有引用波普尔的观点,但观点上的传承是很明显的。)这里,"风险"类似于我们常说的"最艰难的"研究设计,其在案例研究设计中被理解为"最小可能案例"。还要注意最佳拟合案例和最小可能案例的区别只是拟合的程度问题。最小可能案例指在事件中竟然符合理论的案例。对于验证理论而言,案例或多或少都是关键的。重点在于在某些情形中,理论的风险可能会弥补经验证据的不足。

关键案例研究的设计必然是一项高度演绎性的工作。它主要取决于所研究的理论的好坏。由此可知,最经得起关键案例分析检验的理论是那些在它们的精确性、周密度、连贯性和适用范围上像规律一样规定的理论。一个理论越达到因果规律的状态,用单个案例去证实或者证否它就越容易。

事实上,风险性的预测在自然科学领域,比如物理学,是常见的,这些自然科学领域的预测反过来又被当作科学演绎("涵盖律")模型的模板,它们影响了埃克斯坦以及战后几十年的其他研究者。㊻ 一个常被引用的例子就是相对论的第一次重要经验论证。它采用预测单一事件的形式,预测在 1919 年 5 月 29 日会发生日食。斯蒂芬·范·埃弗拉(Stephen Van Evera)这样描述这次预测对论证爱因斯坦的理论的影响:

【117】

㊺ 梅奥(Mayo 1996:Chapter 6)清楚地论述了另一种既不支持波普尔也不支持贝叶斯的观点。从该视角看,同一观点被表述为一个关于"严峻考验"的问题。

㊻ 见诸如 Hempel(1942)。

爱因斯坦的理论预言地球引力会使光的路径向某个引力源产生一定的弯曲。因此,它预测在日食期间,靠近太阳的恒星看起来好像移动了位置——事实上位于太阳后面的恒星看起来位于太阳的旁边,而位于太阳旁边的恒星看起来距太阳更远——它还预测了明显发生位移的恒星数。再没有其他理论做出过这些预测。这次单一案例研究检验使相对论被广为接受,因为所检验的预测是独一无二的——对于所预测的结果,没有其他可以匹敌的解释——因此检验通过得非常有说服力。[47]

这种检验的优点在于该理论与单个案例中所发现的事实高度吻合,而其他理论和这些事实的契合度则相对缺乏。爱因斯坦为特定的一系列反常现象提供了解释,其他既有理论不能解释这些现象。当然,我们必须假定它没有或者只有有限的测量误差。我们还必须假定感兴趣的现象是基本不变的,即光在不同时间、地点不会产生不同的弯曲(能够用相对论解释的除外)。最后,我们还要假定理论本身(除了特别感兴趣的案例)在其他情形中也具有解释力,即它可能是一个一般性的理论。如果我们愿意接受这些前提条件,那么这个 1919 年的"案例研究"给相对论提供了非常强有力的证实性证据。难以想象在观察性(非实验性)研究中还能比这更好地证实该理论。

相反,在社会科学研究中,我们通常不能找到单个案例研究可以给某个理论提供决定性的证据。我认为,这主要是大部分社会科学理论过于松散(不够细致)的产物。乔治和贝内特指出尽管民主和平论非常接近社会科学所认为的"规律",但它不能通过考察特定的因果机制得到证实(或被驳斥),因为该理论所规定的因果路径多而杂。在这种情况下,没有哪个单一案例检验能够给理论提供强的证实性证据(但是正如我们

---

[47] Van Evera(1997:66-7). 也见 Eckstein(1975) 和 Popper(1963)。

将会讨论的,该理论可能被单个案例证否)。㊽

　　然而,如果我们采用关键案例法中一个比较松散的方法——最小可能(最艰难)案例,那么可能性就很大。蔡莉莉(Lily Tsai)对中国村级治理的调研中,对几个村进行了深入的案例研究,之所以挑选这些村(部分)是因为对于感兴趣的理论而言,它们处于最小可能的状态。蔡的假设是具有(基于已有的宗教或者家庭网络)较高社会凝聚力的村会形成更高的社会信任度和相互责任感,因而会得到更好的治理。因此,关键案例就是那些表现出高水平的社会稳定性但是在其他维度上被认为最不可能形成好的治理的村庄——也就是说,它们贫穷、孤立、缺乏民主制度或者从上而下的责任制。福建省的"李家村"就是这样一个案例。这个贫困的村庄增加了一系列的基础设施建设,例如铺设有排水系统的公路(在中国农村很少见),这一事实表明肯定有一些极度不寻常的因素在起作用。因为蔡谨慎挑选案例以排除其他有竞争力的解释,所以她关于社会凝聚力特殊作用的结论难以被推翻。除此之外,我们还能怎样解释这个反常的结果呢? 这就是最小可能案例的长处,即排除了对结果的其他可能的解释。㊾

　　杰克·利维(Jack Levy)把这称为"西纳特拉(Sinatra)推理":如果它能适用这里,它就能适用所有地方。㊿ 因此,如果在李家村这个案例中,社会凝聚力具有其所假定的作用,那么它在其他更适合的案例中(比如有更多经济剩余的地方)也应该会有同样的作用。同样的隐含逻辑会启发许多案例研究分析,这些分析的研究目的是基于单一案例(不是宽泛的跨案例分析)去证实某个假设。事实上,我隐隐怀疑这

㊽　George and Bennett(2005:209)。

㊾　Tsai(2007)。应该注意到蔡的结论不仅仅只基于关键案例。事实上,她采用了多种方法论工具,包括案例研究和跨案例分析方法。

㊿　Levy(2002a:144)。也见 Khong(1992:49);Sagan(1995:49);Shafer(1988:14-6)。

【118】

个,这种只关注单个案例而不置于跨案例分析当中,使案例研究工作很大程度上依赖最小可能案例的逻辑。这个逻辑除了只字片语带过,很少被挑明。然而事实上,"风险性"预测的演绎逻辑可能是案例研究工作的核心。一个案例是否具有说服力通常取决于读者对支持观点的证据的评价有多高。正如前文已经论述过的,每当跨案例证据是有限的且我们不能设计操纵性的实验处理时,这种评价又依赖于对理论与手头证据之间契合度的估计。 【119】

证否性(最可能)关键案例

波普尔一个核心的观点就是证否一个推断比证实那个推断更加容易。(事实上,波普尔对每个推断都可以被完全证实持有疑问,因为这个原因,他选择用"确证,corroborate"这个词。)在案例研究设计中尤其如此,其证据仅仅限于一个或者几个案例。(证否性关键案例)最关键的要件是所研究的理论必须是一致的(也叫不变的、确定性的),即使预测不是非常的精确、细致或者适用范围不是很广。

碰巧,在社会科学领域,存在着相当多不变的命题。[51] 在第 3 章中,我们讨论了一个比较古老的理论,它认为政治稳定只会发生在相对同质性的国家或者存在异质性但被交叉认同缓解的国家。[52] 阿伦·利普哈特(Arend Lijphart)对荷兰的研究——荷兰是一个社会分歧不断加大的和平国家——通常被认为在单个案例深入研究的基础上拒绝了该理论。[53]

---

[51] Goertz and Levy(forthcoming); Goertz and Starr(2003).

[52] Almond(1956); Bentley(1908/1967); Lipset(1960/1963); Truman(1951).

[53] Lijphart(1968)。也见 Eckstein(1975)和 Lijphart(1969)中的讨论。对决定性事件的一般性命题进行证否的案例研究例子,见 Allen(1965); Lipset, Trow, and Coleman(1956); Njolstad(1990); Reilly(2000/2001);以及见 Dion(1998)和 Rogowski(1995)的讨论。

在这之前,我一直以二分法看待原因因素。国家的交叉认同要么加强,要么减弱,它们的政权要么是和平的,要么是冲突的。显然,这些参数通常只是程度上的差异。在这种对理论的解读中,案例或多或少是关键的。因此,为了达到利普哈特的目的,最有用的——也就是最关键的——案例是一个具有最分裂的社会群体但却拥有最和平和民主的历史轨迹的国家。在这些方面,荷兰是一个很好的选择。事实上,这个案例所提供的证否程度可能比其他案例要高,比如印度、巴布亚新几内亚,这些国家社会稳定不能总得到保障。当变量是连续的而不是二分的时,我认为或许可以用它们的关键程度来评估潜在案例。

【120】 注意,在证否一个因果论断时,背景原因因素是不相关的(除非它们可能会影响推断的总体中案例的分类)。荷兰、印度和巴布亚新几内亚在其他影响民主和社会稳定的因素上如何取值无关紧要。

当然,你们可能会问被认为不变的理论是否真的不会发生变化;或许它们被理解为概率性的理论会更好。关于交叉认同的理论或许可能仍然是正确的,尽管有荷兰这个显然的例外。又或许在不包括荷兰在内的案例子集中,这个理论一定是正确的。(这类说法在这个特殊情形中看起来不太可能,但是在许多其他情形中是非常可能的。)又或许理论需要重构,即它必然为真,但是只适用于具有交叉的民族或者种族认同的情况,不适用于主要为宗教认同的情况。我们可能会对什么叫做"证否一个理论"争论不休。重点在于,在所有这些情况中,关键案例都为理论提供了重要的新认识。

小 结

在这一部分,我认为关键案例能够在多大程度上决定性地证实或者证否某个理论,在很大程度上取决于所要检验的理论的结构。严格说来,它是个演绎问题而非归纳问题。就这方面而言,社会科学研究的"实证主义"风潮可能会导致更加赏识案例研究方法——而不是通常所认为的对该方法的诋毁。那些跟埃克斯坦一样接受覆盖律概念的人可能会被关键案例的理念吸引。出于同样的原因,那些对社会行为的不规律性和复杂性印象深刻的人不太可能会被关键案例研究说服,除非只是当作一种证否某些极度严谨的因果律的方法。

我已经在一定程度上说明了用单个案例去证否一个理论总是比去证实它更加容易。因此,一个被视为决定性的理论可能会被一个选择恰当的案例研究证否。这是关键案例研究在社会科学研究中最普遍的应用。

注意,案例选择的关键案例法不能用于大样本的情况。这是因为大样本中挑选样本的方法会让案例研究变得多余。一旦我们确定了相关参数以及所有案例在这些参数上的值,事实上我们就可以建立一个跨案例模型,该模型会自动证实或者证否所要研究的理论。这样一来,案例研究就显得无关紧要,至少在证实或证伪作用这一方面。当 【121】然,作为一种探索因果机制的手段,它仍然大有可为。然而,因为这一目标有别于通常与这个术语联系在一起的目标,我给这种方法起了一个新的称谓。

路径案例

案例研究最重要的一个功能是阐述因果机制。这一点非常确定(见第3章)。但是对于这一目标哪类案例最有效?虽然所有的案例研究基本上都能阐明因果机制,但不是所有的案例都是那么显而易见。在原因假设很清楚而且已经被跨案例分析证实的情况下,研究者最好关注某个因素的因果效应能够从其他潜在干扰因素中分离出来的案例。我把这种案例叫做路径案例以显示其对因果机制独一无二的敏锐洞察力。

要澄清一下,路径案例只存在于跨案例协变模式已被很好地研究但连接 X_1 和 Y 的机制仍然不明的情况。因为路径案例是建立在先前跨案例分析的基础上,所以案例选择问题必须置于那个样本中去考虑,不存在孤立的路径案例。因此,接下来的讨论重点放在关注如何从跨案例样本中挑选一个(或者几个)路径案例。

二分变量的跨案例研究方法

路径案例的逻辑在因果足量的情况下最为明显——在这种情况中,感兴趣的原因因素 X_1 本身(虽然可能但是并不必然)足以导致某个特定结果 Y,这被认为是一种单向的或者不对称的因果关系。我们不需要设置假定的其他原因因素,用向量 X_2 表示。

注意,只要认为各个原因因素之间可以互相替代,每个因素都可以(单独地)当作充分原因。[54] 因果等效性的情况假定每个因素或者每一组共同因素因果足量。例如,定性比较分析方法就假定每一个指定的因果路径具有因果充分性。

【122】

考虑下面这些被贝尔·布劳莫勒(Bear Braumoeller)从政治学各个领域精挑细选出来的例子。[55] 寻求结盟的决定不是为了寻求自主,就是为了寻求安全。[56] 征服得以避免要么通过威慑,要么通过防卫。[57]平民干预军事事务要么是政治隔离引起的,要么是地缘上的围堵引起

---

[54] Braumoeller(2003).

[55] 同上。我所选择的案例仅限于那些可以用二元变量建立模型的例子。进一步的讨论以及其他例子,见 Most and Starr(1984)和 Cioffi-Revilla and Starr(1995)。

[56] Morrow(1991:905).

[57] Schelling(1966:78).

的。[58] 战争不是计算错误的产物，就是失控的产物。[59] 投票弃权不是源于无知、冷漠、不满，就是源于不作为。[60] 投票决定要么受高质量的信息的影响，要么受以候选人的性别替代社会信息的影响。[61] 民主化的产生要么经由领导层发起变革，要么通过对反对派有节制地开放，要么通过独裁政权的垮台。[62] 这些以及许多其他社会科学的论断都采用原因替代的形式——多种路径导致某一特定结果。

为了便于阐释，最好对这些案例当中的一个案例进行详细地论述。为了保持文章的连贯性，我重点关注最后一个案例——民主化。根据布劳莫勒的研究，既有文献指出了三种主要的民主化路径（也许还有很多，但是为了眼前的目的，让我们假定总共只有三种）。因为案例研究的形式限制了我们一次只能分析一种路径，所以让我们把关注范围放在第一种——领导层发起的变革。试想一下，一个因果路径案例应该具有以下特征：（a）民主化；（b）领导层发起的变革；（c）没有对反对派有节制地开放；（d）没有先前专制政权的垮台；（e）不存在其他可能影响民主化过程的外来原因。在这类案例中，领导层发动的变革可能导致民主化产生这一因果机制最容易去研究。注意，没有必要假定领导层发起的变革总是导致民主化，它可能是一个决定性原因，也可能不是。但是有必要假定领导层发起的变革有时会导致民主化。【123】这个关于 X_1 和 Y 之间关系的协变假设应该也会得到跨案例证据的支持（如果没有，就没有理由进行一项路径案例分析）。

现在让我们把这些案例放在一般性的模型中。为了便于解释，让

[58] Posen(1984:79).

[59] Levy(1983:86).

[60] Ragsdale and Rusk(1993:723-4).

[61] McDermott(1997).

[62] Colomer(1991).

我们假定模型中的所有变量都是二分类的(赋值为 0 或 1),而且模型是完整的(Y 的所有原因都包括在内)。所有的因果关系被记为正相关:X_1 与 Y 共变,就像 X_2 与 Y 一样。这样我们就能一眼看出可能存在的组合。

记住,根据定义,路径案例总是关注单个原因因素,用 X_1 表示(研究者的注意力可能会转移到其他原因因素上,但是一次只关注一个原因因素)。在这种情况下,不管 Y 还有多少个其他的原因(用控制项 X_2 表示),只存在 8 种相关的案例类型,如表 5.2 所示。确定这些案例类型是一件相对简单的事情,可以通过在小样本中建立真值表或者在大样本中使用交叉表来完成。

表 5.2　二元原因因素的路径案例

		X_1	X_2	Y
	A	1	1	1
	B	0	0	0
	C	0	1	1
案例	D	0	0	1
类型	E	1	0	0
	F	1	1	0
	G	0	1	0
	H	1	0	1

X_1 = 理论上关注的变量。X_2 = 控制变量项(取值为 0 表示所有的控制变量值为 0,取值为 1 表示所有的控制变量值为 1)。Y = 关注的结果变量。A–H = 案例类型(每一类案例的数量是不确定的)。H = 路径案例。样本容量 = 不确定。

假定:(a)所有的变量都可以记为二分变量;(b)在一般案例中所有的自变量与 Y 正相关;(c)X_1(至少有时)是 Y 的充分原因。

注意,值的组合总数取决于我们用单向量 X_2 表示的控制变量的数量。如果这个向量只包含一个单一变量，那么只有8种案例类型。如果这个向量包含两个变量（X_{2a}，X_{2b}），那么可能出现的组合的总数从8（2^3）增加到16（2^4），依此类推。然而，这些组合中，除了X_{2a}和X_{2b}取值相同（同为0或1）的组合，其余都与当前的研究目的无关。“混合”【124】案例不是因果路径案例，其中的原因应该很明显。

根据关键案例的逻辑，路径案例是感兴趣的原因因素X_1能准确预测Y发生（Y=1），而Y的其他所有可能的原因（用向量X_2表示）都作出“错误”预测的案例。如果X_1——至少在一些情况下——是Y的充分原因，那么这类案例才应该是最有助于追踪因果机制的案例。在表5.2中只有一个这样的案例——H。在其他所有案例中，X_1通向Y的机制难以辨别，因为所要解释的结果没有发生（Y=0），或者因为X_1和Y不是以正常的方式相关（违反了我们的假设），或者因为其他干扰因素（X_2）的介入。例如，在案例A中，Y的发生值可以是X_1的产物，也可以是X_2的产物。因此，对案例A到G的深入考察可能不太有启发作用。

记住，因为我们已经从跨案例分析中知道了一般性的因果关系是什么样的，所以（在进行案例研究之前）我们知道什么是正确或者不正确的预测。相反地，在关键案例法中，这些预期是演绎性的而非经验性的。这就是两种方法的不同之处。这也是为什么因果路径案例主要有益于阐明因果机制，而非证实或者证否一般性的假设（基于跨案例研究这一点已经非常明显）。(63)

---

(63) 当然，我们不应该排除因果机制的研究可能会驳斥某个一般性的理论，如果那个理论完全取决于某组特定的因果机制而且案例研究表明这些机制并不存在。然而，在大部分社会科学研究中这不太可能。通常，这种发现的结果就是要重构X_1导致Y的因果过程，或者取而代之地认为所研究的案例是一个反常案例（案例总体中的非典型案例）。

现在让我们把事情想得更复杂一点,想象一下这些可替代原因至少有一些是联系在一起的(又名并发的)。那就是说,一些因素组合——X_a+X_b 或者 X_c+X_d——足以产生结果 Y。在哲学领域这称为非充分亦非多余条件(Insufficient and Non-redundant parts of Unnecessary but Sufficient causes),[64]也是大部分定性比较分析模型中所假定的因果模式。[65] 这里,刚刚已经提到的所有符号必须做调整,X_1 指原因因素组合(如 X_a+X_b),X_2 指向量组(如 X_c+X_d,X_e+X_f,X_g+X_h,…)。与先前的例子相比,所有这些变量的取值都让事情更为困难。然而,逻辑仍然是一样的,而且可以通过相似的方式完成,即小容量数据集中的真值表以及大容量数据集中的交叉表。虽然现在案例 H 指原因因素的结合,但是它仍然是唯一可能的路径案例。

连续性变量的跨案例研究方法

最后,我们必须要面对最复杂的情形——所有(或者大部分)与模型有关的变量都是连续的而不是二分的。这里,案例选择的工作就复杂得多,因为(在通常意义上的)因果"足量"不可能得到满足。再也不能假定可以完全分离出某个特定原因,即完全排除所有的竞争性原因因素。即便如此,还是有可能找到路径案例。

在这种情况下,我们要找满足以下两条标准的案例:(1)它不是一般性模型中的离群案例(或者至少不是一个极端离群案例);(2)在同时考虑其他原因因素(X_2)的情况下,结果(Y)的取值受理论上关注的

---

[64] 非充分亦非多余条件指特定结果的充分不必要条件中不充分但并非多余的那部分。因此,当我们认定短路是起火的"一个原因"时,事实上,我们是在说,火是由短路与一些其他背景因素(比如氧气)共同引起的,这些背景因素对于结果而言也是必要的。但是这不意味着短路就是那场火的必要原因,(在不同的情况下)火可能是由其他的因素导致的。见 Mackie(1965/1993)。

[65] Ragin(2000).

变量(X_1)的强烈影响。在这类案例中,确定位于 X_1 和 Y 之间的因果机制应该是最容易的。

在大样本中,这两个要件可以通过仔细留意每个案例的残差来评判。回想一下,我们在前文中讨论的偏离问题就是一个度的问题。对于一般性模型,以残差值的大小当作评判标准,案例或多或少是典型的或者是反常的。我们很容易排除有大的残差值的案例(如标准差>$|2|$)。对于更接近其预测值的案例,在残差上小小的区别,可能并不那么重要。但是,在其他条件相同的情况下,我们会选择离回归线更【126】近的案例。

要满足第二个要件需要做一些运算。给定模型中所有其他的参数,为了确定哪些(非离群案例)案例受 X_1 的影响最强烈,我们必须把约束模型 Y=常数+X_2+残差$_{约束}$ 中每个案例的残差值大小(它们的绝对值)与饱和模型 Y=常数+X_2+X_1+残差$_{饱和}$ 中每个案例的残差值大小进行比较。路径案例是约束模型与饱和模型残差值差别(Δ 残差)最大的案例或者案例组。因此,

$$路径值 = |残差_{约束模型} - 残差_{饱和模型}|,如果|残差_{约束模型} > 残差_{饱和模型}|$$

(5.10)

注意,饱和模型中案例的残差必须比约束模型中的残差要小,否则,增加感兴趣的变量(X_1)就会把案例拉离回归线。我们想要找出增加 X_1 会把案例拉向回归线的案例,也就是说,X_1 有助于"解释"案例。

举个例子,假设我想要探讨矿产资源对民主发展前景的影响。根据对这个课题大量的研究,我们得出自然资源丰富的国家——特别是石油——更不可能民主化(或者,即使经历民主转型,也更可能回到专制统治)。[66] 在这一点上,跨国家的证据非常确凿。然而,正如通常在案例中所见到的,因果机制却很模糊。考虑如下迈克尔·罗斯

---

[66]　Barro(1999),Humphreys(2005);Ross(2001).

(Michael Ross)所总结的可能的因果路径清单：

> "食利效应"……认为资源丰富的政府利用低关税率和贿赂去减轻担责的压力；"抑制效应"认为资源财富会通过增加政府提高对国内安全的投入的能力阻碍民主化；"现代化效应"认为基于石油和矿产出口的经济增长不能够带来有利于民主政府产生的社会和文化变革。[67]

这三种因果机制都在起作用吗？虽然罗斯试图在大样本跨国家研究

【127】中去检验这些因素，但是他的回答仍然相当不确定。[68] 让我们看看路径案例法将会如何处理这种情况。

理论上感兴趣的原因因素——石油资源，可以被操作化为人均石油产量（所生产的石油桶数除以国家的总人口）。[69] 如前面一样，我们用一个赋值为-10（最专制）到+10（最民主）的连续性变量来衡量民主。模型中的其他因素包括人均生产总值（取对数）、穆斯林（占人口的比例）、欧洲语言（说欧洲语言的比例）和民族分化（1减去随机挑选的两个人属于同一族群的可能性）。[70] 这些因素视为可能影响国家民主化倾向的背景变量（X_2）。（如前文一样）仅就1995年而言，饱和模型如下：

---

[67] Ross(2001:327-8).

[68] 罗斯用跨国家数据去检验这些因果机制，在基准模型中采用了这些概念的各种替代变量并观察这些替代变量带来的影响，以及这些（通常认为是中间性的）影响对主要关注的变量（石油资源）的影响。这是一个关于跨案例证据如何集中解释因果机制的好例子。如第三种所讨论的，我们不会局限于案例研究方法。也正如罗斯所提到的（2001:356），这些检验也绝不是决定性的。事实上，除样本受到严格限制的情况外，在关键变量——石油上的系数仍然是相当稳定的。

[69] 来源于Humphreys(2005)。

[70] 人均生产总值的数据来源于世界银行(2003)。穆斯林和欧洲语言是作者自己编录的。民族分化来源于Alesina et al.(2003)。

民主 = − 3.71 常数 + 1.258 人均生产总值(5.11) + − 0.075 穆斯林 +

1.843 欧洲 + − 2.093 民族分化 + − 7.662 石油

相关系数^2 = 0.450(N = 149)

(5.11)

除了把理论上感兴趣的变量——石油移除之外,约束模型与饱和模型是一样的。

民主 = − 0.831 常数 + 0.909 人均生产总值(5.12) + − 0.086 穆斯林 +

2.242 欧洲 + − 3.023 民族分化

相关系数^2 = 0.428(N = 149)

(5.12)

对等式 5.11 和 5.12 残差的比较会发现什么?表 5.3 表示残差值【128】最大的案例。考虑到|残差$_{约束}$| > |残差$_{饱和}$|,这些案例中的一部分可以立刻被排除。我们看到纳入石油变量增加了挪威的残差;不纳入理论上感兴趣的变量,这个案例显然能够被更好地解释。无须多言,如果我们希望考察自然资源与民主之间的因果机制,这不是一个值得研究的好案例。(然而,如我们在先前影响性案例部分所讨论的,对于模型诊断而言,它可能是一个好的案例。)

表 5.3　当变量是数值型的且假定是或然假定时的路径案例

国家	残差$_{约束}$	残差$_{饱和}$	Δ 残差
伊朗	−0.282	−0.456	0.175
土库曼斯坦	−1.220	−1.398	0.178
毛里塔尼亚	−0.076	−0.225	0.179
土耳其	2.261	2.069	0.192
瑞士	0.177	−0.028	0.025

续表

国家	残差$_{约束}$	残差$_{饱和}$	Δ残差
委内瑞拉	0.148	0.355	−0.207
比利时	0.518	0.310	0.208
摩洛哥	−0.540	−0.776	0.236
约旦	0.382	0.142	0.240
吉布提	−0.451	0.696	0.245
巴林	−1.411	−1.673	0.262
卢森堡	0.559	0.291	0.269
新加坡	−1.593	−1.864	0.271
阿曼	−1.270	−0.981	−0.289
加蓬	−1.743	−1.419	−0.325
沙特阿拉伯	−1.681	−1.285	−0.971
挪威	0.315	1.285	−0.971
阿联酋	−1.256	−0.081	−1.175
科威特	−1.007	0.925	−1.932

残差$_{约束}$=案例从约束模型中(没有石油变量)得到的标准差(等式 5.12)

残差$_{饱和}$=案例从饱和模型中(有石油变量)得到的标准差(等式 5.11)

Δ残差=残差$_{约束}$−残差$_{饱和}$,之所以列出是为了查看绝对值。

在这些残差值从约束模型向饱和模型递减的案例中,一些显然是中意的路径案例。阿联酋和科威特的 Δ 残差值最大,在饱和模型中(残差$_{饱和}$)残差相当小,表明这两个案例不是极端的离群案例。事实【129】上,根据这个模型的参数,阿联酋可以被视为典型案例。因此,以上分析表明研究者要探讨石油资源对政体类型的影响,最好关注这两个案例,因为它们的民主类型不能被其他因素诸如经济发展、宗教、欧洲的影响或者民族分化很好地解释。这些国家丰富的石油资源看起来似乎对这些国家的民主化前景有强烈的独立影响,这一影响通过我们的一般性理论以及可获得的跨案例证据得到了很好的示范。而且这一影响在关键案例研究中应该是可以解释的——无论如何,比在其他类型的案例中更能够得到解释。

小　结

在变量是二分变量以及可以假定因果足量(X_1 本身就足以,至少在某些情况下足以导致 Y)的情况下,因果"排除法"的逻辑更加具有说服力。当变量是连续性的,路径案例的策略就更加受到质疑,因为潜在的干扰原因因素(X_2)不能被干净利落地剔除掉。即使这样,本节的讨论已经表明为什么选择路径案例在很多情况下是案例研究分析的一种逻辑方法。

简要地提一下例外的情况。有时,模型中所有的变量都是二分类的,但却不存在路径案例,也就是说,不存在案例类型 H(在表5.2 中)。这就是所谓的"空单元格"问题,或者严重的原因因素多重共线性问题。丰富的观察数据并不总能帮助我们找到案例让我们去检验某个独立于他者的特定假设。

当变量是连续性的,类似的问题与感兴趣的原因变量(X_1)有关,它对研究者关注的结果变量的影响微乎其微。也就是说,它在一般性模型中的作用非常小(根据其标准化系数或者把约束模型和饱和模型进行比较的 F 检验所作的评判)。在这些情况下,唯一受到 X_1 强烈影响的案例——如果有的话——可能是极端的离群案例。认为这类案例能给某个命题提供证实性证据是不妥当的,至于原因,讨论至此已经非常明显。

最后,必须要强调的是挑选因果路径案例并不排斥探究其他案例的效用。然而,这种多种案例研究已经超乎因果路径案例的逻辑。挑选案例的过程通常是多种不同方法的结合,在本章的结尾部分,我们会回到这一点。

【130】

尽管本节的讨论本质上是技巧性的,但是我们还是应该注意到:当研究者把一个特定案例称为一个普遍现象的"例子"时,他们通常是在说某个路径案例。这类案例以一种特别形象的方式阐明了研究者关心的因果关系,因而它们被视为案例研究者惯用的方法。

最相似案例

与前面的方法不同,最相似案例法至少要采用两个案例。[71] 在最纯粹的最相似案例中,所选择的成对案例在所有方面都相似,除了感兴趣的变量。

如果研究是解释性的(即生成假设型的),研究者会寻找在感兴趣的结果变量上不同但却在可能导致结果的各个因素上相似的案例,如表5.4(A)所示。这是在研究初始阶段挑选案例最常见的方式。卓有成效的分析通常开始于某个明显的异常现象:两个案例明显非常相似,但却出人意料地表现出截然不同的结果。研究者希望通过对这些案例的深入研究发现一个——或者至多几个——原因因素,这些案例

[71] 在其创造者密尔(Mill 1843/1872)之后,有时候也称最相似案例法为"求异法"。后来对最相似案例法的处理见 Cohen and Nagel(1934);Eggan(1954);Gerring(2001:Chapter 9);Lijphart(1971,1975);Meckstroth(1975);Przeworski and Teune(1970);Skocpol and Somers(1980)。

在这些原因因素上有差异。这些有别的因素(X_1)就是所谓的原因。

有时,研究者从一个有力的假设着手,在这种情况下,从一开始她/他的研究设计就是证实性的(验证假设型的)。也就是说,研究者试图确定那些在感兴趣的原因因素上表现出不同值而在其他可能的原因因素上表现出相似值的案例,如表5.4(B)中第二个(验证假设型的)图表所示。如果研究者发现这样一个案例,该案例就会被视为给命题提供了证实性的证据,也为探讨因果机制提供了"素材"。

重点是最相似案例研究设计的目的及伴随的基本设计可能会随着研究者从解释性分析向证实性分析转变而发生改变。然而,不管我们从何处着手,发表时的结果看起来都像是一个验证假设型的研究设计。移除表中的问号,表5.4中(A)变成了(B)。因此,"最相似"分析通常被视为理解X_1/Y特定关系的一种工具。 【131】

表5.4　最相似案例分析的两种案例类型

(A)生成假设型的研究(以 Y 为中心的研究):

		X_1	X_2	Y
案例	A	?	0	1
类型	B	?	0	0

(B)验证假设型的研究(以 X_1/Y 为中心的研究):

		X_1	X_2	Y
案例	A	1	0	?
类型	B	0	0	?

X_1=理论上感兴趣的变量。X_2=控制变量的向量。Y=感兴趣的结果。

举个例子,让我们考虑一下利昂·爱泼斯坦(Leon Epstein)关于政党凝聚力的经典研究,该研究关注两个相似的国家——美国和加拿大。加拿大的政党纪律非常严明,其成员在下议院的表决中一起投票；而美国的政党约束力很弱，纪律涣散，其成员常常在国会的表决中互相对立。在解释这些持续存在多年的截然不同的结果中，爱泼斯坦首先讨论了在这两个案例中可能或多或少保持不变的原因因素。美国和加拿大都继承了英国的政治文化；都有广阔的领土和异质的人口；都是联邦制国家；都有相当松散的政党结构，强地方、弱中央。这些是"控制"变量（X_2）。它们在宪政特征上有一点不同：加拿大是议会制，而美国是总统制。爱泼斯坦就把这种制度上的区别认定为有别的原因因素（X_1）。[72]

【132】 最相似案例分析需要注意几点（除了所有案例分析通常需要注意的一系列假定之外）。首先，我们必须以二分类的方式对案例进行编录（高/低；有/无）。如果潜在变量也是二分类的（例如，联邦制的/单一制的），这就相当简单了。然而，常见的情况是模型中关注的变量是连续性的（比如政党的凝聚力）。在这种情况下，研究者必须把案例的取值"二分化"以简化双案例分析。如果在 X_1 和 Y 维度上的实际取值分化很大，或者在 X_2 上取值基本相同，这样做不会有太大问题。不幸的是众多的经验数据并不总是有助于我们达到密尔型（Millean-style）分析的要求，在这些情况下，最相似比较的逻辑就成问题了。

在控制变量的向量（X_2）在案例中"保持不变"这一点上，允许其有一定的灵活性。如果偏差朝着预测假设的反方向变动，不一致是可以容忍的。例如，爱泼斯坦认为在美国和加拿大都地方权力过大，这一情况可能在近代加拿大历史中比近代美国历史中更加严重。然而，因为地方权力应该会导致弱政党，而不是强政党，这一要素上的不一

---

[72] 关于最相似法进一步的例子，见 Brenner（1976）；Hamilton（1977）；Lipset（1968）；Miguel（2004）；Moulder（1977）；Posner（2004）。

致不会挑战爱泼斯坦的结论。事实上,正如前面所讨论过的,它形成了一个最艰难的研究情境。同时,爱泼斯坦把加拿大和美国政党都描述为"松散的"可能也会受到质疑。原因是在 20 世纪后期,通过直选(对所有宣称他们自己是某个政党的成员开放,在一些州,甚至对那些反对党的成员也开放)获得主导地位的美国政党比加拿大政党涣散得多。对连续性变量以二分方式进行编录的问题威胁着所有的最相似案例分析。

然而,对案例控制变量的要求在有一点上没有如此严格。具体来说,即我们通常没有必要为了控制控制变量而对它们进行测量(至少不需要高度精确)。如果可以认为两个国家具有相似的文化传统,那么我们不需要担心通过构建变量去测量传统。我们可以简单地断言,不管文化传统是什么,它们在这两个国家中或多或少是不变的。这类似于在随机实验中所采用的方法,研究者通常不会试图去测量所有可能影响感兴趣的因果关系的因素,而是假定通过随机抽样,这些未知因素在实验组和控制组中得到了中和。与大容量跨案例方法相比,这是一个巨大优势。在大容量跨案例方法中,每个案例在相关控制变量上被赋予一个特定值——这通常是一个备受争议的过程,而且我们还 【133】
必须对潜在的因果关系的形态(通常假定为线性的)作出严格的预设。

跨案例方法

在最相似案例研究中,挑选用来进行深入分析的案例最有效的统计工具是某种形式的"匹配"方法。(73) 在过去 25 年的定量方法讨论中,基于匹配方法的因果效应的统计估计一直是一个重大课题,首先是在

(73) 很好的介绍见 Ho et al.(2004);Morgan and Harding(2005); Rosenbaum(2004); and Rosenbaum and Silber(2001)。关于 Stata 匹配过程的介绍见 Abadie et al.(2001)。

统计学中,[74]其次是在计量经济学[75]和政治学中。[76]

匹配方法源自实验逻辑的一种延伸。在随机实验中,对于因果推理,不需要复杂的统计模型,因为对于足够多次的案例选择,实验组和控制组在它们的背景特征(X_2)上很可能是相似的。因此,一个简单的均值差异检验通常就足以分析实验变量(X_1)在各组间的影响。

在观察性研究中,所假设的原因因素(X_1)是二元变量,在表面上情况是一致的。为了便于讨论,我们会把在 X_1 上具有"高"值的案例当作实验组的成员,把具有"低"值的案例当作控制组的成员。这样观察性研究就被转化为标准的实验分析。

然而,在观察性研究中,通常难以找到在 X_1 上有差异而在可能影响感兴趣的结果变量的各个背景特征(X_2)上没有差异的案例。例如,非常民主(或者非常专制)的国家可能不止在一个方面相似。这就使关于 X_1 对结果的独立影响的分析变得非常复杂。

【134】 处理这一问题的传统方法是在因果关系的回归模型中为每一个潜在的干扰因素引入一个变量。但是这一常规方法需要一系列严格的假定,这就限制了引入模型的各个因素的变动方式。匹配法已经发展成为控制变量法一个公然的替代者。这一替代方法从确定案例得以匹配的一系列变量(非因变量也非主要自变量)着手。然后,对于实验组中的每个案例,研究者从控制组中尽可能多地挑选出在匹配变量(协变量)上与其值相同的案例。最后,研究者观察实验组的案例和控制组的匹配案例在因变量上的不同。如果匹配变量组多到足以包括所有的干扰因素,实验组和匹配的控制组案例的平均差异就是对因果

74　Rosenbaum and Rubin(1985);Rosenbaum(2004).

75　Hahn(1998).

76　Ho et al.(2004);Imai(2005).

效应一个很好的估计。即使在匹配变量组只包括部分而不是所有的干扰因素的情形中,匹配也可能会产生比回归模型更好的因果推断,因为在明确选定的一系列变量上匹配的案例在其他没有被测量的干扰变量上也更可能会相似。[77]

刚刚所描述的相对简单的匹配过程,也称为精确匹配,不幸的是它通常是不可能的。这一过程总是因为诸如财产、年龄以及距离等连续性变量的存在而不可行,因为不可能有两个案例在连续性变量的取值上一模一样。例如,没有哪个非民主国家与美国具有同样的人均国内生产总值。注意,协变量的数量越多,找到精确匹配者的可能性越小。

在精确匹配不可行的情形中,研究者可能会转而采用大致匹配,当控制组的案例与实验组进行匹配的案例足够接近时,就可以认为是匹配案例。这一方法的主要弱点在于"足够接近"的界定不可避免是主观臆断的,同时对于大量的匹配变量,实验组可能几乎没有大致匹配的案例。

为了处理这种精确匹配不可能的情况,方法论学者已经提出一种替代方法,叫做倾向值匹配法。这一方法对相似性的界定与前面两种方法有些微不同。倾向值匹配法不关注匹配变量上的共同值,反而关注实验组在匹配变量上相似的估计概率。换句话说,在寻找实验组中某个特定案例的匹配案例时,研究者在控制组中——在自变量的值已知以前——寻找那些原本可能选入实验组的案例。 【135】

这通过一个两阶段的分析完成,第一阶段把关键的自变量 X_1 当

---

[77] 然而,匹配明显次于经过精心设计和执行的随机试验。匹配的好处最多只惠及明确包括的变量和案例间碰巧相似的未测量变量。相反,正确的随机抽样能够应对所有的未测量变量。

作因变量,把匹配变量当作自变量(这与选择模型[selection models]的原理相似,因果推断的两阶段法已经被其采用)。一旦这个模型被估计出来,便可忽略其系数的估计值。相反地,分析的第二阶段采用每个案例的拟合值,它告诉我们该案例依据其匹配变量上的值被分配到实验组的概率。这些拟合值被称为倾向值。该过程的最后一步是为实验组的每个案例挑选匹配案例。这通过从控制组中挑选具有相似倾向值的案例来完成。

这一过程的最终结果是一组匹配案例,该组案例在研究者认为合适的程度上是匹配的。回到定性术语,这些就是最相似案例。罗森鲍姆(Rosenbaum)和西尔伯(Silber)对最近的医学研究结果总结如下:

> 在基于模型的调整中,病人死亡了就用模型的系数替代,与此不同,在匹配中,表面上可比的模型被依次进行直接比较。现代匹配方法包括统计模型法和组合算法,但是最后的结果都是成对的或者成组的人的集合,至少平均起来这些人是可比的。在匹配中,人保持了作为人的完整性,因此他们可以被单独检验,他们的故事也可以被单独述说。[78]

他们对匹配这样总结道:"它促进了而非抑制了深描。"[79]

事实上,已经被成功应用于医学治疗的观察性研究中的同一种匹配方法,也可以应用于社会科学中民族国家、城市或者任何成对案例的研究。假设要研究财富和民主的关系,研究者希望挑选一个在背景变量上与哥斯达黎加尽可能相似的案例,但二者在理论上感兴趣的变量——人均国内生产总值,以及感兴趣的结果变量——民主上尽可能不同。

【136】

为了挑选出最相似案例来研究财富和民主的关系,我们必须建立

---

[78]　Rosenbaum and Silber(2001:223).

[79]　同上。

一个关于国家财富来源的统计模型。显然,(关于财富来源的)这一假定是复杂的。因为这是一个解释性的例子,所以只要一个仅仅包括几个自变量的简单模型,我们就会感到满足。我们可以假定国家的财富是一个关于其法制系统的起源(通过英国法制传统、法国法制传统、社会主义法制传统、德国法制传统以及斯堪的纳维亚法制传统这些哑变量来衡量)及其地理禀赋(通过每个国家首都与赤道的距离来衡量)的函数。

挑选最相似案例的第一步是对这些自变量以及作为因变量的取对数的人均国内生产总值(理论上感兴趣的自变量)进行非参数回归。我们把这一回归的拟合值作为倾向值,具有相似倾向值的案例可以认为是匹配案例。我们关注的案例——哥斯达黎加的倾向值是 7.63。检查倾向值的数据,我们发现倾向值为 7.58 的贝宁与哥斯达黎加非常接近。同时,贝宁的人均国内生产总值\$1 163 与哥斯达黎加的人均国内生产总值\$5 486 有巨大的差异,他们在 1995 年的民主取值也如此(贝宁比哥斯达黎加不民主得多)。因此,哥斯达黎加和贝宁可以视为最相似案例用来检验财富和民主的关系。对这两个案例的深入研究会有助于理解经济发展和民主的因果路径。事实上,这两个案例的比较比其他案例的两两比较可能更有意义,就是因为该案例挑选过程所确定的国家,它们在民主或专制倾向问题上,其他属性基本相同。这意味着理论上感兴趣的变量(人均国内生产总值)的差异可以给予结果(民主)的差异一种因果解释——对其他两个国家(这些国家在文化、地域以及历史经验上截然不同)的定性评估可能无法给出这样的解释。

要记住"匹配"的好坏完全依赖于用来产生倾向值的统计模型的好坏。像我们这里所采用的肤浅的模型可能会产生相对粗糙的匹配。然而,在大容量样本中——囊括的案例即使没有成千上万,也有好几十个——挑选案例的数学形式方法提供了巨大的优势。至少,我们会

【137】 让假设变得透明。

表 5.5　源于匹配过程的配对案例

		GDP (X_1)	倾向值 (X_2)	民主 (Y)
案例	贝宁	\$1,163	7.58	6
	哥斯达黎加	\$5,486	7.63	10

小　结

最相似法是最早被认可的定性分析方法之一,可以追溯到 J.S.密尔(J. S. Mill)的经典研究——《逻辑系统》(1834 年第一次出版)。相反地,匹配统计法是社会科学研究工具库中比较新颖的一种方法,它很少被用于挑选案例进行深入的案例分析。然而,正如前文的讨论所表明的,这两种方法之间有许多交叉的地方。事实上,匹配之所以目前在统计学家中如此流行——那是相对于普通的回归模型——依赖于定性研究者认可何种因果分析方法是基于案例的。如果罗森鲍姆和西尔伯是正确的,那么完全有理由把这种大样本分析方法用于案例研究的目的。

的确,案例研究的目的在已经采用了大样本跨案例分析的情形中略有不同。在这些情形下,一般性的因果关系通常已经很明显。我们从跨案例研究中知道人均国内生产总值与民主高度相关,而且存在强烈的因果联系。当然,案例研究分析可能会给我们一些怀疑的话柄:或许无法确定经济发展与政体之间的因果路径;或许先前的研究或者理论直觉预设的因果路径并不显而易见。即便如此,这种情况中的案例研究分析其通常的目的仍然是去证实某个最初的跨案例发现。

相反,如果没有先前的跨案例分析——至少没有一个形式性的跨案例分析——案例研究所扮演的角色就稍有不同。这里,我们对发现 X_1 和 Y 之间的互动关系更感兴趣。因此,爱泼斯坦对美国和加拿大政党的研究是因其主要发现而著名:产生政党凝聚力的根本动因在于行政体制(议会制/总统制)。事实上,在这篇文章中爱泼斯坦花在讨论可能存在的因果机制上的时间相对较少,如前文所述,他主要关注相关变量的取值。同样的道理,如果爱泼斯坦在他的案例研究之前已经进行了大样本的跨案例分析,而且如果这个跨案例分析已经揭示了政体与政党的凝聚力之间的强烈关系,那么现在他对美国和加拿大(我们认为具有相似倾向值的案例)这两个案例的分析所服务的目的就截然不同。显然,当案例选择过程本身就是一个分析模型时,最相似案例研究的功能就会稍微发生转变,这种转变是很重要的,它为因果关系的存在提供了初步却有力的证据。【138】

与其他案例选择的方法一样,最相似案例法也容易导致非代表性问题。如果这一方法被用于定量分析中(没有系统的跨案例选择策略),所选中的案例中潜在的偏差必须慎重加以解决。如果研究者在大容量样本中采用案例选择的匹配法,那么如饱和模型中根据案例的残差所判定的那样,只要确保所选择的案例并非极端离群案例就可以解决偏差问题。虽然为了在案例中找到非常吻合的最相似案例,以回归线为中心某个范围内的偏离是可以接受的,但是最相似案例仍然应该是"典型"案例。

最相异案例

最后一种案例选择的方法与前一种方法恰好相反。这里,自变量的变化更受重视,反而不太重视结果变量的变化。我们要寻找的不是最相似的案例,而是最相异的案例。具体地说,研究者试图确定只在一个自变量(X_1)以及因变量(Y)上取值相同而在其他可能的原因因

【139】素（X_{2a-d}）上取值相异的案例。[80]

这种两个案例的比较最简单的形式如表5.6所示。虽然认为案例A和B"最不相同"，但是它们在两个根本的方面——在感兴趣的原因变量和结果变量——是相似的。

表 5.6　两个案例的最相异分析

		X_1	X_{2a}	X_{2b}	X_{2s}	X_{2d}	Y
案例	A	1	1	0	1	0	1
类型	B	1	0	1	0	1	1

X_1＝理论上感兴趣的变量。X_{2a-d}＝控制变量的向量。Y＝感兴趣的结果。

我以马克·霍华德（Marc Howard）最近的研究为例，该研究探讨了共产主义对市民社会的持久影响。[81] 跨国家的调查表明在控制各个可能的干扰因素的情况下，前共产主义政体与低社会资本之间存在强烈的相关关系。这是一个重大的研究结果。霍华德想知道在已经不再是社会主义或专制主义的国家，为什么这一关系还是如此强烈？为什么它会持续下来，甚至或许还在加强？为了回答这个问题，他重点关注两个最相异的案例——俄罗斯和民主德国。这两个国家非常不同——在除了它们的共产主义背景之外的所有方面——包括在苏联之前时期、苏

---

[80] 继其创造者 J.S.密尔之后，最相异法有时也叫做"求同法"。也见 DeFelice（1986）；Gerring（2001：212-14）；Lijphart（1971，1975）；Meckstroth（1975）；Przeworski and Teune（1970）；Skocpol and Somers（1980）。这一方法的例子见 Collier and Collier（1991—2002）；Converse and Dupeux（1962）；Karl（1997）；Moore（1966）；Skocpol（1979）；Yashar（2005：23）。然而，大部分这些研究被描述为最相似法和最相异法的**结合**。

[81] Howard（2003）. 在接下来的讨论中，我把"社会资本""市民社会""市民参与"这三个术语互换使用。

联时期以及民主德合并的后苏联时期。然而,它们在各个旨在测量当代公民参与社会的程度的跨国家指标上都接近最低值。因此,霍华德的案例选择过程满足最相异研究设计的要求:除了感兴趣的关键变量(共产主义)和结果变量(公民参与)之外,在其他所有(或者大部分)维度上都发现有差异。[82]

这一方法会对给研究分析带来什么好处呢? 霍华德的案例研究还结合了从大样本的调查以及对俄罗斯和民主德国小分层样本的深入访谈中获得的证据。(这恰巧很好地例证了如何把定量证据和定性证据很好地结合在对几个案例的深入分析中。)这一分析的成果就是确定了三种因果路径:"对共产主义组织的不信任、人情网络的持续存在和对后共产主义政权的失望",霍华德称这三种路径有助于解释后 【140】
共产主义政体中市民社会滞后的状态。[83] 简而言之,瓦尔这样总结道:"俄罗斯和民主德国的许多市民对各种公共组织有强烈的、挥之不去的不信任感,(伴随着感觉整体上社会内的关系日益恶化)他们普遍满足于他们自己的个人关系网,并对后共产主义的发展感到失望。"[84]

从民主德国和俄罗斯的分析中得到的结果应该也适用于其他的后共产主义政治体(比如立陶宛、波兰、保加利亚、阿尔巴尼亚)。事实上,通过选择一个异质样本,霍华德解决了他的有限样本中潜在的代表性问题。然而,这个样本并不代表整个推断的总体,总体应该要涵盖所有的国家,而不只是共产主义国家。(说共产主义阻碍了市民社会的发展就意味着非共产主义促进了市民社会的发展。霍华德所选择的样本按照因变量进行了截取[删减])

---

[82] Howard(2003:6-9).

[83] 同上,122。

[84] 同上,145。

同样成问题的是在感兴趣的关键原因变量——共产主义——及其推定的因果路径上缺乏变化。因为这个原因,通常难以仅仅基于最相异分析就得出关于这些原因因素因果状态的结论。也就是说,霍华德所确定的三种因果路径也可能适用于从未经历共产主义统治的政治体。如果这样,把它们视为原因是不合理的。

在这种最相异分析的基础上完全排除竞争性假设看起来也不太可能。事实上,这也不是霍华德的本意。他只是希望表明无论经济、文化以及其他因素对市民社会有何影响,对这一课题的研究都没有到头。

基于前面方法论上的困境,我的审慎判断是最相异研究设计只是给为什么东欧的共产主义体系在其消失数年后看起来仍然抑制了市民参与的问题提供了最低程度的解释。幸运的是,这不是霍华德在其绝妙的研究中唯一采用的研究设计。事实上,他还采用了其他两种小样本跨案例方法以及一种大样本跨国家统计分析。我个人认为这些方法完成了大部分的分析工作。民主德国可以视为一个因果路径案例(如前文所述)。它具有通常认为能够培育公民参与的所有属性(比如不断发展的经济、多党竞争、公民自由、新闻自由、与西欧文化和政治的紧密联系),但是尽管这样,在转型后在公民参与这个维度上没有或者几乎没有改善。[65]可以像霍华德一样,把这种转变的缺乏归因于其过去的共产主义统治。民主德国和联邦德国的对比提供了一个最相似案例分析,因为这两个政体基本上在各个方面都相同,除了共产主义的历史。这个差异也被霍华德灵活地加以运用。简而言之,霍华德的结论是合理的,但不是基于最相异分析。

我并不希望完全忽视最相异研究方法。显然,有了对俄罗斯的深

【141】

---

[65] 同上,8。

入分析,霍华德的发现比没有的时候更加可信。但是如果我们去掉路径案例(民主德国)和最相似分析(民主德国/联邦德国),就没有留下可供因果关系分析立足的基础了(除了大样本跨国家分析)。事实上,采用最相异方法的大部分学者把该方法与其他方法一起使用。[86] 它很少(如果有的话)当作一种独立的方法。[87]

小　结

把对马克·霍华德的研究的讨论推而广之,我对案例分析最相异法作出如下总体评价。(我把所有案例研究分析要面临的问题以及组成第3章基石的问题放在一边不谈。)　　　　　　　　　　　　　　【142】

让我们从两种密尔型分析所面临的方法论障碍——在分析中必须把每一个变量二分化——开始。记住,如最相似分析一样,案例之间的差异必须足够大到可以用完全二分的形式来解读(比如,高/低、有/无),而它们之间的相似也必须要足够接近至可以理解为基本一致(比如,高/高、有/有)。不然,就无法解读密尔型分析的结果。如果所

[86] 见如 Collier and Collier(1991/2002);Karl(1997);Moore(1966);Skocpol(1979);Yashar(2005:23)。卡尔(Karl 1997)就是这方面一个非常明显的案例,其影响了一种最相异系统分析的形成。她的分析主要关注产油国(具有丰富的石油储备的国家)作出了两类推断。第一类关注石油在政治和经济发展中(通常)发挥的阻碍作用。第二类推断关注产油国总体内部的变化,发现一些国家(比如挪威、印度尼西亚)成功避免了石油资源对其他方面的病态影响。当试图去解释石油对产油国的限制作用时,卡尔通常依赖产油国和非产油国(例如第 10 章)的对比分析。只有当她试图去解释产油国之间的不同时,她才把她的样本局限在产油国。我认为最相异研究设计基本没有作用。

[87] 这已经被密尔(Mill 1843/1872:258-9)认可,至少是默认了。这些年,对这一方法的质疑已经不断得到方法论者的响应(比如 Cohen and Nagel 1934:251-6;Gerring 2001;Skocpol and Somers 1980)。事实上,几乎没有人公然替最相异法辩护(但可见 DeFelice 1986)。

研究的变量本身是连续性的(如国内生产总值),那么"度"的问题就是一个致命的问题。这在霍华德的分析中尤其突出。民主德国在公民参与上的值比俄罗斯稍高。虽然它们都很低,但俄罗斯相对更低。霍华德认为这种差别足够小,可以理解为只是程度上的差别而非类别上的差别,这一判断可能会遭受质疑。在这些方面,最相异分析并不比最相似分析保险,但也不比最相似分析更不安全。

最相异分析在一个方面优于最相似分析。如果与编录有关的假定是成熟的,最相异研究设计可能有助于排除必要原因。没有在选中案例中出现的原因因素——例如表5.6中的 X_{2a-d}——对于 Y 的产生显然不是必要的。然而,不能由此就断定最相异方法是排除必要原因最好的方法。注意,这一方法的定义特征是案例间拥有共同的原因元素——表5.6中的 X_1,这一特征对我们排除必要原因并无益处。事实上,如果只关注排除必要原因,那么我们大概会寻求具有同样结果但是在其他属性上差异最大的案例。在表 5.6 中,这是一组满足条件 X_{2a-d} 而不满足 X_1 的案例。因此,即使最相异分析理想状态下的解释力也不是很强。

通常,案例研究分析的重点被放在因果关系的确定(或者说明)上,而不是在排除可能的原因上。在这种情况下,最相异方法是有用的,但是只有在"原因单一"的假定成立时才行。我说"原因单一"是指某个特定结果是一个单一原因的产物的情况:除非有 X_1 的存在,否则 Y 不会发生。X_1 是导致 Y 的必要原因,在一些情况(给定某些背景条件)下也是充分原因。[88]

【143】　考虑下面这个假设性的例子。假如一种知之甚少的新疾病在国家 A 出现了。在那个国家几十个受影响的社区有大量的感染人口。

---

[88]　表述这一观点的另一种方式是说 X 是 Y 的"非同小可的必要条件"。

在位于世界另一边的国家 B,有一个社区也出现了这种疾病的一些新的案例。在这种情况下,我们想象一下两种密尔型分析。第一种分析考察 A 国的两个相似社区,其中一个社区出现了这种疾病,另一个没有。这是最相似型的案例比较,因而其重点是确定两个案例之间的不同之处,这些不同之处可能能够解释样本间的变化。另一种分析关注两个国家里出现疾病的高度相异的社区,寻找它们之间的任何相似之处,这些相似之处可能能够解释这些相似结果。这就是最相异研究设计。

二者都是解决这个特定问题可行的方法,我们可以想象流行疾病学家同时采用这两种方法的情景。然而,最相异研究设计需要对起作用的背景因素建立更加严格的假定。它假设在任何情况下,疾病都源于同一原因。当我们处理某些自然现象时,比如说疾病,这可能是一个合理的操作假定。即便如此,还存在很多例外。例如,有很多原因导致死亡。因为这一原因,我们不会想在世界范围内寻找具有高死亡率的最相异案例。为了让最相异研究设计能够有效地确定对某一特定结果起作用的原因因素,研究者必须假定 X_1——在众多案例中保持不变的原因因素——是 Y 唯一可能的原因(见表 5.6)。这个假定几乎不适用于社会科学领域,因为人类学家、经济学家、政治学家以及社会学家感兴趣的大部分结果都有多个原因。有许多方式去赢得选举、去建立福利国家、去参加战争、去推翻政府,或者——回到马克·霍华德的研究——去建立一个强大的市民社会。也正因为这个原因,最相异分析很少被应用于社会科学研究,即使有,也几乎不可信。

如果这看起来有些严厉,那么看待最相异法还有一种更仁慈的方式。即它根本不是一种纯粹的"研究方法",而只是一个补充,一种把多样性纳入案例子样本中的途径,这些子样本提供了研究者感兴趣的反常结果。如果反常结果是革命,我们可能就希望把大量的革命案例纳入到我们的分析当中。如果反常结果是后共产主义的市民社会,那么正如马克·霍华德所做的那样,我们的案例研究样本就最好把各种后共产主义政治体都包括在内。从这个角度看,把(所谓的)最相异法

称为前文所讨论过的多变案例法可能更好。

本章总结

　　所选中的案例要具有比它本身更多的东西,它就必须(在某些方面)代表某个更大的总体。否则——如果它是纯个体的("独一的")——它并不能提供比它本身更多的信息。基于非代表性样本的研究缺乏(或只有极少的)外在效度。当然,没有现象是纯个体的,特例这一概念是难以定义的。自始至终,我们都在关注"度"的问题。案例或多或少会代表某个更普遍的现象,基于这个度,就可以判断它们是进行深入分析更好的对象还是更糟的对象。

　　在所有困扰案例研究分析的问题中,可能最常见的——也是最让人伤神的——是样本偏差问题。[89] 丽莎·马丁发现国际关系学者过分强调少数几个为人熟知的经济制裁案例——它们大部分并不能让被制裁国做任何改变——这"已经曲解了分析者们关于经济制裁的原理

---

[89]　Achen and Snidal(1989);Collier and Mahoney(1996);Geddes(1990);King,Keohane and Verba(1994);Rohlfing(2004);Sekhon(2004).一些案例研究者似乎贬低了案例代表性的重要性。乔治和贝内特(George and Bennett 2005:30)着重写道:"案例研究者不渴求挑选的案例能直接'代表'多个总体,他们通常不需要也不应该声明他们的发现适用于这些总体,除非是有条件性的。"然而,很显然他们不是指责要有代表性这一目的,而是指责案例研究者把其发现不合理地进行延伸这一问题。"在特定的案例研究中存在的某种程度上的代表性问题或者选择偏差问题,通常把它描述为研究发现的'过度推广'问题会更好,这些发现被过度推广到与实际研究的案例不同的案例类型或者亚类型。"(同上,32。)

及其特征的看法”。(90) 芭芭拉·格迪斯(Barbara Geddes)指控许多有关产业政策的分析只关注最成功的案例——主要是东亚新兴工业国家——这会导致有偏的推断。(91) 安娜·布雷曼(Anna Breman)和卡罗琳·谢尔顿(Carolyn Shelton)表明了只要研究者倾向关注那些灾难性案例,关于结构调整问题的案例研究工作整体上就都是有偏的。在那些灾难性案例中,结构调整与非常差的健康状况以及非常糟的人类发展状况有关。这些案例通常位于撒哈拉以南的非洲,不可能代表整个总体。因此,关于结构调整问题的研究严重偏向于某个特殊的意识形态方向(与新自由主义相反)。(92) 【145】

这样的例子数不胜数。事实上,很多课题最常研究的案例是公认的不太具有代表性的案例。有必要反省这样一个事实——我们关于世界的知识严重染上了少数几个“大”(人多的、富有的、强大的)国的色调,经济学、政治学、社会学的大部分是建立在学者们所熟悉的美国这个国家的经济学、政治学和社会学之上的。(93) 案例研究工作尤其容易出现研究者的偏见问题,因为有太多的研究是基于研究者所挑选一个案例(或少数几个案例)。即使研究者没有偏见,仅仅因为“随机”误差(也可以理解为测量误差、数据产生过程中的误差或者总体的一个潜在因果特征)的存在,研究的样本也可能是有偏误的。

只有两种情况案例研究者不需要关心案例的代表性。第一种情况是影响性案例研究设计,其之所以选择某个案例是因为该案例可能

---

(90) Martin(1992:5).

(91) Geddes(1990).

(92) Breman and Shelton(2001). 又见 Gerring,Thacker,and Moreno(2005)。

(93) 沃尔克(Wahlke 1979:13)论述了政治学分析“行为主义”模式的失败。“它很少以归纳为目的,研究工作基本上局限于单个政治系统的案例研究,它们大部分针对的……是美国系统。”

影响跨案例模型,因此不期望它能代表更大的样本。第二种情况是反常案例法,其所选择的案例是用来检验某个更普遍的跨案例论断,对于该论断而言,反常案例是一个明显的例外。但在后一种情况中,我们还是期望所选择的案例能代表更大的一组案例——特别是那些不能被现有模型很好地解释的案例。

在所有其他情况下,不管案例与所研究的命题有何种关联,它必须代表感兴趣的总体。注意,当研究者试图去证否某个决定性命题时,把代表性问题理解为分类问题或许更合适:所选择的案例是否被合理地归类为某个指定总体的成员? 如果是,就可以为证否性案例研究提供素材。

如果研究者试图去证实某个决定性命题,或者去对一个因果关系做概率推断,那么常见的代表性问题是:案例 A 与总体中的其他案例单位是同质的吗? 这不是一件容易检验的事情。然而,在大样本情况【146】下,(不管研究者对哪个模型最有信心)从案例的残差着手是合理的。当然,这一检验的好坏取决于手中的模型。任何不正确的设定或者不正确的模拟过程都可能在结果上产生偏差,并对每个案例的"典型性"给出错误的评估。此外,还可能存在随机误差,一般性的模型不能模拟这种误差。鉴于单个案例在案例研究中所要担负的解释权重,最好不要仅仅考量对代表性的残差检验。相对于某个肤浅的跨案例模型的结果,演绎法和对所研究的案例进行深入分析通常更可靠。

在任何情况下我们都不能摆脱这一代表性问题。案例研究(包括已经提到的两个例外)依赖所假定的提喻法:案例应该代表总体。如果这一点不为真或者有理由被质疑,那么案例研究的效用就会备受怀疑。

幸运的是,案例研究还是有一些保障的。只要把案例研究的证据与跨案例证据进行一定的结合,样本偏差的问题就会得到缓和。事实上,通常在社会科学中看到的对案例研究工作的质疑,今天在我看来,往往是对案例研究方法理解过于肤浅而导致的。一个简单的案例研究可以认为是指一个独立的案例研究。只要案例研究与跨案例研究被同时用于同一项研究(要么是同一项研究,要么是同一主题的其他研究),就不用太担心代表性问题。这就是跨层次研究的精髓,也叫做"三角验证法"。

不解之处

在结束之前,我希望把大家的注意力引向案例研究中挑选案例的策略的两个模棱两可之处。第一是关于几种案例选择策略的混合使用。第二是关于在研究进程中案例不断变化的状态。

一些案例研究只采用一种案例选择策略。它们就是前文所述的典型的、多变的、极端的、反常的、影响性的、关键的、路径的、最相似的或者最相异的研究设计。然而,许多案例研究把这些案例选择策略混合起来并成对使用。事实上,基本上所有的案例研究都在寻找具有代表性的样本,它们都在寻找"典型的"案例。因此,学者常常宣称他们的案例既极端又典型,它在 X_1 或 Y 上有极值,但在其他方面并不极端。关于这些策略的结合,只要情况允许采用多种经验策略,我们没 【147】有理由不采用混合策略,除此之外,我们没有太多可说的。当同一案例同时合法地承担几种功能(不需要研究者进一步的努力),案例分析采用多种方法几乎没什么代价。

第二件值得强调的事情是在研究者的研究过程中——就算不持续数十年,也会持续数年——案例的状态会不断发生改变。研究者从某个解释性模型着手,然后进行假设验证(即它提出一个关于 X_1/Y 的特定假设),若操作性的假设或者关键控制变量发生了变化(发现了一个新的原因因素或者其他结果成为分析的焦点),这一问题就尤其严重。事物是变化的。一个好的研究者的标志就是对新的证据和新的观点持开放态度。方法论上的讨论常给人以误导,认为在研究的进程中假设是清晰的而且是保持不变的。事实远非如此。有关学术的小道消息——在一些不正式的场合可以看到,在这些场合中研究者撤下所有的防卫(特别是在醉酒的状态下)——充斥着死胡同、出人意料的发现以及完全被修正的理论篇章这类故事。关于这方面,把已发表的著作与博士论文的开题报告以及课题基金的申请报告进行比较是一件有趣的事情。我怀疑这两个研究阶段的相关性不会特别高。

毕竟,研究的目的在于发现,而不只是证实或证否既有的假设。尽管这么说,对一个特定问题的研究应该从生成假设转移到验证假设这一说法也是对的。这标志着一个领域的进步,或者一个学者个人研究的进步。一条规律就是从开放性分析(以 X 或者 Y 为中心)着手的研究应该以决定性的 X_1/Y 的假设结尾。

问题是对探索性研究理想的研究策略并不总是证实性研究的理想策略。因为它与跨案例研究以及案例研究的困境有关,我在第 3 章中已经讨论了这一"取舍"关系。如本章所述,这一问题也存在于各种案例研究分析方法中。极端案例法本来就是解释性的,因为它没有明确的因果假设;研究者只想探索单一维度(X_1 或 Y)上的变化。其他方法要么可以用于开放性(解释性的)模型,要么可以用于验证假设(证实性/证否性)的模型。困难就在于一旦研究者形成了一个决定性的假设,最初所选择的研究设计可能就不再那么稳固。

【148】

这是不幸的,但也是不可避免的。直到(1)我们有一个具体的假设;(2)我们对我们将在经验世界发现什么有一定的把握,我们才能建立理想的研究设计。观察性研究设计尤其如此,但是这也适用于许多实验研究设计:通常有一个"好的"(能提供信息的)研究发现,就有一个不怎么有意义的发现。简而言之,理想的案例研究设计通常只在事后才会浮出水面。

对待这一问题有三种方式。我们可以直截了当地辩解最初的研究是解释性的,因此不是用来检验某个特定假设,该假设现在是一个主要论断。或者,我们可以在形成新的(或者修订后的)假设之后,尝试重新设计研究。这可能需要其他领域的研究或者融合其他可从二手资料或者专家建议中获得的案例或者变量。最后一种方式就是干脆舍弃或者减少不再有助于解释(修订后的)关键假设的那部分研究设计。三个案例研究可能变为两个案例研究,以此类推。费时费力是这种裁减法的代价。

在研究中,现实的考虑可能会决定采用这三种策略的一种或者几种策略的组合。要记住的一点是,对我们的跨案例研究设计进行修改是很正常的,也是意料之中的。但是漫步在通往真理的路上,不可能所有的磕磕碰碰都早有预料。

还有其他挑选案例的方法吗?

在本章的开头部分,我把案例选择的任务归纳为一件要达到两个目标的事情:代表性(典型性)和变异(因果杠杆)。显然,还存在其他目标。例如,我们希望确定那些相互独立的案例。如果所选择的案例相互影响,在进行分析之前必须对该问题(有时叫做高尔顿难题或者扩散问题)加以解决。我之所以不提这一问题是因为对于研究者而言,它通常是不言自明的,而且无论何时都不存在用来矫正这种偏差的简便之法。[94]

我也无视了可能影响案例选择的现实或者后勤问题。显然,案例

---

[94] 关于这方面的进一步讨论和妨碍案例选择的其他因素,见 Gerring(2001:178-81)。

【149】 选择通常受到研究者对一个国家的语言的熟悉程度、个人能否亲临现场、有无特殊权限获取重要数据或者用来支持某项研究而非其他研究的资金的影响。现实的考虑在案例选择过程中通常——而且肯定——具有非常大的决定作用。

最后一点是关于一个特定案例在主题文献中的理论意义。研究者有时被迫去研究在先前研究中已经受到广泛关注的案例。这些案例有时叫作"范例"或者"典范"。⑤

然而，不管是现实/后勤效用还是理论意义，都没有资格成为案例选择中方法论上的考量因素。也就是说，以上因素对这个案例研究的研究发现的有效性不能产生影响。因此，与我在本书中其他章节的做法一样，这些事项在本章中仅处于边缘的地位是合理的。

还有最后一点。尽管传统上把案例选择和案例分析区分开来，但是仔细检视这两个过程，可以发现它们的界限是模糊的、重叠的。我们选择一个案例不能不考虑可能要从事的案例分析的类型，反之亦然。因此，读者在挑选案例时要把本章中所列出的九种技巧与案例的类实验性（第 6 章）以及进行过程追踪的可能性（第 7 章）放在一起考
【150】 量，这些是我们接下来要讨论的问题。

---

⑤　Flyvbjerg(2004:427).

内部效度：一个实验模板 **6**

假设有人已经根据上一章所描述的某种技巧(或者几种技巧组合)选定了个案(或多个案例)。我们再进一步假设有人已经将其研究问题提炼为一个具体的(X_1/Y)假设。接下来,他就面临一个内部效度的问题。人们应该如何构建一个研究设计以阐明感兴趣的因果关系呢?

因果推论的根本难题在于我们无法重演历史以便发现在一个特定案例中X_1对Y有何实际影响。在本体论层次上,这个问题是无法解决的。毕竟时光机并不存在。然而,存在各种降低不确定性的方法,以使因果推论不仅可能,而且实际上还非常可信。本章的论点是,如此操作的各种方法在本质上都是类实验性(quasi-experimental)的。这是因为真实验(true experiment)是我们所掌握的最接近于时光机的东西。通过这一技术,以及以此为蓝本拓展的其他技术,我们可以想象,回到过去改变"处理方法"会发生什么情况,并观察其真实的因果效应。

因此,本章对一些运用于案例研究的常见假定提出质疑。大部分案例研究者认为其研究与实验室的实验——有一个受控处理组和一个随机控制组——之间仅存在疏远而微弱的联系。他们倾向于认为,实验性研究与观察性研究分属不同世界,甚至使用不同的探索逻辑。诚然,与观察性数据打交道的案例研究者也经常称他们的研究为"类实验""自然实验""思想实验""决定性实验"或"反事实思想实验"。

【151】然而,这些称谓通常宽泛而又模糊。可以说,它们所混淆的东西比澄清的东西要多。一项成为类实验的案例研究意味着什么? 如何才能通过实验性方法的角度重构案例研究?

我认为,在那些有正当理由开展案例研究的情况下,对这种研究设计最强有力的方法论辩护通常源自其类实验特性。所有的案例研究都是类实验性的。但是,有一些案例研究的实验性比其他的更强。

一个实验模板

一般而言,任何因果效应可以被观察到都是基于时间和空间两个维度。时间效应在干扰发生时可以被直接观察到——X_1 干扰 Y,然后我们观察 Y 会随之产生的所有变化。在这里,"控制组"指受干扰之前 Y 的状态,即 Y 在干扰之前是什么样(我们假定,在没有干扰的情况下会保持不变或其变化趋势保持恒定的一种状态)。当两个现象相似到足以被认为是同一事物的模板(样例)时,空间效应会被直接观察到。在理想状况下,除了感兴趣的原因因素以外,它们在所有方面都相似。在这种情况下,"控制组"是不受干扰的案例。

经典的实验性研究设计获取时间和空间的变化,从而最大限度地解决因果推论中的根本难题。在此,不论处理是不是人为操控的,我们将同样的维度运用于所有研究,这样就产生了一个四元矩阵,如图

6.1所示。单元格1被标示为动态比较（Dynamic Comparison），反映典型的实验室实验，因为它利用了时间和空间的变化。单元格2被标示为历时比较（Longitudinal Comparison），仅运用了时间变化，类似于不加控制的实验。单元格3被称作空间比较（Spatial Comparison），仅运用了空间变化，它旨在测量过去某一时刻发生但无法直接观察干扰的结果。单元格4是反事实比较（Counterfactual Comparison），依赖于想象的（时间及/或空间）变化，即研究者试图在其头脑中或者借助某种数学模型（也许由计算机生成）去复制某个实验的情形。① 【152】

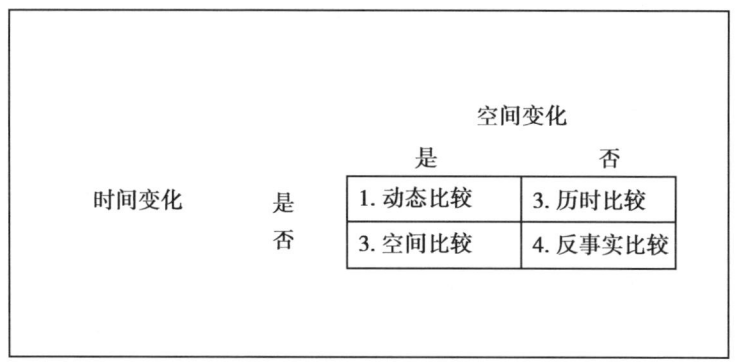

图6.1　案例研究设计矩阵

---

① 人们总是不愿意在一个已经让人混淆的语义场中引入新的术语。然而，我们有充足的理由回避传统词汇。首先，大部分与案例研究有关的术语与所选择进行深入分析的案例中包含的经验变化没有关系。因此，他们把注意力集中在案例如何置身于更大的案例总体上（比如"极端案例""反常案例""典型案例""嵌套案例"）或者放在那个案例在某个研究领域内的功能上（比如"解释性的""启发性的""证实性的"）。尽管这些议题也很重要，但是它们并不告诉我们所选案例所提供的因果影响。密尔建议的"最相似"研究设计（也叫"求异法"）与所选案例的协变性质直接相关。然而，它却极其模糊，因为它可能指一组存在着干扰的案例（具有理论意义的关键变量上的改变），也可能指一组不受干扰的案例。如分类法所表明的，这些是截然不同的比较种类（第一种比第二种能提供更多的信息），应该以不同的名字命名。因此，为了清晰起见，完全有理由采用一系列新的类别名称。

为了让我们熟悉这四种研究设计范式之间的区别,从围绕核心(假设的)研究问题入手构建一系列情境可能是有益的:在一个存在高水平种族冲突的政体中,从简单多数选举制到比例代表选举制的变化缓解了种族间态度的敌对吗? 假设可以通过一系列在整个研究期间定期向随机应答者样本(或小组)进行的民意测验来有效地测量种族间的敌对。由此记录下了研究的结果——人们对其他族群持敌对态度的倾向。[②] 到了这一步,人们如何应用上述四种研究设计呢?

【153】 动态比较可以通过选择两个社群来进行,这两个社群在各个方面都相似,包括都采用简单多数选举制且存在相对高水平的种族间敌对。接下来,研究者要么对其中一个社群实施选举制度变更,要么期望其自然地出现选举制度改革,而另一个保持不变。最后一步是对结果进行比较以发现处理组和控制组随着时间推移是否存在差异。

历时比较遵循相同的程序,但是没有控制组。因此,研究者对结果的判断只依赖于经历选举制度变化的社群种族间冲突状况的前/后比较。

除了没有可观察的干扰之外,空间比较与动态比较是相同的。在这里,研究者再次寻找在可能影响种族间敌对的各个方面都相似的两个社群。一个恰巧采用简单多数选举制,而另一个采用比例代表选举制。关键自变量的这种空间变化构成因果推论的核心,但无法观察其在时间方面的变化。基于这两个社群的态度调查,研究问题是:采用比例代表选举规则的社群种族间敌对是否更低?

最后,在反事实比较中,研究者观察了一个采取简单多数选举制且存在高水平种族间敌对但没有经历向比例代表制变化的社群。由于感兴趣的关键变量随时间推移没有发生可观察的变化,研究者解决这一问题的唯一工具就是反事实推理:如果该国改革其选举制度,那么最可能会发生什么情况呢?

---

② 我承认,态度并不直接与行为相关,因此,测量态度上的对立不会直接转化为不同种族之间行为上的敌对。

这四种研究设计的基本特征如表 6.1 所示，其中，Y 指关心的结果；X_1 表示感兴趣的自变量；X_2 代表控制向量（可能影响结果的其他外生因素）。这些控制变量可以直接测量，或者简单地假定（就像它们经常在随机实验中那样）。X_1 的初始值记为"−"，状态变化记为"+"。控制向量根据定义保持恒定。问号表示因变量的值是主要的分析对象。观察分别在干扰前(t_1)和干扰后(t_2)开展，从而构成事前检验和事后检验。

在这些例子中，干扰(X_1 的变化)可能是人为操控的，也可能是自然发生的；可能是突然的，也可能是缓慢的；可能是重大的，也可能细微的；可能是双值的，也可能是连续的。而因果效应可能是即时的，也可能是滞后的。为了便于讨论，我将干扰作为双值变量（有/无，高/低，开/关），但是读者应该铭记，真实的研究情况可能更加复杂多样（虽然这会不可避免地使对因果效应的解读复杂化）。因此，我是在最宽泛的意义上使用"干扰"（又称"事件"或"刺激"）一词，它表示关键 【154】自变量 X_1 的任何一种趋势变化。应该强调的是，没有干扰并不意味着案例不会随时间变化而变化，它只是意味其不会经历趋势的变化。对干扰的所有评估都涉及对基准——案例在没有干扰时的取值——的估计。因此，"+"表示这一基准趋势的改变。

表 6.1　案例研究设计的实验性模板

<table>
<tr><td colspan="3" align="center">例子</td></tr>
<tr><td colspan="3">假设：从简单多数选举制(FPP)转化为比例代表选举制(list-PR)会缓解种族敌对。</td></tr>
<tr>
<td rowspan="2">1.动态比较</td>
<td>
处理组
<table>
<tr><td></td><td>t_1</td><td>t_2</td></tr>
<tr><td>Y</td><td colspan="2">—|?</td></tr>
<tr><td>X_1</td><td colspan="2">—|+</td></tr>
<tr><td>X_2</td><td colspan="2">—|—</td></tr>
</table>
控制组
<table>
<tr><td>Y</td><td colspan="2">—　?</td></tr>
<tr><td>X_1</td><td colspan="2">——</td></tr>
<tr><td>X_2</td><td colspan="2">——</td></tr>
</table>
</td>
<td>两个相似的社区，都采用 FPP 选举制，种族敌对严重。其中一个从 FPP 转化为 list-PR。对转化前后两个社区的种族敌对状况进行比较。</td>
</tr>
</table>

续表

			t_1 t_2	
2.历时比较	处理组	Y X_1 X_2	—|? —|+ —|—	一个采用 FPP 选举制、种族敌对严重的社区,从 FPP 转化为 list-PR。对转化前后的种族敌对状况进行比较。

			t_1	
3.空间比较	处理组	Y X_1 X_2	? — —	两个相似的社区,其中一个采用 FPP,另一个采用 list-PR。对这两个社区的种族敌对状况进行比较。
	控制组	Y X_1 X_2	? — —	

			t_1 〔t_2〕	
4.反事实比较	处理组	Y X_1 X_2	—|? —|+ —|—	通过反事实思想试验,考察一个采用 FPP 选举制、种族仇意严重的社群经历变革转化为 list-PR 之后的种族敌对状况(t_2 是虚拟的)。

案例:	观察:
处理组=有干扰的组	t_1=实验前(干扰之前)
控制组=无干扰的组	t_2=试验后(干扰之后)
变量:	单元格:
Y=结果	|=干扰
X_1=感兴趣的自变量	—=静止(变量的状态不发生改变)
X_2=控制向量	+=变化(变量的值或者趋势发生改变)
	?=主要经验发现:Y 发生了改变(+)
	或者没有改变(-)

关键一点,也是容易误解的一点在于,干扰(X_1 的变化)是指具有理论意义的自变量的变化,而不是其他变量的变化。相比之下,"外生

冲击(exogenous shock)"研究设计,就像那个术语有时被用到的那样,【155】是指一个边缘变量对一系列案例产生干扰而研究者通过某组结局来观察结果的研究设计。例如,罗伯特·帕特南对意大利社会资本的研究就利用了这一事实:该国在 1970 年经历了一次影响深远的中央与地方分权。③ 因而,有可能在随后一段时期观察到不同地区在制度上的分化;地区成为一个可行的分析单位。意大利的宪政改革因而发挥了"外生冲击"的作用,因为它不受任何帕特南希望研究的因素的影响。然而,就我们一直使用的术语意义而言,这一冲击之所以并非类实验性的,正是因为干扰与具有理论意义的原因因素无关。干扰要成为实验性的,就必须包含具有理论意义的处理。在这个例子中,实验性处理大致可能涉及社会资本水平的变化(如何实施这一处理还不清楚),从而允许可以测量干扰的因果影响的事前和事后检验。因此,帕特南的研究——正如他所建构的那样——可以被恰当地归类为地区之间的空间比较。

由于在单个案例内可能有多个或连续的干扰,这导致给定个案中时间观察的次数会无限扩展。这可能涉及很长的一段时间(比如几个世纪),也可能涉及短时间内(比如一个小时)开展的多次观察。因此,观察可以被理解为按时间顺序发生在每个案例内部($t_1, t_2, t_3, \cdots, t_n$)。

尽管接下来的例子中的案例数量各不相同,有时候仅限于一个或者两个,但是研究设计原则上包括任何数量的案例。因此,表 6.1 中的称谓"处理组"和"控制组"可以被理解为既指单个案例,也可以指案例组(在本章中,"案例"和"案例组"交替使用)。要提请注意的是,到了某个程度,就难以再开展深入的个案分析(因为案例如此之多),因而研究也就失去了案例研究的称谓。

---

③ Putnametal.(1993). 有关外生冲击研究设计的其他例子,见 Mac-Intyre(2003)和 Lieberman(2005b)。

通过对这些研究设计从 1 到 4 进行编号，我想要显示一种渐渐偏离理想状态的实验的过程。然而，认为数字越大研究设计就越劣等是不正确的。首先，我在本章的讨论集中关注的是内部效度问题。有时，为获得更大的外部效度，会促使研究设计更不具"实验性"。同样【156】重要的还有普遍存在的"其他条件不变"的假定——在干涉前后及/或在处理组和控制组之间，所有可能影响 X_1/Y 关系的边缘因素保持不变。通常，"其他条件不变"的假定在实验环境下更加可靠，但并不总是如此。这个问题会在本章最后一节加以讨论。

动态比较

经典的实验涉及在一段时间内观察到的一个或者多个案例，其中关键的自变量经历了人为的改变。其他一个或者多个案例（控制组）——通常是随机挑选的——不做任何处理。由此，分析者既观察到时间变化，也观察到空间变化。

实验性研究设计长期以来被用作心理学的主要研究方法，并且在其他社会科学的学科中日益普遍。[4] 基于实践的原因，实验通常在分析单位是由个体或小群体构成的情况下最易开展。因此，政治学的实验研究最常关注的是解释投票决定、政治态度、党派认同以及其他汇集在"政治行为"名目下的议题。经济学中已经发展出一个类似的子领域，被称之为"行为（或实验）经济学"。

---

[4] 有关社会科学家采用实验方法的警告可见 Mill（1843/1872），以及更晚的 Fisher（1935）；Gosnell（1926）；Stouffer（1950）。一般性的讨论见 Achen（1986）；Campbell（1988）；Campbell and Stanley（1963）；Kagel and Roth（1997）；Kinder and Palfrey（1993）；Mc Dermott（2002）；Shadish, Cook and Campbell（2002）；*Political Analysis*10:4（Autumn2002）；*American Behavioral Scientist*48:1（January 2004）；"Experiment Central"网站。

实验可以在实验室环境或自然环境下开展。一种创新性的自然环境式路径采用标准的分割问卷式集体调查。[5] 随机挑选的应答者被分成若干小组(可能被标为"处理组"或"控制组"),每个组发放有细微差别的问卷。由于干扰(编排、问题或问题次序)各不相同,因此对结果的解释与在实验室中干扰造成案例变化的解释方式是一致的。

田野实验(field experiments)会采用更加真实的环境。[6] 伦纳德·万特切肯(Leonard Wantchekon)在贝宁就开展了这样一种实验,旨在揭示在一个自开启选举政治以来就将庇护主义(clientelism)作为公认的行为规范的国家,庇护式选举倡议是否优于纲领式倡议。万特切肯挑选了8个选区,彼此在所有相关方面都很相似。在每一选区内,又随机确定了三个村庄。在第一个村庄中,候选人发出庇护式倡议以寻求支持。在第二个村庄中,同一候选人发出纲领式(全国性)倡议。在第三个村庄中,两类倡议都被采用。万特切肯发现,庇护式方法确实比纲领式方法吸引了更多的选票。[7]

遗憾的是,由于成本、相关政府机构缺乏共识或伦理关切等原因,针对大型组织或整个社会的实验通常是不可行的。针对精英行为者的实验同样困难,精英们很忙碌,收入丰厚(因此对物质激励反应冷淡),也由于显而易见的原因,他们不喜欢畅所欲言。不过,研究者偶尔也会遇到不加控制的处理组和控制组接近随机控制下真实实验环境的情形。[8]

斯万特·康奈尔(Svante Cornell)关于种族融和/分裂的研究提供了一个很好的例子。康奈尔感兴趣的问题是:给予地区自治是否会促成(1)种族同化于更大的民族国家集团中,或致使(2)种族群体更强

---

[5] Glaser(2003);Schuman and Bobo(1988).

[6] Cook and Campbell(1979);Gerber and Green(2000);Mc Dermott(2002).

[7] Wantchekon(2003).

[8] 比如可参见 Brady and McNulty(2004) 和 Card and Krueger(1994)。

烈地倾向于拒绝中央指令并且要求正式从国家分离出去。他的假设是后者。他的研究关注苏联/俄罗斯以及这个多种族国家内部的地区性差异。案例由地域性聚居的种族群体($N=9$)组成,其中一些在苏联内部获得了正式的自治,其他的则没有。这就是类实验性的干扰。康奈尔必须假定这九个地区在所有与其主张可能相关的方面都是相同的,或者任何残留的差异都不会让结果偏向对其假设的支持。[9] 国家形态的转变(从苏联到俄罗斯)提供了一个外生冲击,设定了后续分析

【158】的场景。康奈尔的假设得到了证实:9 个案例中有 8 个的种族动员模式(因变量)与其假设一致。请注意,可以获得的变化既有空间上的(不同种族群体之间),也有时间上的。[10]

　　另一种动态比较涉及合成(或复合)匹配。这是一种相对新颖的案例比较方法,因而我密切关注了阿尔贝托·阿巴迪(Alberto Abadie)和哈维尔·加德亚萨瓦尔(Javier Gardeazabal)的例子。作者们感兴趣的是理解暴力政治冲突对经济增长的影响。问题在于,政治冲突极富多样性(比如范围、持续时间、烈度以及其他可能影响经济增长绩效的各种因素),就像作为民族国家特征的各种背景因素一样。因此,处理这一问题的通常方法——全球性跨国回归——提供的是一幅相当"嘈杂"的因果关系图景。[11] 阿巴迪和加德亚萨瓦尔将他们的案例限定为单个国家——西班牙——内部的地区,在那里各个单元都具有相当高的自治水平(因此满足案例相互独立的条件)。他们主要感兴趣的是单个案例——巴斯克地区,该地区在过去几十年间冲突非常严重(尽

---

⑨　我们不必关心这是否确实为真;它是康奈尔的论断,而且可能是一个合理的论断。

⑩　Cornell(2002).因为有 9 个案例,而不是只有 2 个,所以康奈尔有可能用概率的形式分析协变模式。因而,即使有一个地区与理论期望不符,这个例外也不会影响他的整个发现。

⑪　Alesina et al.(1996).

管中心与边缘之间适度的政治冲突无处不在,但并没有转移到其他地区)。作者们指出,简单的时间序列分析就可以揭示由"埃塔(ETA)"支持的恐怖主义兴起之后巴斯克地区的经济状况。然而,这一"干扰"在 20 世纪 60 年代和 70 年代(没有清晰的发起时间点)才缓慢开始,并且与西班牙总体的经济低迷期吻合。因此,时间模式难以给出解释。

　　与传统的匹配方法一样,阿巴迪和加德亚萨瓦尔确定了一系列协变量,可能有助于他们确定在各种可能影响经济增长状况的因素方面与巴斯克地区非常相似但并未经历暴力冲突的一块或多块西班牙领土。这些协变量包括实际人均国内生产总值、投资、人口密度、经济构成(比如农业、工业和其他部门),以及各种人力资本指标。不过,在西班牙其他 16 个地区中,没有一个地区与巴斯克完全匹配。没有让步做一个不太完美的比较,作者们选择了用两个与巴斯克地区匹配相对【159】较好的案例——马德里和加泰罗尼亚——构造一个假设性案例。每个案例根据之前提到的各个维度(与巴斯克地区)的匹配强度进行加权;这两个案例随后被合并为一个案例。这个复合案例看上去为巴斯克地区这一处理案例提供了一个最佳的"控制"案例。作者们解释说:"我们的目标,是接近巴斯克地区在没有经历恐怖主义之前的人均国内生产总值的路径。这一反事实的人均国内生产总值路径按照合成的巴斯克地区的人均国内生产总值计算。"[12]基于这种合成的反事实案例,作者得出结论认为,由于 20 年间(20 世纪 80—90 年代)的恐怖主义暴力冲突,巴斯克地区损失了 10% 的人均国内生产总值。这就是恐怖主义对经济的影响。有人可能会质疑这一结果的普适性。的确,作者在这个问题上着墨很少,因为他们的研究严格地聚焦于单个地区

---

⑫　Abadie and Gardeazabal(2003:117).

（可以说，它被归类为单一结果研究更好，正如本书后记所讨论的那样）。即便如此，这一方法也是创新性的，并且有可能适用于更多研究情景。

由于经典的实验就其本质而言与自然实验（只要有一个合适的控制组）是无法区分的，我采用"动态比较"这一术语来表述这种实验性和类实验性研究设计。当然，提供时间和空间变化的观察环境相对罕见。不过，只要存在，它们就拥有与经典实验相同的属性，并且在案例研究设计中被置于优先地位是恰如其分的。

历时比较

偶尔，人为处理组并没有与之相伴的控制组（非处理组），我将这种研究设计称作历时比较。[13] 之所以出现这种情况有三个可能的原因。有时，一项处理的影响是如此直接和显著，以至于控制组的存在是多余的。设想一个简单的实验，其中的参与者先是被要求表达对某个主题的看法，然后被告知与该主题相关的一则信息（处理），之后再次被问及他们的看法。在这个研究设计中，感兴趣的问题是干扰对参与者的观点是否有任何影响，正如事前和事后检验所测量的那样（他们被两次问及对同一问题的看法）。显然，人们可以构建一个由未受干扰的应答者组成的控制组——他们没有被告知任何相关信息，只是在几分钟后再次被征询意见。但是，从处理组/控制组的比较中似乎不可能获知任何东西，因为观点在未受干扰的情况下只是经过几分

【160】

---

⑬ Franklin, Allison, and Gorman（1997：1）；Gibson, Caldeira, and Spence（2002：364）；Kinder and Palfrey（1993：7）；McDermott（2002：33）. 这有时被称为"主题内"研究设计。有关医学研究领域更多的例子见 Franklin, Allison, and Gorman（1997：2）；心理学研究见 Davidson and Costello（1969）。

钟，很可能是保持不变的。这种情形在关注个体应答者的实验中并不少见，此时控制组是无关紧要的。

免除控制组的另一个原因是实用主义的。在许多情况下，研究者招募研究对象以补充处理组是行不通的。回想一下，为了充当一个有用的控制组，未经处理的个体必须与处理组在所有相关方面都相似。想象一下临床研究人员（比如临床医学家）"治疗"一个群体或个人的情形。他/她可以在一定限度内控制疗法并且观察该小组或个人的反应。但是，他/她很可能无法招募与治疗组在所有方面都相似的控制组。在这种情况下，因果影响来自于对所研究对象的变化（或者没有变化）的观察，正如事前和事后检验所揭示的那样。这为某项疗法的真实效用提供了更加可靠的证据，而不必非得同某个人为规定的、与处理组截然不同的控制组进行十分虚假的比较。[14]

许多实验费时、密集、昂贵而且冒昧。比方说，当研究者的目标是分析一项长期疗法的效果时，可能难以对一大组对象进行监测，而且 **【161】** 根本不可能以密集的方式进行（比如，调查者和病人之间每天或每周会面）。心理学始于对个案或少数案例——要么是人，要么是动物——的实验性分析，就不奇怪了。单个案例研究设计为该学科的绝大多数奠基者所采用，包括威廉·冯特（Wilhelm Wundt, 1832—1920年）、伊万·巴甫洛夫（Ivan Pavlov, 1849—1936 年）、B.F.斯金纳（B.F. Skinner, 1904—1990 年）。事实上，冯特关于"艰难内省"的研究指出，他最常用的研究对象就是他自己。[15] 斯金纳曾经评论道："与其对

---

[14] Lundervold and Belwood（2000）.当然，如果对某个组进行了治疗，但是最后却没被采用（因为解释力不够），那么这个组可以列为控制组。这在关注药物使用者的研究中很常见，有许多后备组被当作处理组的正式控制组。然而，大部分研究不会如此幸运有一个"后备"组可供分析。

[15] Heidbreder（1933）.

1 000只老鼠每只研究 1 小时或者 100 只老鼠每只研究 10 小时,研究者更可能对 1 只老鼠研究 1 000 个小时。"[16]早期的心理学家是实验方法的狂热支持者,但是他们对该方法的应用通常并不包含一个随机的控制组,这是一种相对晚近的发明。[17]

在实验研究设计中忽略正式的控制组的最后一项原因是,它可能有违道德准则。试想一个案例,研究者正试图研究一项有前景的医学疗法。如果有足够的理由事先假定该疗法将会拯救生命,或者如果在实验过程中的某个时间点上这一疗效变得很明显,那么维持一个控制组是不道德的——因为如果不治疗他们,我们就会把他们的生命置于危险之中。

遗憾的是,在大多数社会科学研究情形中,正式的控制组缺失会给分析带来严重的问题。这在关注人的决策行为时尤其危险,因为将某一个人卷入其中的研究活动本身会影响其行为。我们按假设进行处理的对象表现出某种反应可能只是因为其意识到自己正在经受处理(比如"安慰剂"或"霍桑"效应)。在这种情况下,除非研究者可以对处理组和控制组进行比较,否则根本无法确定因果效应。顺便说一句,这也是为什么单个案例实验研究更常见于自然科学环境(包括认知心理学)的原因,在那里研究者关注的是无生命物体的行为或者生物学成因的行为。

相比之下,在观察性研究中(没有受控处理),历时比较相当普遍。[162]实际上,大部分案例研究可能都采用这种形式。每当研究者聚焦单个案例而且那一案例在感兴趣的理论变量上出现变化时,历时比较就起

---

[16] 引自 Hersen and Barlow(1976:29),另见 Franklin, Allison and Gorman(1997:23);Kazdin(1982:5-6)。

[17] Kinder and Palfrey(1993:9)。

作用了。

考虑一下荷兰在 1970 年大选之前引入强制投票法律的例子。[18] 如果有人感兴趣的是强制投票对投票率的影响，那么这种法律上的变化就提供了一个有效的类实验性干扰。人们只需比较 1970 年的投票率与上一次选举的投票率，以确定该法律的因果效应（投票率激增）。当然，人们假定在此期间没有任何其他可能影响投票率的事件发生，而且两次选举在可能影响投票率的所有方面足够相似，从而可以对它们进行有意义的比较。人们还要假定，投票者或多或少知晓法律上的变化，否则就没有有效的处理组。但是，至少在这个例子中，这些假定看上去是相对可靠的。在这种情况下，将这样一项研究看作自然实验是公允的，因为政策制定者的干扰类似于那种可能由研究者实施的干扰（如果他们有机会的话）。

另一个例子更具技术性，它关注货币政策和经济波动的相互关系。米尔顿·弗里德曼（Milton Friedman）和安娜·施瓦茨（Anna Schwartz）在货币主义理论的经典著作《美国货币史》一书中对该课题进行了研究，杰弗里·迈伦（Jeffrey Miron）最近对该书作了评论，我也赞同他的分析。[19] 该书在经验研究上的价值在于，提出了存在四个历史事件，货币存量因与经济行为基本无关的政策选择（因此对于研究问题而言是外生因素）而发生改变。这四项干扰分别是"1920 年上半年贴现率的增长、1931 年 10 月贴现率的增长、1936—1937 年法定准备金的增加及 1929—1931 年美联储抑制货币贬值的失败。"[20] 每一项都伴随着货币存量的实质性变化，因此证实了货币主义理论的一个核心

---

[18] Jackman（1985：173-5）。

[19] Friedman and Schwartz（1963）；Miron（1994）。

[20] Miron（1994：19）。

支柱。

通常,一项研究包含几个案例,每一个案例又包括了历时比较。这可以被称为一系列案例研究,或者更夸张地称为"反复的自然实验"。[21] 关键在于,这类研究设计中主要的比较焦点是时间性的,而非空间性的。不要被不止一个案例这一事实误导,这些案例应该仅仅被视为受到同一干扰的多个例子而已。如果比较具有明显的空间成分,那么应该将其归类为动态比较(就像已经讨论过的)或者下面要讨论的空间比较。

【163】

空间比较

第三种典型的研究设计涉及两个案例(或案例组)之间的比较,其中没有哪一个在具有理论意义的变量上经历了可观察的变化。我称其为"空间比较",因为因果比较是空间的而非时间的。当然,这里要假定两个案例在空间上的差异是一个(或两个)案例先前变化的结果。不过,由于这些变化不可观察——我们只能观察它们的结果——研究就呈现出一种不同的、必然更加矛盾的形式。人们不能"看见"X_1 与 Y 相互作用;人们只能观察它们之前相互作用的残差。显然,只要感兴趣的理论变量没有变化,就不可能发生实验性的干扰,因此,这种研究设计只局限于观察性研究。

这类研究中有一个有趣的例子,它关注国家间选举制度类型的差异。在这里,研究者发现一些国家,例如德国,同时采用不同选举制度的事实。这被称为"混合"选举制,因为他们并行采用了比例代表制和

---

[21]　Gerring et al.(2005).

简单多数制(单一选区)的选举设计。㉒ 在这种情形下,研究者有可能观察这两个群体——那些根据比例代表规则的当选者和那些通过简单多数规则的当选者——在立法者行为上的差异,以便发现关于选举制度设计的塑造作用的线索。㉓ 从比例代表制选区当选的议员更不容易进行政治分肥式的立法吗? 他们对选区的偏好更不敏感吗? 更不倾向于选区层次的竞选吗? 对来自政党领导人的暗示更敏感吗?   **【164】**

另一类比较建立在对单个国家内部不同地区间的空间比较上。班吉纳·阿比吉特(Abhijit Banerjee)和拉克希米·利耶尔(Lakshmi Iyer)调查了印度各个地区不同产权制度的长期影响。作者们解释道:

> 英国人对不同地区采用了不同的[土地]税收安排,这导致了所有权的不同分配方式。不同的体制可以分为三个主要类别:在以地主为基础的体制中,对许多村庄的税收责任被授予了地主,他被允许保留部分征收到的税款;在以个人为基础的体制中,英国政府官员直接从实际的耕种者那里收税,地主不居间介入;在以村庄为基础的体制中,一个乡村社区组织承担税收的责任。㉔

主要的发现是,这些产权体制对这些地区在独立后的农业投资以及农业生产力程度具有强烈影响。不同的殖民统治模式制定了不同的土地所有模式,进而又导致了不同的农业现代化模式。

在这两个例子当中,一个关注当代的选举制,另一个关注发展的世俗——历史模式,干扰的影响难以直接观察到。也即,观察建立混

㉒　有时,比例代表制的席位是用来补偿在选区水平上不对等的选举结果(比如在德国)。在其他案例中(如日本),两个系统是独立运作的(Shugart and Wattenberg 2001)。

㉓　Lancaster and Patterson(1990);Patzelt(2000);Stratmann and Baur(2002).

㉔　Banerjee and Iyer(2002:5).

合选举制前后的德国没什么作用,因为在实施这种选举制之前不是民主的状况。在印度的案例中,观察英国建立不同产权制度前后不同地区的发展情况是有益的,然而我们缺乏做这样研究的历史资料。因此,在这两种情形下,学者们在因果问题上的首要处理手段都是空间性的而非时间性的。即便如此,空间的变化(即不同类型的立法者之间或者不同地区之间)也能就总结出可能的原因提供充分的理由。

反事实比较

案例研究者们可以使用的最后一种研究设计涉及对一个(或一组)案例的使用,在其中感兴趣的变量根本没有变化——不论时间还是空间的。相反,干扰是想象的。我称之为"反事实比较",因为思想【165】 实验提供了所有可获得的协变证据。[25]

遗憾的是,在所有可能的研究设计范围内,具有理论意义的关键变量不发生明显变化的例子相当少。这就是"不叫的狗"的经典事例,而且常常是关注"结构性"变量——地理的、宪法的、社会学的——研究的唯一援手,这些变量在一段可观察的时间内不会发生很大变化。即便如此,因果分析也没有被排除。它阻止不了夏洛克·福尔摩斯(Sherlock Holmes),也阻止不了社会科学家。但是,它确实给由此产生的调查增添了侦探小说的特征,因为在这种条件下,研究者只能采用

---

[25] 这里对"反事实分析"的定义在费伦(Fearon 1991)的基础上延展了,但是比其他人的(比如 Brown 1991)要窄,他们把这个术语用作"思考"的半同义词。因此,这个部分反驳了"KKV"观点(King, Keohane, and Verba 1994:129),他们认为"如果不考虑当因变量取其他值时的情况,人们完全无法知道因变量的原因。"关于人文和社会科学中反事实思维实验的其他研究,见 Cowley(2001);Elster(1978);Lebow(2000);Tetlock and Belkin(1996)。

一种时间变化是虚构的且不存在空间控制的研究设计。

虽然听起来相当怪异,但是这种形式的时间重构是如此普遍,以至于就像是"第二天性"。考虑一下一位试图解释20世纪90年代尼泊尔毛主义者暴力冲突的记者所做的如下评论。

> 到1994年,尼泊尔共产主义者已经四分五裂。由普拉昌达(Prachanda)领导的一派被排斥在选举之外,该派后来发展为尼泊尔共产党(毛主义)。许多尼泊尔人认为那是尼泊尔共产主义政治史上的关键时刻。倘若尼泊尔共产党(毛主义)被允许参与权力竞赛,它可能永远也不会诉诸战争。然而,等到明白这一点的时候,一切都已经太晚了。[26]

尽管作者遵循新闻学标准,以明确的看法("许多尼泊尔人认为……")来表达整个分析,但是反事实陈述是明显的,而且它也是站得住脚的。实际上,排除这类陈述会使许多基于案例的社会科学——更不用说新闻学和历史学——无法成立,因为没有这样的反事实思想实验,作者们就只能分析在感兴趣的自变量上有变化(历时比较)、在案例之间存在有意义的变化(空间比较)或以上两种变化都有(动态比较)的情形。【166】

最著名的未加控制或干扰的观察性研究例子之一是由杰弗里·普雷斯曼(Jeffrey Pressman)和艾伦·威尔达夫斯基(Aaron Wildavsky)所做的关于政策实施这一一般性课题的研究。作者们追踪了一项于1966年通过的联邦法案的实施情况,该法案涉及在加利福尼亚州奥克兰市建造一座飞机库、一个航海站、一个30英亩工业园和一条通向一个大型体育馆的道路。作者们指出,对于一个不景气的城区而言,这

---

[26] Sengupta(2005:2).

代表着一笔意外之财。有充足的理由假定这些项目将会让社区受益,至少从抽象的公共利益视角也完全有理由假设这些项目会很快得到实施。然而,三年后,这些项目的进展却异常缓慢,实际上几乎没有哪个项目完全竣工。作者们提供的解释建立在美国政治体制中官僚政治的复杂性上。普雷斯曼和威尔达夫斯基表明,由联邦政府开展的小型而相对具体的任务需要 7 个联邦机构(商务部经济发展局、经济发展局的西雅图地区办公室、经济发展局的奥克兰办公室、审计总署、卫生教育和福利部、劳工部,以及海军)、3 个地方机构(奥克兰市长、市议会和奥克兰机场)以及 4 个私人组织(世界航空公司、奥克兰商界领袖、奥克兰黑人领袖和环保组织)的合作。为了实施最初在华盛顿通过的一项法律,这 14 个政府以及私人组织必须在 70 项重要决定上达成一致。[27] 詹姆斯·Q.威尔逊(James Q. Wilson)观察到:"通过'发布命令'的方式让独立组织达成一致几乎不可能,当它们在法律上隶属于不同层级的政府时就绝无可能做到这一点。"[28] 可信的反事实分析是,在一个单一制的政府下这些任务可能早就以更加有效而快捷的方式完成了。

【167】

如果有人愿意接受这个结论——基于普雷斯曼和威尔达夫斯的研究所呈现的证据,那么他就(主要)基于观察性证据得出了一个因果推论,这些证据来源于感兴趣的假设没有发生变化的案例(整个研究期间美国都是联邦制,与所研究的各个项目有关的"联邦主义程度"不存在差异)。

---

[27] Pressman and Wildavsky(1973),在 Wilson(1992:68)的研究中进行了总结。

[28] Wilson(1992:69).有关研究实施过程中的方法论问题的进一步讨论见 Goggin(1986)。

　　按一般的方法论标准，这类因果分析可能会因极其含糊而让读者备感冲击。的确，它事实上在各个方面都偏离了实验范式。不过，在放弃这种研究设计之前，人们必须考虑一下可获得的替代方案。人们可以讨论许多假设性的研究设计，但是在这种情况下唯一看上去相对可行的是空间比较。也就是说，普雷斯曼和威尔达夫斯本可以选择将美国与某个不实行联邦制但努力解决了类似的一系列政策的相似国家进行比较。不幸的是，无法获得非常好的匹配案例来进行这种比较。单一制的民主国家可能与美国截然不同，这种不同可能影响到它们的决策过程。英国既是单一制的，也是民主的，但是在体量上要比美国小得多。更重要的是，它拥有一个议会制行政体系，而这一因素很难从政策过程中分离出来，会导致严重的虚假因果关系问题。[29] 最终，普雷斯曼和威尔达夫斯在研究方法上的选择可能是所有可行的备选方案中最好的一个。这正是我们向所有学者推荐的务实标准。

其他条件不变

　　到目前为止，我已经提出了一个旨在捕捉案例研究设计协变特征的分类法。该分类法回答的问题是：为了从少量案例中得出因果结论，哪种类型的变化正被人们所利用？我已经表明，这类变化可能是时间的或者空间的，由此提供了四种典型的研究设计：动态比较、历时比较、空间比较以及反事实比较（见表 6.1）。

　　我也已经表明，这四种研究设计可以被很好地理解为对经典实验的不同衍生。动态比较同时利用了空间和时间上的变化，并且既可能【168】是人为控制的（在这种情况下它是一个经典实验），也可能是非人为控

---

[29]　有关这类研究设计进一步的例子和讨论见 Weaver and Rockman（1993）。

制的(观察性的)。以无控制组实验的方式,历时比较只利用时间上的变化——尽管干扰可能是人为的,也可能是自然的。空间比较利用了截面观察的案例之间的变化。最后,反事实比较采用了非经验性的(虚构的)证据,即便如此,它也追求实验的理想状态。尽管没有穷尽一个好的案例研究设计的所有特征,但是这一分类法以简洁的形式对这些特征中最重要的方面作了总结,这也许可以当作构建以及批判案例研究的有用模版。

上文的讨论很大程度上忽视了支撑所有因果分析的“其他条件不变”的限制。说 X_1 是 Y 的一个原因是说,在所有其他条件相同的情况下,X_1 导致了 Y。“其他条件不变”的前提可以用许多不同的方式来定义;也就是说,一个因果论断的背景可能是有边界的和有限定的。但是,在那些规定的界限内,假定必须站得住脚;否则,因果论断就无法成立。所有这些问题都已经完全确立,事实上也是极为明确的。它进入经验检验领域是在研究设计的构建过程中,研究设计按照两个可能的分析维度维持“其他条件不变”的条件。这意味着,从 t_1 到 t_2 可观察到的 Y 在时间上的任何变化应该是 X_1(感兴趣的原因因素)的产物,而非任何其他干扰原因因素(之前的讨论中用 X_2 表示)的产物。同样,在处理组和控制组之间可观察到的 Y 在空间上的任何变化都应该是 X_1 而非 X_2 的产物。后面这种情况有时被称为“预处理相同(pre-treatment equivalence)”。这些是“其他条件不变”假定的时间和空间要件。毋庸赘言,满足这些要件并不容易。

实验性和非实验性研究的首要区别就在这里。唐纳德·坎贝尔(Donald Campbell)关于康涅狄格州打击超速驾驶的警示性故事(非人为控制的历时比较)提醒我们,短期趋势是如何由一些与讨论的类实验处理无关的原因导致的,不可因此而得出错误的结论。简要重述一

【169】

下这个故事。㉚ 随着 1955 年康涅狄格州严厉的反超速法律的实施,次年死于交通事故的人数急剧下降,这使得州长里比科夫(Ribicoff)宣称该法律是成功的。不过,坎贝尔指出死亡人数的明显下降可能是若干与州政策变化无关的因素的结果。这些因素包括:(1)回归均值(对于交通事故死亡人数而言,1955 年是异常糟糕的一年,所以 1956 年有所"改善"并不奇怪);(2)长期趋势(在全国范围以及在康涅狄格州,交通事故死亡人数的降低似乎已有一段时间);以及(3)基准的变化(道路上的车辆数量增加)。

　　研究是不是实验性的,可能会对一个给定研究设计满足因果分析"其他条件不变"假定的程度产生相当大的影响。首先,如果干扰是研究者人为控制的,它就不太可能与其他可能影响感兴趣的结果的因素相关。因此,如果其他因素保持不变,Y 的任何变化都可以被解释为 X_1 的产物,也只能是 X_1 的产物。其次,如果处理组案例和控制组案例的选择是随机的,它们更有可能在会影响所讨论因果推论的所有方面都是相同的。最后,在实验性模式中,处理组和控制组被有效地彼此隔离,以避免在空间上的污染。这意味着所有因果推论中固有的"其他条件不变"的假定在实验性研究中通常是相对保险的。控制组可以被认为是对一个没有受到过特定干扰的真实场景的反映。

　　所有这些"其他条件不变"的假定在观察性情境中都相当难以得到满足,就像仔细考察上文的例子所表明的那样。㉛ 然而,关键问题仍然是,这些假定既可以在观察性研究中得到满足,也可以在实验性研究中被违反。正如约翰·密尔所观察的,"我们要么找到一个在本质上合乎我们目的的事例,要么通过对情境的人为安排,制造一个。事

㉚　我在此非常简要而有选择地介绍一下坎贝尔的著名论文(Campbell 1968/1988)。

㉛　参见 Campbell(1968/1988);Shadish,Cook,and Campbell(2002)。

例的价值取决于它本身是什么,而不在于获得它的方式……简言之,

【170】 这两种探索过程之间没有类别差异,也没有真正的逻辑区别。"㉜

正是因为满足了"其他条件不变"的假定,而不是采用了人为处理组或随机控制组,才使得一项研究成果具有方法论正确的资格。相应地,案例研究的方法论问题可以被理解为四种典型证据的产物,每一

【171】 种都产生了一组极为重要的"其他条件不变"的假定。

㉜　Mill(1843/1872:249).

内部效度：过程追踪 **7**

在上一章中，对内部效度问题以实验的视角进行了讨论。也就是说，案例研究方法被理解为一种满足方法论标准的尝试，这一标准界定了一个设计精良的实验。就单个或少数案例表现的类实验设计的程度而言，案例研究方法是真实有效的。

然而，从包含可控制的处理的意义上看，很少有案例研究真正是实验性的。这是因为，一种可控制的处理方法通常易于在多个案例之间进行复制，由此提供了一种大样本跨案例（large-N cross-case）研究设计。此外，在观察性案例研究中，完美的"自然实验"是罕见的。供观察的世界通常不会在具有理论意义的变量上提供既有时间变化（进行可能的"事前"和"事后"检验）又有空间变化（可分成"处理组"和"控制组"案例）的案例，同时还保持所有其他条件不变。通常状况下，"其他条件不变"的设定会被严重违背。

这意味着案例研究方法常常高度依赖于情景性证据（contextual evidence）和演绎逻辑来重构单个案例内部的因果关系。仅仅考察 X_1

与 Y 之间的协变是不够的,因为有太多混淆的原因因素,也因为通常无法通过研究设计的纯粹性或通过巧妙的定量技术(控制变量、工具性变量、配对估计等)来消除后者。[①] 因此,"协变式"研究通常不足以

【172】 证明一个案例研究设计中的因果关系。

　　为了避免对这一点有任何混淆,有必要强调,在 X_1(感兴趣的原因变量)与 Y(感兴趣的结果变量)之间发现的协变模式对于案例研究分析而言始终是重要的(要不然会怎样呢?)。以这种显而易见的方式,所有因果分析都是协变性的。关键是,在案例研究中,关于 X_1 与 Y 的证据常常是不明确的,由此必须以另一种被称为过程追踪的分析模式作为补充。[②]

　　在我看来,过程追踪的特点是运用多种类型的证据来验证单个推论——零零碎碎的证据包含了不同的分析单位(每一个都来自独特的总体)。因此,单个观察是无法进行比较的。此外,过程追踪通常包含长因果链。人们考察的并不是 $X_1 \rightarrow Y$ 的多个例证(大样本跨案例式研究),而是 $X_1 \rightarrow X_2 \rightarrow X_3 \rightarrow X_4 \rightarrow Y$ 的单个例证(当然,这一因果路径可能更长、更曲折,有多个转换和反馈回路)。

　　就这些方面而言,过程追踪近似于侦探工作。女仆这么说;管家那么说;周二嫌犯被人在犯罪现场看见,刚好是谋杀发生之前。这些

---

① 　统计技术可能被用于案例内证据的分析,而不是用于跨案例证据的层面,因为样本过小(根据定义)。

② 　一些模糊的同义词可能也被人们所使用,包括因果过程观察、模式匹配、因果链解释、联接(colligation)、相合性方法、遗传解释、诠释性方法、叙事性解释、贯序解释(sequential explanation)。参见 Brady and Collier(2004);Danto(1985);George and Bennett(2005:Chapters 9-10);Goldstone(1991:50-62);Hall(2003);Little(1995:43-4);Roberts(1996);Scriven(1976);Tarrow(1995:472)。应该提醒读者的是,我对过程追踪的理解与这一领域其他地方的理解有些不同,它在别处有时被等同于任何有关因果机制的考察(George and Bennett 2005)。

事实中的每一个都与核心假设相关——琼斯杀死了史密斯——但是它们无法彼此直接比较。而且,由于无法直接比较,它们不能在一个统一的样本中进行分析。女仆的证词是经验性的,而且肯定是相关的,但它无法被还原为标准的数据集观察,并且它在一个正式的研究设计中并不能获得有意义的理解。

由于这是一种挖空心思的艰难"方法",因此我们用一系列实例——在社会科学解释中运用过程追踪的不同例子——开启本章。之后,我将详细阐述这种分析的总体特征。在结语中,我试图说明好的(令人信服的)过程追踪分析具有什么特征这一棘手问题。【173】

实 例

西达·斯考切波(Theda Skocpol)关于社会革命的著名研究主要建立在对三个关键案例——俄国、中国和法国——的深入考察之上。[③]关于法国,斯考切波发现了三种导致国家权威在 18 世纪崩溃的一般性原因因素:农业落后性、国际压力和国家自主性。这些因素反过来可以分解为 37 个离散的步骤,将结构性原因与这一特定国别案例中感兴趣的结果联系起来。所有论点由詹姆斯·马奥尼(James Mahoney)用一个因果图示作了细致的描绘,该图复制为图 7.1。请注意,案例研究的每个阶段从性质上看都是独立的,产生了一系列嵌套的研究设计。因此,链条上一环的证据与下一环(或更上一环)并没有联系。

第二个例子,是普雷斯曼和威尔达夫斯基关于执行程序的研究,前一章已经先做了介绍。该研究主要依靠对关键行为者之间相邻关

_____

③ Skocpol(1979).我的说明借鉴了 Mahoney(1999)的分析。

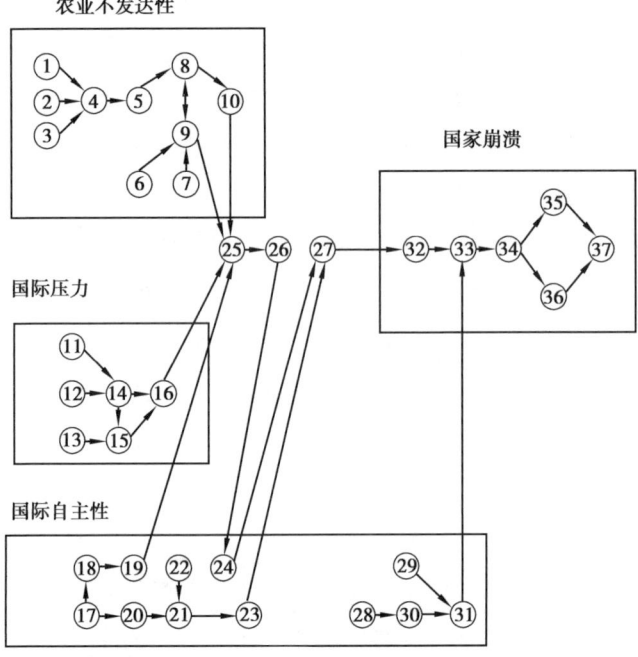

农业不发达性

国家崩溃

国际压力

国际自主性

因果联系

图 7.1　斯考切波关于法国国家崩溃(1789 年)的解释

1.财产关系阻碍了新型农业技术的引进。2.税收制度阻碍了农业创新。3.持续的增长阻碍了农业创新。4.法国农业的不发达。5.虚弱的国内工业品市场。6.内部运输问题。7.人口增长。8.未能实现工业上的突破。9.无法维持经济增长。10.无法成功地与英国竞争。11.路易十四统治下的早期军事成功。12.国际扩张主义者的野心。13.法国相对于英国的地理位置。14.持续的战争。15.国家需要将资源投入到陆军和海军。16.战争中的不断失利。17.绝对君主制的建立;分权的封建制度的持续。18.统治阶级常常被免除税收。19.国家面临的困难导致借贷。20.具有社会凝聚力的统治阶级建立在私有财产基础上。21.统治阶级拥有推迟皇室立法的合法权利。22.统治阶级牢固控制政府机构。23.统治阶级能够阻碍国家改革。24.统治阶级抵制财政改革。25.国家面临的主要财政问题。26.国家试图进行税收/财政改革。27.财政改革失败。28.从特权阶级招募军官。29.军官对国王不满。30.军官与统治阶级联合。31.军队不愿镇压统治阶级的反抗。32.财政危机恶化。33.召开三级会议的压力。34.国王召开三级会议。35.人民的反抗蔓延开来。36.三级会议中的统治阶级成员发生冲突;旧政权瘫痪。37.大革命,旧的国家瓦解。根据 Skocpol(1979)的观点,改编自 Mahoney(1999:1166)。

【175】

系(proximal relationships)的展示。例如,作者指出,地方政治领导人对联邦指令存在抵制,他们拥有自己的议程,并且与被派到奥克兰执行公共工程项目建设的华盛顿官僚们常常意见不合。对这些行为者的采访,以及他们自己的公开讲话,支持了该书的反事实推理。这些地方行为者有不同的观点,因为他们有着不同的选民,不同的组织规范,并且因此具有不同的激励结构。所有这些,包括地方行为者抵制联邦指令的能力,可以被认为是美国政体的宪法和法律结构的产物。如果没有联邦主义,没有地方官僚机构的独立性以及源于联邦宪法的具有相互重叠管辖权的机构的增多,情况可能会截然不同。再者,一系列的一次性观察被用来证明一个不仅适用于美国而且适用于世界各地的民主政体的宏观因果论断。

作为第三个例子,考虑一下亨利·布雷迪对其有关在 2000 年总统选举中佛罗里达州选举结果的研究的反思。④ 在这场势均力敌的选举之后,至少有一位评论家——经济学家约翰·洛特(John Lott)——指出,由于几家电视网在该州中部地区的投票站关闭之前就宣布该州【174】支持戈尔,可能使得共和党选民丧失信心而放弃了最后的投票,而这紧接着可能影响了选票差距(差距极小,而且在选举后几个月里引发强烈争议)。洛特是在对佛罗里达州所有 67 个县四届总统选举的投票人数进行回归分析并施加了一系列控制(包括固定年份和县的影响)的基础上,得出的结论。⑤

布雷迪对该研究的方法和结果都不信服。为了反驳,他将孤立零散的证据以一种“特设式”的方式缝补起来。他从媒体宣布的时点,即中部地区投票结束前 10 分钟入手。“如果我们假定选民在一天中以

---

④ Brady(2004:269-70).

⑤ Lott(2000).

稳定的速率前往投票地点，"布雷迪继续道，"那么当媒体宣布时，(中部地区合乎资格的 379 000 名选民)只有 1/72(12 小时中的 10 分钟)没有投票。"这很可能是一个合理的假定("对佛罗里达州负责选举的官员的访谈以及对媒体报道的回顾(很有代表性的)表明，在中部地区投票日结束的时候，没有发生蜂拥投票的情况")。这意味着，"只有 4 200 人可能因为媒体宣布选举结果而动摇，如果他们听到了的话"。然后，他进一步估计在这 4 200 人中有多少人可能听到了媒体宣布结果，听到的人中有多少人倾向于投给布什，这些人中又有多少会被公告所动摇而不在投票日结束前几分钟去投票。布雷迪得出结论："布什失去的选票上限约为 224 票，并且……实际失去的选票数极可能接近 28 到 56 之间。"⑥

　　布雷迪的结论并不是基于正式的研究设计，而是基于一些结合演绎推论的孤立观察(既有定性也有定量的)。多少选民"在媒体宣布戈尔赢得选举时还没有投票？这些人中有多少人听见了媒体的公告？在这些人中，有多少人决定不投票？而且在那些决定不去投票的人中，有多少原本会投布什？"⑦这些问题与上述关于社会革命和政策执行的研究所遇到的问题截然不同。不过，使用的方法有一定的相似之【176】处，因为布雷迪及其同事们使用了一些并不能完全被纳入标准研究设计的观察，并且主要依靠推论性推理而非数据本身来得出他们的结论。

　　过程追踪通常与一个标准的研究设计联合起来使用，也就是作为一种补充性工具。最近一篇考察美联储在大萧条期间行为的论文提供了一个范例。这篇论文的核心问题是，美联储是否被迫采取紧缩的

---

⑥　Brady(2004:269-70).

⑦　同上，269。

货币政策,因为对这一标准的任何偏离都会导致对美国的金本位承诺失去信心(即对货币全面贬值的预期),并由此导致普遍恐慌。[8] 为了检验这个命题,谢长泰(Chang-Tai Hsieh)和克里斯蒂娜·罗默(Christina Romer)考察了1932年春季期间的一个货币政策事件,当时美联储正着手实施一项迅速扩充货币的短期项目。作者们指出,"在短短14周内,美联储购买了9.36亿美元的美国政府证券,超过其持有的政府债务的两倍以上。"[9]为了确定美联储的行动是否强化了投资者的不安全感,谢长泰和罗默追踪了1932年春季的远期美元汇率,然后使用"预期美元相对于人们普遍认为在这段时期牢牢钉住黄金的四个国家的货币贬值的测量方法",[10]将它与现汇汇率进行比较。在发现没有这样一种贬值后,他们得出结论认为,标准的解释是错误的——投资者的信心并没有制约大萧条时期美联储的行动。这类经验证据是我们所熟悉的,并且完全符合我在第6章介绍的动态比较研究设计(将处理案例与同一时期的几个控制案例进行比较)。

不过,如果没有得到关于当时美联储官员可能动机的额外证据的支持,这个结论是值得怀疑的。为了弄清楚这个问题,作者们查阅了《商业和金融年鉴》(一本被广为阅读的专业期刊,在银行界颇具代表性)和其他档案证据。他们发现"美联储的领导……表现得并不关注信心的丧失。的确,他们将黄金外流视为需要扩张性的公开市场操作的标志,而不是视为麻烦的标志。"[11]附加证据帮助作者驳斥一个得到大量认同的理论。此外,这个证据揭示了一个关于这段关键时期美联储行为的新理论。 **【177】**

---

[8] Eichengreen(1992)研究了这个观点。

[9] Hsieh and Romer(2001:2).

[10] 同上,4。

[11] 同上,2。

> 我们对美联储记录的解读表明，一个误导的经济模型，加上
> 12家美联储银行之间的激烈竞争，对一致行动的终结负有责任。
> 美联储停止运转很大程度上是因为它认为自身已经完成了其目
> 标，而且因为在12家美联储银行之间难以达成一致。⑫

如果没有过程追踪提供的额外证据，这一解释是不可能成立的（或者至
少是极其可疑的）。

过程追踪证据的本质

这些不同的例子表明了过程追踪式研究最鲜明的特征，即相邻证
据间的不可比性（noncomparability）。每一件证据都与核心论点有关
（它们不是"随机"的），但是它们也不构成一个更大样本中的观察。
它们被理解为一系列 $N=1$（单次）的观察更为准确。布雷迪关于媒体
公告时机——投票结束前10分钟——的观察紧接着第二件证据，当
天投票的总人数，以及第三件和第四件证据。尽管程序看似繁琐，但
我们常常信服它的结论。似乎有理由认为，至少在某些情形下，以不
可比的观察为基础的推论比以样本为基础的推论更科学，即使这种方
法近乎难以形容。我们的信心建立在具体的命题和具体的观察之上。
在这意义上，它是特设式的。其实，对于斯考切波、普雷斯曼、威尔达
夫斯基、布雷迪、谢长泰和罗默所使用的研究设计，人们似乎难以归纳
出其纲领。尽管其他方法可以根据它们的类实验性质来理解，但是过
程追踪运用了一种更复杂的逻辑，它类似于侦探工作、案情摘要、新闻
报道和传统的历史叙述。分析者试图让一堆迥然不同的证据变得有
意义，其中每一件证据都阐明了一个单一的结果或者一系列相关

---

⑫ 同上，3。

的结果。

需要注意的是,尽管过程追踪总是基于单个案例的分析,但是那项案例研究的结果或许是可以一般化的,并且确实可能范围非常广 【178】泛。斯考切波的解释性示意图就利用法国历史的细节展示了一个有关于所有现代富裕而独立的(非殖民地)国家的宏观理论解释。

还要注意的是,过程追踪的证据要么是定性的,要么是定量的。实际上,刚刚讨论的许多案例涉及以定量形式为主的证据。然而,由于每项定量观察都明显不同于其他观察,它们不能集体构成一个样本。每一项观察都是从一个不同的总体中抽取的。这意味着每一项定量观察在性质上都是不同的。因此,正是相邻观察的不可比性而不是单个观察的性质将过程追踪方法与其他标准研究设计区分开来。

需要注意的第三点是,由于每一项观察在性质上不同于下一项观察,一项研究中的观察总数通常是不确定的。尽管过程追踪式观察的累计数量可能非常大,但由于这些观察没有被很好地界定,因此很难准确地说它们有多少。根据定义,不可比的观察是很难计算的。为了计算,人们可能会罗列看起来不相关的证据。这近似于案情摘要中使用的编号体系("X 为什么不可能杀死 Y 有 15 条理由")。但是,清单总是可以通过多种方式构成,而且每一项证据都在研究者的总体评价中占据不同的分量。因此,观察的总数仍然是一个开放的问题。我们不知道,而且基于分析的本质也不可能知道,在斯考切波、普雷斯曼、威尔达夫斯基、布雷迪、谢长泰和罗默的研究中,或者在诸如理查德·芬诺的《家乡风格》(*Homestyle*)和赫伯特·考夫曼(Herbert Kaufman)的《护林员》(*The Forest Ranger*)等其他分析中确切给出了多少观察。[13]

过程追踪式观察不是同一事物的不同样本,它们是不同的事物

---

[13]　Fenno(1978); Kaufman(1960).

（"苹果和橙子"）。因此，两项观察的起止分界线并不清晰，它们紧密相接。我们无法在计算器的帮助下重新解读前面的研究并指望发现它们真实的样本数 N，这么做也不能让我们获得任何分析性影响。

【179】 定量研究者倾向于假定，如果观察无法计算，那么它们必定不存在，或者说得厚道点——只存在很少一些。定性研究者可能坚持认为，他们有许多可供处理的"丰富"观察，这些观察为他们提供了深描（thick description）的机会。但是，他们无法准确地说，他们有多少观察，或者这些观察在何处，又或者需要多少观察来进行深入分析。实际上，观察本身就有待界定。

这种模糊性不一定是个棘手的问题，因为过程追踪研究中的观察数量并不直接影响该研究的有用性或真实性。尽管在一个从明确界定的总体得到的样本中，其观察数量包含了与基于该样本的一切推论直接相关的信息，但是在不基于样本的研究中（假定研究者可以估计 N），观察数与那些推论的有效性之间没有明显的相关性。考虑一下，如果只有数量才重要，那么我们可以得出研究越长比越短更有效的结论，因为前者可能会包含更多的观察。然而，断言长篇大论比短篇叙事更令人信服是可笑的。在评估一项过程追踪式研究的真实论断时，有意义的是观察的性质以及如何分析它们，而不是观察的数量。实际上，来自一项特定研究的各种不可比较的观察不大可能同等重要，因此仅仅计算它们不能表明它们总体上的重要性。

这将我们带到了过程追踪的最后一个特征：它高度依赖于关于世界的一般设定，设定可能是高度理论化的（通则式"规律"）或是先于理论的（"常识"）。正是因为缺乏一个正式的研究设计，研究者必须对世界如何运转作大量的设定。只有当它完全符合一个易于理解的因果关系时，过程追踪式观察才有意义。我并不想暗示过程追踪证据是"不可靠的"。实际上，它们中的大多数都是相当实事求是和言之有据的。我的观点很简单，就是：这些事实只有当它们可以被组织、分类和"叙述"时才容易理解，而这反过来又依靠一系列广泛的关于世界的预设。

与理想的典型实验进行对比有助于说明这一点。在实验中存在一个操作处理组和一个控制组，关于世界的先验设定被减到最少。在得出 X_1 是否导致 Y（尽管 X_1 为何导致 Y 的问题——因果机制问题——通常更为复杂）的结论时，没有多少直觉可言。然而，随着研究远离实验的理想模型，人们必然更多地依赖于关于世界的运行方式的 【180】背景设定。就这些设定提供了可以对后来的证据进行评估的"先验证据"而言，不可比较的观察分析呈现出一种贝叶斯概率的味道。[14] 但是，关于世界的背景知识的重要性也会扩展到分析的其他特征上——确定可行的替代方案（在这种情况下，有哪些选择?），演练不同的情景（反事实逻辑），等等。正式研究设计的不足必须由天然的智慧——对情境的直觉"感受"来弥补，这种智慧通常通过在该领域（可能某个外国、某段历史时期或某个医学专业）多年的经验而获得。

因此，尽管背景知识贯穿所有的因果分析，但它在案例研究中的表现更加显著，案例研究中一部分证据来源于过程追踪观察，因为每一项观察都必须单独进行评估。事实上，每一项不可比较的观察都可以被认为构成了一个单独的研究设计，需要一系列不同的背景设定。

过程追踪的有效性

在界定了过程追踪的标志性特征后，我们现在可以考察一下它的效用。是什么让一项过程追踪研究（或研究的一部分）有用和可信呢?

---

[14] George and Bennett(2005); Gill, Sabin, and Schmid(2005).

是什么让一项过程追踪研究优于其他研究呢？

可以说，只要因果链上的多个环节可以形式化，即以明确的图解表示（以一张图或一个数学模型），而且只要每一项微观机制都可以得到证明，过程追踪就是可信服的。

第一步似乎相当容易。如果一条因果关系可以用文字加以描述，那么它应该也可以用图解表示，即便它无法为一个精确的数学模型所捕捉。马奥尼关于斯考切波对法国大革命分析的注解应该对任何类似的研究，即任何旨在解释单个案例内的因果关系链条的研究，都是可以复制的。的确，确定因果链上的一个离散"步骤"总是一个判断问题。同样的因果过程可以用不同的图解表示出来，而且原则上因果机制的无限还原是没有穷尽的。而且可以肯定的是，将一长串交织的推论形式化的做法会导致一些看上去挺吓人的图表。罗伯特·福格尔【181】（Robert Fogel）关于 19 世纪中期美国发生的政治重组的因果图示包含了超过 50 个离散步骤和更多的因果箭头（通常是双向的）。[15] 这不是一张漂亮的图示。不过，如果这是福格尔对因果机制的最佳估计，人们几乎不会嘲笑他的努力。

我的意思并不是说应该用形式化的图表代替文字描述。但其实，缺少其中任何一个都是难以想象的。我的意思是，形式化的图表是一种有益的启发，迫使作者对自己的观点做精准而明确的表述。

第二项警告更加复杂。在斯考切波关于法国（以及俄国和中国）的论点中，所有 37 个步骤都可以得到检验吗？这意味着什么？注意，如果我们将一个单独的步骤从这个长长的论点中分离出来，那么此刻因果分析的性质就被简化了。有一个单一的 X_1 与 Y 位于同一分析层次上，这意味着我们可以在类实验框架的标题下理解那个环节，正如

---

[15]　Fogel（1992:233）.

上一章所讨论的那样。原则上,进行过程追踪分析的研究者可以对每一分析阶段的每一步提出一个独特的研究设计。36 个研究设计对应 37 个步骤,如果它们都以单一因果链排列的话。如果它们以不同方式交织在一起,就会有更多,正如马奥尼的图示所表明的那样。

然而,案例研究方法的典型特征是,这些多重联系无法以一种严格的方式加以检验。通常,作者被迫以我所说的反事实比较(如果 X_1 不同会发生什么?)为基础重建一个可信的解释。读者会注意到,上文所述的每个例子中都暗含着一种反事实推理式的分析。这使得过程追踪具有高度的演绎性。典型的情况是,人们发现自己会对实际存在的事态与原本应该存在的事态进行比较。整个研究的合理性依赖于每个环节的合理性,以及贯穿每个环节的预定的丰富性。而且,由于这些设定通常是对案例所处的特定背景的设定,因此很难确定那个结论的不确定性程度。更何况,我们很难对基于因果机制长链条的整个分析的不确定性达成一个总结性评估。

【182】

假定研究者不必停留在反事实推理的分析模式中。有时, X_1 和 Y 的自然变化(时间和/或空间)非常接近实验的理想模型。并且,有时我们有可能将不可比较的观察转化为大样本研究设计。只要获得更多的证据并根据它们的类型进行编码,不可比较的证据就可以转换为可比较的证据——即标准化"观察"。因此,谢长泰和罗默使用的不可比较的观察原本可以转化为标准化(可比较的)观察。例如,作者们本可以对《商业和金融年鉴》和美联储的记录进行内容分析。这就需要根据是否流露出对丧失信心的忧虑而对句子(或者其他的一些语言单位)进行编码。在此,句子变成了分析单位,句子的数量组成了定量研究设计中的样本总数"N"。

不过,在许多情况下,并没有接近实验理想的合适的时间和/或空间变化,以及不太可能将不可比较的观察转化为可比较的观察以便增加样本的容量。比如,考虑到缺乏有关 2000 年选举日当天的合适调查,很难看到亨利·布雷迪的研究问题如何能推广到额外的(可比较)观察。在其他情况下,从不可比较到可比较观察的转化中可能不会有多少收获。比如,在谢长泰和罗默的研究中,并不清楚从这样的形式化处理中可以得到什么。如果在档案记录中没有任何关于可信性担忧的证据,那么读者便不大可能信服一份细致的算数练习(编码为 0,0,0,0,0,…)。我认为更有用的是关于美联储领导人实际上说了些什么的具体例子,正如作者们在这项研究中所提供的那样。有时形式化是有用的,有时则相反。

我们已经注意到,大量的标准化观察并不总是优于单个的不可比较的观察。实际上,上文所述示例之一——将亨利·布雷迪的过程追踪与约翰·洛特所做的大样本统计分析进行比较——是一个关于非形式方法优于形式方法的范例。读者可能会想到其他许多例子。因此,我将过程追踪称作 $N = 1$ 不应该被理解为一种贬低。在某些情况下,一项孤零零的观察(定性或定量)足以证明一个推论。这种情况非常普遍,例如,当作者试图拒绝一个必要或充分的条件时。假设我们在探究乔死亡的原因,并且我们知道他是被近距离射杀的,我们就可以排除那些不在附近区域的嫌疑人。一项观察——比方说来自监控摄像的录像带——足以提供决定性的证据,表明一名嫌疑人事实上不是凶手,即便这个证据既不是定量的也不能与其他证据相比较。

同样回想一下,尽管许多因果陈述通常嵌套在一个单一的过程追踪研究中,但并不是所有这些都同样可疑或同等重要(就整体观点而言)。两项因素——理论上的重要性和一般公认的前提条件——决定应该在每一条陈述花多大的力气。作为一般规则,当因果结论变得明显之时,对一个正式指定的"研究设计"的需要就终止了,因为此时我们可以根据手头的背景证据或我们关于这个世界的常识做出判断。

【183】

或者,换言之,由于因果研究的目的就是决定 X_1 和 Y 之间的关系,同时由于所有这样的结论都微妙地依赖于一系列关于世界如何运行的设定。研究设计,即对原因的正式调查,其目的就是补充那些看起来还有不足的日常知识。调查显而易见的事情是没有意义的。这极大地简化了过程追踪者的任务。研究者正好将他/她的注意力放在因果链上的那些(1)最薄弱并且(2)对整体论点最重要的环节上。

结　语

重申一下,我们关于过程追踪研究有效性的疑问有两个非常一般性的答案:(1)阐明论点,连同与之相伴的曲折变化(借助图形或形式模型更佳);(2)证实这个模型的每一步,连同一个对相对不确定性的估计(将每一步和每一个模型当作一个整体)。尽管听起来有些简单,这两项必要条件(尤其是后一项)并不总是容易实现的。过程追踪证据,几乎就定义而言,就是难以证实的,因为它扩展到了非实验性的并且无法以基于样本的形式进行分析(由于单个证据的不可通约性)的证据。

幸运的是,过程追踪有一些缓解特征让我们对以非传统风格的证据为基础的结果有更大的信心(至少部分地)。首先,过程追踪通常被作为一种辅助形式的分析,一种对正式研究设计(实验性或观察性)的补充。事实上,一种思考过程追踪的方式是将其视为一种反复核对,【184】一种三角测量方法,它可以而且也应当适用于所有从形式方法获得的结果。基于正式研究设计的研究有时会附带指出,其解释与"轶事"或"叙事"证据是一致的,即与那些不属于正式研究设计的证据是一致。它使行为者的陈述以及他们的真实动机等变得有意义。这通常是极其重要的证据,并且应该得到一个比"轶事"更令人尊重、比"叙事"更给人以启发的标签(叙事的证据性地位如何?)。无论如何,过程追踪——作为一种辅助方式使用时——并不打算承担经验研究的所有担子,但它提供了支持性证据。

第二,过程追踪依赖于对研究背景的设定以及关于世界如何运行的设定。只要证据与过程追踪研究的设定之间非常贴切,该项研究就是合格的。的确,过程追踪研究的读者可能并没有能力判断作者根据极其特殊的具体背景得出的结论的真实性。即便如此,这些结论也会受到那些非常熟悉那个地区、政策领域或历史时期的人的审查。只要研究中包含足够的文本记录,验证过程追踪研究显然是可以实现的。因此,即使不大可能符合一系列标准化的方法论规则——这剥夺了过程追踪作为一种"方法"的地位——我们仍然可以对过程追踪抱有信心,只要它们得到了训练得当的专家的审查。

总之,虽然表面上具有神秘特征,但是过程追踪在以案例为基础的社会科学研究中扮演着重要的角色。不论是否作为一种辅助形式使用,不论作者的结论是否主要依赖于对不可比较的观察的分析,它【185】在社会科学工具箱中都应当享有尊崇的地位。

终章
单一结果研究

本书将案例研究理解为一种推断总体的方法（见第 2 章）。总体规模可大可小，但分析是提喻式的（synecdochic）：它从一个较小的部分推断出一个更大的整体。（偶尔，当总体非常小的时候，研究者可能会对总体内的每个案例做深入研究。在这种罕见的情况下，就不存在推论从样本到总体的跨越。）

然而，有时"案例研究"这个术语也可以指一种推论仅限于被研究案例的研究。只要分析对象被严格地限制在一个特定的（相对有界的）单元中，这类案例研究就可能被（不严格地）描述为"个案式的"而不是"通则式的"。可以说，这完全不是案例研究。因为这个案例不是比它本身更宽泛的某些事物中的一个。因此，我将一个略有不同的概念——单一结果研究——作为终章讨论的主题。

在形式上，单一结果研究是指研究者对一个案例的一种结果寻求解释。这一结果可能记录因变量 Y 的一个变化——有情况发生。或者它可能反映 Y 的停滞——有情况本应该发生，到头来却没有发生。

换言之,结果可能是"有"或"无"。结果实际持续的时间可短可长。革命(例如美国革命)和政治文化(例如美国政治文化)都被理解为结果,因为它们记录了单个案例的明确的值。

对具有统计学思维的人来说,单一结果研究可以被理解成一种旨在解释单一案例的点分数的研究,它不解释案例总体的系列值或发生在单一案例内部的系列值。有人也许会将此形容为一种"单次观察研究",因为结果可能被记录在一个矩形数据集中的单一线条上,它仅仅标记每一个相关变量的一个值。然而,这个术语并不恰当,也会产生某种误导。因为它暗示在其他接近感兴趣的观察值附近还存在其他的可比较的观察值,这可能对,也可能不对。此外,或许有人认为这种形式是个案式案例研究。然而,这可能意味着相反的情况——即被分析的结果是独特的——这可能对,也可能不对。幸运的是,一个结果的概念并不针对相邻现象形成先在假定;感兴趣的结果可能是一般化的,也可能是特殊的。

举例说明,思考下面这些聚焦于现代福利国家体系(通过税收或支出水平占全部 GDP 的份额来衡量)的研究问题:

1.怎样解释美国相对较弱的福利国家体系?

2.怎样解释经合组织(OECD)中福利国家体系的发展?

3.怎样解释不同时期美国福利开支的变化?

4.怎样解释美国各州福利开支的变化?

在这些问题中,只有第一个可以被归类为单一结果研究是恰当的。问题 1 属于单一结果是因为案例(美国)被认为在这一维度上取得了一个相对稳定的值。因变量(福利国家体系开支)中暗含了一个跨案例变化。实际上,研究问题隐含着对美国和其他国家的比较。然而,研究者的兴趣不是解释这个变化,相反,研究者热衷于解释美国的点分数。

相较而言,问题2设想了对一个总体的研究,因为它建立起了一系列变化——至少对每一个经合组织国家都有一个可辨别的结果,如果每个案例经过长时间观察则结果更多。问题3将第一个问题从一个单一结果改为了一个总体;它关注一个单一案例(美国)内的一系列可比较结果。问题4在空间上而非按时间来界定案例,这仍旧是一个总体。

我们会看到,一项关注单一结果的研究必须、也有必要盘查案例内证据,因此它可能建立起在主要感兴趣的研究案例内部的可比较观察。因而在回答问题1时,研究者可能运用问题3和问题4的策略。类似的,一项单一结果研究可能整合了从邻近案例(处于相同分析层次)获取的证据,即问题2的策略。然而,如果这种案例内和跨案例证 **【188】**据是为了说明单一案例内部的单一结果,那么将其划为单一结果,研究也是恰当的。

掌握了这些定义方面的问题,我们现在就可以向前推进。一个作者研究更宽泛事物中的一个案例和研究一个单一结果之间有何不同呢?[1]将研究美国福利国家体系(1)作为更普遍的福利国家体系发展中的一个样本,和(2)将其本身作为一个主题,区别何在? 在哲学界,这可以被理解为(一般)原因和事实原因之间的分别。[2] 在一个例子中,美国经验被用来帮助解释世界各国(或者至少在经合组织内部)有关福利国家体系发展的问题。在另一个例子里,我们所知道的关于福利国家体系的一般性内容被用来帮助解释一个特定案例。事实上,这两个主题所涉及的每个方面都是相同的,除了理论目标从宏观转换为微观。

---

[1] 关于试图解释一个单一事件而产生的方法论问题,相关讨论见 Goertz and Levy(即将出版)和 Levy(2001)。

[2] Hart and Honore (1959).

另一个例子是(一般)犯罪和特定犯罪之间的区别。我们会为了说明社会中犯罪的一些更具一般性的特征而研究一项特定犯罪。这就是一项案例研究。或者我们会研究一项特定犯罪的细节,以及更具一般性的犯罪特征,目的是弄明白谁枪杀了乔,还有为什么这么做。这就是一个单一结果研究。解释犯罪率上升是一回事,而解释乔为何遇害则完全是另一回事。在本章中,我们将从第一种解释转向第二种解释。

我开始会讨论单一结果研究的效用及其包含的不同论证类型和因果逻辑。我着手讨论单一结果研究的方法论成分,它们可以简化为三个角度:嵌套分析(大样本跨案例研究),最相似分析(小样本跨案例分析)和案例内分析(从具有特殊兴趣的案例得到证据)。本章的结论部分讨论了单一结果分析所面临的共同困难——调和跨案例和案例内证据,两者都试图解释感兴趣的结果。

【189】 需要牢记于心的重要问题是,本章关注单一结果研究独特的方法论特征。我把许多对案例研究同等重要的问题放在一旁,或一笔带过。因此,对于任何我没有详加说明之处,读者们都应认为我在本书前面章节中所论述的内容同样适用于单一结果研究。

为什么研究单一结果?

在传统上,方法论学家们对单一结果研究不以为然。案例研究就够糟糕了(如在第1章中回顾过的),言外之意是单一结果研究甚至更糟。可以说,我们将自己的努力集中在具有普遍性的事物上比放在高度具体的事物上更好。从理论上讲,通则式研究更有收益,通常也更具可证伪性。③（读者会注意到在一个想象的个案-通则量表中,单一结果研究位于一端,跨案例研究位于另一端,案例研究——本书关注的重点——则处于中间。）

即便如此,在很多情况下人们仍希望理解特定状况而不是一般化的情形。波琳·杨(Pauline Young)澄清说,术语"社会个案工作"通常是指具体环境。

> 在社会个案工作中,我们收集数据不是为了按构建一般原则的想法来进行比较、分类和分析。我们一个一个案例地收集数据是为了形成一个独立的和可区分的诊断,很少或者根本不去考虑比较、分类和科学推论的问题。诊断的建立来自于一种将处理组放入这个特定案例中运行的观念。④

国际关系学者在对一切战争感兴趣的同时,他们也会对导致特定战争的原因产生兴趣,尤其是造成了重大后果的大战。⑤ 每个国家,每个地区,每个行业,每个时代,每个事件,每个人,也就是说,相当数量的人士所关心的每一个现象,激发出了其自身的单一结果研究议程。丹麦公民想知道为什么丹麦变成了现在的样子;美籍华人移民想知道为什么这个群体表现出了特定的社会和政治形态;每一个盛名卓著或是恶名昭彰的公众人物迟早都会成为一本传记或自传的对象。事实上,每一年中所出版的绝大多数书籍和文章都是单一结果分析。 【190】

社会科学家和普通人一样,通常会对他们选定的研究对象是如何在其母国运作感兴趣。因此,美国经济学家研究美国经济;美国社会学家研究美国社会;美国政治学家研究美国政治。当然,他们会研究

---

③ Goldthorpe(1997); King, Keohane, and Verba(1994); Lieberson(1985, 1992).

④ Young(1939: 235-6).

⑤ Levy(2002b).

这些广泛主题的特定方面,关键在于他们关注的这类研究不是一类结果而是一个特定结果,或是属于一个特定国家的一组结果。驱动这种研究并不仅仅是无聊的好奇心。作为个体和群体,理解我们是谁的问题,部分依赖于理解是什么因素造就了这样的我们。

为什么美国的福利国家体系很落后?⑥ 什么原因导致了第一次世界大战爆发?⑦ 为什么美国联邦储备委员在大萧条期间没有追求一种更具扩张性的货币政策?⑧ 如何解释西方的崛起?⑨ 为什么在过去的四十年间博茨瓦纳的增长率如此之高?⑩ 如何解释欧盟的创立与发展?⑪ 为什么杜鲁门总统决定对日本使用核武器?⑫ 什么原因导致了发生在 2001 年 9 月 11 日对世界贸易中心大楼的恐怖主义袭击?⑬ 这类问题在社会科学中是极为常见的。

而且在有些情况下,我们能比解释一类结果更容易地解释特定结果。当一个主题中可获得的跨案例证据稀少且具有异质性时,情况更是如此。考虑下面两个问题:(1)为什么会爆发社会运动? (2)为什么会爆发美国民权运动? 第一个是普遍性问题,但潜在案例数量极少并且是极度异质性的。实际上,人们对如何才能构建一个由可比较案例构成的总体甚至都是说不清楚的。第二个问题很具体,但我认为是可以回答的。我马上添加了大量可能解释美国民权运动的因素,而辨别答案好坏的方法论根据并不完全清晰。即便如此,我发现对这个特

---

⑥ Alesina and Glaeser (2004).

⑦ Goertz and Levy (即将出版)。

⑧ Hsieh and Romer (2001).

⑨ McNeill (1991); North and Thomas (1973).

⑩ Acemoglu, Johnson, and Robinson (2003).

⑪ Moravcsik (1998).

⑫ Alperovitz (1996).

⑬ 9/11 Commission Report (2003).

殊问题进行研究要比研究是什么原因导致了社会运动这种通则式问　【191】
题更具说服力。⑭

　　让我们再回到先前讨论中提出的问题:(1)什么原因导致了犯罪?
(2)谁杀死了乔? 相比于前者,人们更容易猜想关于后者的更为可靠
的观点。可以说,刑事司法判决要比刑事司法研究更为可靠。我们能
够以高度的确定性对大多数案件做出有罪或无罪判决,然而我们常常
无法摆脱关于犯罪的一般性问题。

　　总之,单一结果分析本身就很有价值(因为我们希望了解这些发
生的事件),而且至少在某些情况下,这样做在方法论上是容易处理
的。那么,必须有一些支撑单一结果分析的一般性原则。

论　证

　　和案例研究一样,研究者必须明确地说明一个清晰的假设,或者
至少一个相对清晰的研究问题。因为研究内容显而易见地同一个特
定事件联系在一起,所以这一点值得特别关注。如果有人在研究第一
次世界大战,那么研究者将试图解释这个历史事件,这似乎是毋庸讳
言的。问题在于这是一个极其巨大的事实,因此可以从很多角度进行
观察。"解释第一次世界大战"可能意味着解释:(1)战争(究竟)为什
么会爆发;(2)为什么是在 1914 年爆发;(3)为什么是在 1914 年 6 月
28 日爆发;(4)为什么刚好以那样的方式爆发(即在费迪南大公遇刺
后不久);(5)为什么战争会以那种方式进行;等等。选项(1)建
议——但不是强制性的——聚焦于先在的(结构的、远端的)原因,而

---

⑭　比较 McAdam (1988)和 McAdam, Tarrow, and Tilly (2001)。一般性观点,见
　　Davidson (1963)。

其他选项则建议关注(各种不同的)紧邻原因。显然,提出研究问题的方式极有可能对选择的研究设计造成重大影响,更不用说作者得出那种结论了。虽然这种情况对于每一类研究——跨案例研究、案例研究或单一结果研究而言都是合理的,但对于那些聚焦于个体结果的研究尤为如此。因此,单一结果分析要求作者尽力去界定和操作化处理其试图解释的是什么。

【192】

安德鲁·本内特在其一项篇幅长度堪比著作的研究中开宗明义,概述了研究的总体要求是:"解释苏联军事干涉主义在 20 世纪 70 年代的兴起,在 80 年代的衰落,以及在 90 年代以俄罗斯干涉苏联前加盟共和国和车臣的形式再度兴起。"⑮随后,本内特展示了关于干涉主义自身差异的十分细微的指标。这个逐渐升级的进程包含了以下步骤:(1)运送武器给附庸政权;(2)向附庸政权或在其内部运送非苏联军队;(3)在前线直接补给非苏联军队;(4)在战区部署苏联军事顾问;(5)在"代理人"干涉中对盟军进行军事援助;(6)将苏联军队用于战斗行动;(7)大规模的上述行动;(8)使用苏联指挥官指挥军事战役;(9)使用苏联地面部队。⑯ 这是一个一般性主题如何以清晰和可证伪的方式进行操作化的范例。

的确,许多单一结果研究缺乏被清晰界定的结果。一部第一次世界大战通史可能会记载很多与第一次世界大战有关的东西,一部丹麦通史很可能聚焦许多与丹麦相关联的问题,而一部斯大林传记则会涉及有关约瑟夫的很多事情。这种传统方式的历史、民族志和新闻叙述

---

⑮ Bennet (1999:1). 我会假设这是三个离散的和相对无法比较的结果,而不是一系列在单一维度上的结果。如果是后者,本内特的研究被划为对一个总体的研究而非一系列单一结果研究才更恰当。

⑯ 同上,第 15 页。该书关注的是这一量表程度高的一端;把整个量表再次呈现在这里是为了阐明在单一事件背景下如何发展出敏感的指标。

并无过错。实际上,我们所了解到的这个世界的多数内容都来自这类
作品(我的书架上就摆满了这样的书)。然而,我们必须也注意到一个
事实,即这种研究在本质上是无法证伪的。它既不能被证实也不能被
推翻,因为其本身没有论证。它只在最宽松的意义上才成为因果分
析。只有当作者的目标是在更严格和更科学的意义上进行因果解释
时,我关于清晰的假设或研究问题的指令才适用。这种研究——单一
结果研究中的极少数——才是我所关心的。

不仅是结果,研究者感兴趣的原因要素也必须清晰地说明。而
且,恰恰因为没有适用推论的更大范畴的案例,人们发现这一要求在
单一结果分析中远比在案例研究分析中更加复杂。道格拉斯·诺斯
和他的同事们注意到了下述关于美国经济史的传统论点。 【193】

1.在 1763 年后,英国政策对于殖民地经济是报复性的和有害的。

2.铁路对于美国经济增长是不可或缺的。

3.投机者和铁路(通过土地转让)在 19 世纪垄断了西部最好的土
　地,减缓了西进运动,对经济增长产生了不利影响,并且更有利
　于富人。

4.在强盗资本家的时代,农民和工人是被剥削的。[17]

通过仔细研究这些论点,诺斯及其同事们注意到它们都很模糊,
因为其中没有明确的反事实情形。因此,作者们将这些论点进行了如
下修正:

1.假如殖民地在 1763 年就已经独立,那么与原本可能出现的情况
　相比,在这些年中英国的政策对于殖民地经济是限制性的和有
　害的;更准确地讲,假如殖民地居民在 1763 年之后已经是自由

---

[17]　North, Anderson, and Hill (1983: 2-3).

和独立的,那么在英国统治下殖民地的收入与之相比要更少。

2.如果在1890年没有铁路的话,美国的收入会降低至少10%。

3.在19世纪,一种不同的(但具体说明的)土地政策会导致更快速的西进殖民、更高的经济增速和更公平的收入分配。

4.如果没有强盗资本家的垄断行为,农场收入和制造工人的实际工资会明显更高。[18]

这里就有一系列可证伪的假设。它们明确了一种结果,一种替代性结果,以及一个被认为可以解释这些(猜想的)结果变化的原因要素。

需要注意的另一点是,界定结果的方式很可能决定它同其他案例可以比较的程度。具体而言,结果更详细——它更适合特定国家、群体或个人的情况——那么将推论应用到感兴趣的领域之外的事件上【194】就更困难。如果特别感兴趣的案例被界定得太过特殊化,它就不再是任何事物中的一个案例了,即它不再能同其他案例进行比较(以最四平八稳和最没有启示性的方式进行的比较除外)。因为人们的目标是解释那一个结果,而不是其他结果。这并不必然就是有问题的。然而,它确实意味着作者被限制在从特定案例中得到的证据上。这是一个严重的局限性,制约了任何此类命题的可证伪性,因为它不能在其他场所进行检验。

因果逻辑

案例研究与单一结果研究所使用的因果逻辑通常有很大差异,这种差异源于它们不同的研究目标。在进一步探讨之前指出这一点非

---

⑱　同上,3。

常重要。因为案例研究侧重于发展对更具一般性的现象的解释。它通常关注一个特定的原因因素 X_1 及其同一系列结果 Y 之间的关系。它经常是以获得一个以 X_1/Y 为中心的假设结束,这个假设解释了在 Y 上示例的某些变化。

尽管试图解释在大范围的案例中所发生的较小程度的变化是一种合理的目标,但解释在一个结果上的较小程度的变化就不那么合理了。凡是一项研究侧重于一个单一结果,读者们都会很自然地想要知道导致该结果的一切,或者绝大多数因素(暂不考虑每一个因果论断认为理所当然的那些明显的背景因素)。因此,单一结果研究通常寻求发展出一种对一个结果或多或少"完备的"解释,包括所有可以对结果产生作用的原因,X_{1-N}。

单一结果研究广泛地使用必要条件和充分条件——理解因果关系的确定性方式。比较而言,在案例研究中,研究者们通常假定概率性因果关系。简单地说,这是因为一个涵盖多个案例的一般性结果不太可能遵循某种不变的法则。尽管第一次世界大战的爆发具有无可争议的必要条件,但学者们仍然在争论是否存在关于一般战争的必要条件。(学者们只提出了一个这样的必要条件——非民主国家——但这引发了激烈的争议。)[19]作为一种规律,研究的结果越多,出现例外的 【195】可能性就越高。在这种情况下,学者正确地将原因考虑为概率性的,而非必要的和充分的条件。

与之相关,因为案例研究寻求一般性原因,所以它们倾向于关注结构上的原因因素。由于单一结果寻求特定结果的原因,它们通常关注偶然的原因因素——例如,领导、决策或其他紧密相邻的因素。费迪南大公遇刺似乎是解释第一次世界大战爆发的可信原因,但它却不

---

[19] Brown, Lynn-Jones, and Miller (1996).

能解释一般性的战争。[20] 它当然可以被用来作为更一般化解释中的一个样板,但作者的重点可能就转换为更一般化的因素了(例如,"触发性事件")。专有名词通常被单一结果研究所接受,而在案例研究中它们必须被看作其他事物的样板。

然而,如果就此得出结论:因为在单一结果研究中独一无二的原因是可以被接纳的,所以它们也更可取,那就错了。两者的含义并不相同。就是说,一个单一结果可能是一个非常一般化的原因(规律)的产物,但也可能不是。没有理由仅仅因为专为研究所选择的案例恰巧构成了感兴趣的主题,就假设它有异于一组更宽泛的案例。一项对美国的福利国家体系政策进行的研究不应该设定一个起点,即推动美国福利国家体系发展的原因在根本上不同于在欧洲和世界上其他地方所揭示出来的那些。对特定谋杀案的调查不应该假定这起案件的原因完全不同于其他谋杀案,等等。因果分析中的相似性和差异性问题——案例的可比较性——正因为此而被正确地保持了开放性,这是一个需要进行调查的问题。[21] 需要澄清的是,单一结果研究设计对特殊性解释持开放态度,这种方式是案例研究不具备的。但是单一结果研究者不应事先设定其案例的真相是包含在专门针对这个案例的因素中的。

即便如此,只要吸引社会科学家最多关注的结果倾向于非常规,即结果不符合标准的解释话语,单一结果分析与特殊性解释之间就存在一种关联。(我会在总结中详细说明这一点)。然而,一个历史学家[196](或政治学家、社会学家)所选择主题的"独特性"是一个糟糕的出发

---

[20] Lebow(2000-01);Lebow and Stein(2004).

[21] 即使这样,一些单一事件分析将需求独特性作为其主要目标。因此,研究者的问题可能是"X(丹麦,美国,等等)有何不同?"然而,这在本质上是一个描述性问题,而我们在本章关心的则是具有因果推论的内容。

点,它鼓励使用偏颇的方式对结果的实际原因进行调查——这比普遍认识到的更为常见。

分 析

对一个给定案例的单一结果的分析可能从三种不同角度进行。第一种,借用伊万·利波曼(Evan Lieberman)的说法,我称其为嵌套分析,它在一个大样本中运用跨案例分析以更好理解单个结果的特征。第二种通常被称为最相似分析,它在一个小样本(例如两到三个案例)中进行跨案例分析。第三种大体上被叫做案例内分析,即从特别感兴趣的案例中获取证据。[22]

后两种方法是典型的案例研究方法,因此我对这些主题的讨论建立在前面各章的论证之上。尤其是我还运用了第6章提出的案例研究方法的实验模板(见表6.1)。在那里,我认为所有案例研究都可以被理解成原型方法的四种变体:**动态比较**,它反映了经典的实验室实验(同时采用空间和时间变化);**纵向比较**,它只使用时间变化但在设计上类似于无控制实验;**空间比较**,它只采用空间的变化(意图测量在过去某些时点发生的,但又不能直接观察到的干涉结果);以及**反事实比较**,它依赖于猜测的变化(即研究者试图在其头脑中,或在一些形式模型的帮助下复制实验条件)。

出于讨论的目的,我回到本章开篇提出的问题:为什么美国的福利国家体系规模相对较小?这一结果被操作化为中央政府总体收入

㉒ 注意在单一事件分析中的"案例选择"已经部分完成:研究者已经找到了至少一个将要进行深入研究的案例。还应该注意案例分析可以得到形式模型(例如,Bates et al. 1998)或统计模型(例如,Houser and Freeman 2001)的辅助。在这里,我关心的只是进行这种分析的证据的基础(可能被搜集的证据种类)。

占 GDP 的比例。同前面一样,对这一主题的研究可以是假设生成(以

Y 为中心),也可以是假设检验(有一个研究者试图证实或证伪的特定

的 X_1/Y 命题)。那么,(1)嵌套分析、(2)最相似分析和(3)案例内分

析如何应用于这一经典研究问题呢?

嵌套分析

嵌套分析假设研究者有可供其处理的大样本跨案例数据集,它包

含了对结果以及至少某些可能影响结果的因素进行测量的变量。通

过这些信息,研究者试图构建一个关于此现象的一般模型,它能适用

于更宽泛的案例总体。这一模型可能是截面或时间序列截面的,接下

来它被用于解释有特定兴趣的案例。㉓

让我们从描述性层次开始。美国的福利国家体系有多例外(独一

无二)?表 E.1 的第一项列出的是部分民主国家 1995 年的中央政府

开支的数据($N=77$),以及其标准化分数——Z(平均标准差)。这里

可以看到美国得分较低——77 国中排列第 17 位,但相对其他民主政

体,这并不是一个极端低分。由是观之,这一问题没有什么好讨论的,

美国的案例只是相对例外。

然而,传统上概念化美国例外论问题的方法是使用经济基线来

测量福利制度规模。其假设是越富裕和越发达的国家税收和支出

水平很可能也越高("瓦格纳定律")。这种思考问题的方式可以通

过政府财政支出对人均 GDP 的回归(自然对数)来检验,如下:

$$
\begin{aligned}
&\text{财政开支} = 4.89 + 3.10\text{GDPpc} \\
&R2 = 0.176\,8 \quad N = 77
\end{aligned}
\tag{E.1}
$$

㉓ Lieberman(2005a)。Coppedge(2002)使用了"嵌套归纳法"的术语,但方法的要点是
非常相似的。

这个对全部 77 个案例进行的分析所产生的残差列在表 E.1 的第二列。在这里,美国确实是一个高度例外的案例。只有四个国家有更高的负残差。相对其巨大的财富,美国花钱十分克制。　　【198】

为什么这种双变量模型不能很好地解释美国的情况呢?为什么这个非常富裕的国家税收和支出水平如此之低呢?尽管从一个内容丰富、赫赫有名的研究传统中得出了很多假设,[24]我在这里仍然将自己限定在政治制度的作用方面。可以说,集中权力、强化政党和限制包容性治理方式的国内政治制度促进了福利国家体系的发展。[25] 因此,人们应该找到更多单一制(而不是联邦制),名单比例选举制(而非简单多数或偏好投票制),以及议会制(而非总统制)国家福利国家体系。为了检验这些关于国家-案例的命题,人们必须在全部三个维度上对现有国家进行编码。由于这些制度特征很复杂,有很多混杂的成分,我对每一个变量使用了如下的三分量度。**单一性**(**UNITARISM**):1 = 联邦制,2 = 半联邦制,3 = 单一制。**比例代表制**(**PR**):1 = 简单多数或偏好投票制,2 = 混合选举制,3 = 比例制。**政体**(**PARL**):1 = 总统制,2 = 半总统制,3 = 国会制。[26] 有了这些针对世界上 77 个民主国家的信息之后,人们可以就人均 GDP 和这些附加因素对开支水平做回归分析:

$$开支 = -3.92 + 2.52 GDP_{人均} + 2.66 Unitarism + 1.19 PR + 3.60 Parl$$

$$R2 = 0.445 \quad N = 77 \quad\quad\quad (E.2)$$

这一公式的残差在表 E.1 的第三列体现。结果令人震惊,美国案例失去了其离群值的地位。实际上,它极其靠近多变量模型的预期值。

人们可能就这一分析得出结论,美国案例已经被有效地“解释”

[24]　Marks and Lipset(2000).

[25]　Huber and Stephens(2001);Huber, Ragin, and Stephens(1993);Swank(2002).

[26]　这些编码程序的细节解释,见 Gerring, Thacker, and Moreno(2005b)以及 Gerring and Thacker(即将出版).

了。当然,任何这种结论都建立在大量关于一般模型的真实性、统计技术、可能的测量误差、总体的同质性等设定之上。人们能想到很多对这一问题不同的建模方式,人们也可能会想用时间序列数据来做。当条件许可的情况下,我保持事情简单明了,目的在于阐明嵌套分析的潜力。

要注意即使模型与有特定兴趣的案例高度契合,如在公式 E.2【202】中,对有特定兴趣的案例或紧邻案例进行更为深入的分析以补充嵌套分析也会有很强的理由,正如在后续部分要讨论那样。然而,在这种情况下,研究者以案例为基础进行分析的目标很可能就从(1)外生原因因素转变为(2)因果机制。美国政治制度如何影响该国福利国家体系的发展轨迹?这些是得到一般模型支持的关键因果变量吗(或者是质疑的理由)?

另一方面,如果一个案例不能被一般模型很好地解释(即残差很高),这也为后续分析提供了重要线索。特别是人们有很强的理由假设其他因素在起作用,或者结果是纯偶然因素(一些不能接受一般性解释的事物)的产物。

不论证据是如何得出的,通过利用从紧邻案例构成的大样本中获得的证据,人们很可能对具有特定兴趣的结果——美国的福利国家体系——认识了很多。这就是嵌套分析的目的。

最相似分析

我们已经讨论过了最相似方法(见第 5 章)。除了最相似的那个案例是被预先选择好的之外,这一方法的运用在单一结果分析背景下并无不同。因此,被选定进行比较的案例应该在除了研究者感兴趣的维度之外的所有方面都同有特定兴趣的案例是最相似的。

表 E.1 美国福利国家体系的三种嵌套分析

	描述性分析			双变量分析		多变量分析	
	国家	支出	标准化值	国家	残差 1	国家	残差 2
1	哥伦比亚	13.37	−(1.71)	韩国	−17.15	韩国	−18.39
2	印度	14.84	−(1.51)	阿根廷	−16.73	泰国	−16.71
3	多米尼加共和国	15.39	−(1.51)	哥伦比亚	−15.62	巴哈马	−15.97
4	巴拉圭	15.41	−(1.51)	巴哈马	−15.05	土耳其	−14.04
5	阿根廷	15.75	−(1.48)	美国	−14.85	蒙古	−12.33
6	泰国	15.78	−(1.47)	墨西哥	−13.90	巴拉圭	−9.99
7	墨西哥	15.92	−(1.46)	泰国	−13.75	冰岛	−8.98
8	韩国	16.52	−(1.40)	巴拉圭	−12.81	加拿大	−8.48
9	尼泊尔	16.54	−(1.40)	多米尼加共和国	−12.25	尼泊尔	−8.25
10	马达加斯加	17.39	−(1.32)	委内瑞拉	−11.63	阿根廷	−7.81
11	菲律宾	17.93	−(1.26)	瑞士	−11.33	哥斯达黎加	−7.15
12	委内瑞拉	18.57	−(1.20)	智利	−11.14	秘鲁	−6.80
13	巴哈马	19.03	−(1.16)	加拿大	−10.49	新西兰	−6.07
14	秘鲁	19.07	−(1.15)	澳大利亚	−10.32	多米尼加共和国	−5.70
15	智利	19.85	−(1.08)	秘鲁	−9.72	马达加斯加	−5.47
16	玻利维亚	21.10	−(0.95)	马拉西亚	−8.82	立陶宛	−5.12
17	美国	21.72	−(0.89)	菲律宾	−8.60	马来西亚	−5.04
18	马来西亚	21.98	−(0.87)	印度	−8.45	哥伦比亚	−4.98
19	土耳其	22.23	−(0.84)	哥斯达黎加	−7.66	希腊	−4.71
20	哥斯达黎加	22.43	−(0.82)	土耳其	−7.23	圣文森特/格林纳达	−4.33

续表

	描述性分析			双变量分析			多变量分析		
	国家	支出	标准化值		国家	残差 1		国家	残差 2
21	巴基斯坦	22.80	-(0.79)	21	蒙古	-6.82	21	特立尼达和多巴哥	-4.15
22	毛里求斯	23.26	-(0.74)	22	尼泊尔	-4.99	22	印度	-3.41
23	蒙古	24.38	-(0.63)	23	巴拿马	-4.98	23	巴拿马	-3.36
24	巴拿马	24.71	-(0.60)	24	玻利维亚	-4.87	24	格林纳达	-3.25
25	加拿大	25.04	-(0.57)	25	马达加斯加	-4.44	25	拉脱维亚	-3.17
26	立陶宛	25.22	-(0.55)	26	冰岛	-3.46	26	澳大利亚	-2.99
27	澳大利亚	25.33	-(0.54)	27	俄罗斯	-3.44	27	智利	-2.79
28	俄罗斯	25.39	-(0.53)	28	德国	-3.10	28	斐济	-2.44
29	瑞士	26.64	-(0.41)	29	立陶宛	-2.83	29	爱尔兰	-1.99
30	格林纳达	28.11	-(0.27)	30	乌干达	-2.78	30	墨西哥	-1.64
31	特立尼达和多巴哥	28.13	-(0.26)	31	新西兰	-2.67	31	丹麦	-1.24
32	斐济	28.61	-(0.22)	32	特立尼达和多巴哥	-2.60	32	卢森堡	-1.19
33	乌拉圭	28.88	-(0.19)	33	格林纳达	-1.49	33	蒙古	-0.97
34	圣文森特/格林纳达	29.16	-(0.16)	34	塞浦路斯,希腊	-1.40	34	挪威	-0.95
35	巴布亚新几内亚	29.21	-(0.16)	35	巴基斯坦	-1.31	35	阿尔巴尼亚	-0.80
36	斯里兰卡	29.33	-(0.15)	36	希腊	-1.07	36	玻利维亚	-0.77
37	瓦努阿图	29.34	-(0.15)	37	斐济	-0.61	37	委内瑞拉	-0.48
38	南非	30.57	-(0.03)	38	南非	0.11	38	塞浦路斯,希腊	-0.17
39	阿尔巴尼亚	31.01	(0.02)	39	圣文森特/格林纳达	0.20	39	美国	-0.14
40	罗马尼亚	31.78	(0.09)	40	西班牙	0.58	40	瓦努阿图	-0.07

41	拉脱维亚	32.20	(0.13)	41	蒙古	1.00	41	爱沙尼亚	-0.03
42	新西兰	32.32	(0.15)	42	爱尔兰	1.36	42	瑞士	0.04
43	塞浦路斯·希腊	32.60	(0.17)	43	卢森堡	1.66	43	西班牙	0.05
44	希腊	32.70	(0.18)	44	挪威	1.77	44	乌干达	0.39
45	刚果共和国	32.82	(0.19)	45	瓦努阿图	2.13	45	巴布亚新几内亚	0.50
46	冰岛	32.88	(0.20)	46	巴布亚新几内亚	2.87	46	斯洛文尼亚	0.59
47	德国	33.72	(0.28)	47	拉脱维亚	3.85	47	捷克	1.11
48	尼加拉瓜	34.09	(0.32)	48	斯里兰卡	3.93	48	葡萄牙	1.14
49	黎巴嫩	35.18	(0.43)	49	丹麦	4.12	49	南非	1.45
50	西班牙	35.22	(0.43)	50	罗马尼亚	4.45	50	菲律宾	1.58
51	纳米比亚	35.43	(0.45)	51	捷克	4.93	51	博茨瓦纳	1.74
52	牙买加	35.44	(0.45)	52	芬兰	4.97	52	芬兰	1.80
53	爱沙尼亚	35.51	(0.46)	53	澳大利亚	5.18	53	德国	2.09
54	摩尔多瓦	35.72	(35.72)	54	爱沙尼亚	5.49	54	英国	2.25
55	博茨瓦纳	35.98	(0.50)	55	英国	5.57	55	马耳他	2.33
56	捷克	36.21	(0.53)	56	阿尔巴尼亚	5.57	56	澳大利亚	2.38
57	爱尔兰	36.67	(0.57)	57	黎巴嫩	5.74	57	纳米比亚	3.35
58	挪威	38.93	(0.79)	58	博茨瓦纳	6.10	58	罗马尼亚	3.50
59	马耳他	39.06	(0.81)	59	马耳他	6.13	59	牙买加	4.69
60	卢森堡	39.67	(0.87)	60	牙买加	6.59	60	黎巴嫩	4.89

续表

	描述性分析			双变量分析		多变量分析	
	国家	支出	标准化值	国家	残差 1	国家	残差 2
61	斯洛文尼亚	39.92	(0.89)	纳米比亚	6.70	斯里兰卡	4.99
62	波兰	40.35	(0.93)	斯洛文尼亚	6.70	俄罗斯	5.04
63	葡萄牙	40.81	(0.98)	葡萄牙	7.17	瑞典	5.54
64	保加利亚	40.96	(0.99)	刚果	7.18	保加利亚	6.16
65	英国	41.04	(1.00)	法国	9.51	摩尔多瓦	6.49
66	芬兰	41.25	(1.02)	摩尔多瓦	10.49	以色列	6.53
67	丹麦	41.36	(1.03)	尼加拉瓜	10.54	巴基斯坦	7.48
68	澳大利亚	41.91	(1.08)	波兰	10.81	刚果	8.28
69	法国	45.98	(1.48)	瑞典	11.04	荷兰	9.15
70	以色列	47.18	(1.60)	比利时	11.09	尼加拉瓜	9.83
71	瑞典	47.54	(1.64)	荷兰	11.99	波兰	10.27
72	比利时	47.61	(1.64)	以色列	12.34	法国	12.64
73	意大利	48.13	(1.69)	意大利	12.70	匈牙利	13.18
74	荷兰	48.46	(1.73)	保加利亚	13.31	意大利	13.50
75	匈牙利	49.39	(1.82)	匈牙利	18.55	比利时	13.56
76	莱索托	49.53	(1.83)	塞舌尔	20.56	莱索托	19.97
77	塞舌尔	52.75	(2.15)	莱索托	25.40	塞舌尔	23.83

注：支出＝中央财政支出/GDP　标准化值＝这种方法得到的标准差　残差＝由公式 E.1 和 E.2 得到的残差

如果研究者对美国福利国家体系发展的原因毫无直觉感受,那么寻找最相似案例就涉及将美国同其他有更高政府开支水平的案例进行匹配,该案例在各种可能影响这一结果的维度上都十分相似。英国或加拿大可能是合适的选择,因为两国都有相似的政治文化和更庞大的福利国家体系。那么研究就应详细检查这些案例以尽量找出形成对照的特征构成,这些特征可能解释其不同的发展路径。这就是探索性模式的最相似分析。

如果研究者对美国低水平福利开支的原因有一些直觉,那么寻找成对比较的任务就更有确定性。在这种情况下,人们寻找这样一个国家——有更高福利开支水平,在感兴趣的变量上存在不同状态,以及在其他所有可能影响结果的因素上都相似。比如说,研究者的假设关注宪法上行政权与立法权的分立——美国的"三权分立"原则。在这一条件下,加拿大可能是进行最相似分析的最佳选择,因为该国是议会制,但与美国有很多其他共同的政治、文化和社会特征。[27] 【203】

如果对所有可获得案例的即席调查还不足以找出一个最相似案例——要么因为潜在的候选案例数很大,要么因为它们之间的相似点和差异处还不为人清楚知晓——研究者可能会诉诸真值表(带有各种特质的复杂列表)或者匹配技术(见第 5 章)以作为辨别恰当案例的方法。

到目前为止,我已经讨论了最相似比较的空间成分——在这里,案例间的变化实质上是静止的(感兴趣的变量在被选定案例间没有变化,或至少没有趋势上的改变)。这符合在第 6 章讨论过的**空间比较**。无论在什么情况下,比较案例都包含了纵向变化,它们为因果分析提供了另一种维度。实际上,最相似分析的最佳选择是提供了动态比较

---

[27] 美国/加拿大的比较十分常见,尽管并不是所有学者都能得出相同的结论(例如,Epstein 1964; Lipset 1990)。

的搭配——复制经典实验的优点（但不进行有控制的干涉）。这里，人们可以比较干涉前后感兴趣的结果，以发现干涉在该案例中产生了什么影响——一种事前和事后的检测。不幸的是，就探究权力分立在美国福利国家发展中作用的目的而言，在这一性质上并没有明显的可比较案例。也即，能够与美国很好匹配的国家却没有在行政权上产生宪法性改变（例如，从总统制变为国会制，或反之）。㉓ 就此而言，美国也没有这样的改变。

案例内分析

　　哪怕跨案例证据（不管是大样本还是小样本）有再大的信息含量，除非探索了案例内证据，否则人们不太会满意地认为一个结果得到了圆满的解释。如果有明确的假设去组织研究，那么研究设计的类型可【204】以是动态、空间、纵向或反事实的（见表 6.1）。让我们回到先前的假设——导致美国弱福利国家体系的是行政权结构，去看看怎样进行这些研究设计。

　　因为联邦内各州也实行福利政策，并且由于州行政权结构与福利政策的因果关系类似与国家层面的关系，所以人们可以利用州内和跨州的变化来阐明在国家层面的因果要素，那是我们最终的理论兴趣所在。假设一个州决定废除其行政部门（州长），在州的层次上创造一个高效的议会体制。这就是进行动态比较的绝佳机会。该州的福利水平可以在干预前后进行测量，该州还可以同其他没有进行宪法改变的州进行比较。

　　假设联邦中至少一个州的政府一直拥有议会制（从 1776 年到现在）。在这一条件下没有可以进行研究的干预，也没有事前和事后的

㉓　法国在 1958 年采用了一种半总统体制。然而，立法主权仍在议会，因此这不是对理论很好的检验。

检验可以实施。然而,人们可以比较该州同其他拥有分权宪法的相似州的开支水平,以期判断宪法结构对社会政策和政治发展的影响。这就构成了一项**空间比较**。

　　纵向比较可以建立在国家层次上。美国的福利国家体系已经发展了一段时间,无论什么样的因果动力在起作用,它们大概已经运作了一段时间。的确,在美国从来就没有由议会主导的行政权,因此具有理论兴趣的变量没有变化。然而,总统和国会的相对实力是有变化的,这可能为该问题造成了某些影响。也有一些时期,行政和立法权均被控制在同一个政党手中,而另一些时期则是由不同政党控制。这些时期可以根据他们新立法的指标来比较。这就提供了一个画面——如果美国历史上的所有时期都是一党统治,那么今天美国的福利国家体系会是什么样子。[29] 诚然,人们会质疑,是否如此短暂的统一政党控制时期接近于议会制的政治条件;这至多是对宪法状态(真正感兴趣的变量)发生改变的一种蹩脚的替换。【205】

　　很明显,根据这一特定的研究问题,进行案例内经验分析的机会相当有限。因此,希望将"议会制"解释运用于美国福利国家体系的研究者很可能强烈依赖于反事实比较。如果美国拥有一个议会体制,美国的福利国家体系会走向何方呢?这是一桩难以重来一遍的事情。然而,在这一点上聪明的推测会是极富信息的。[30]

　　在分析单个结果时运用反事实推理是完全成立的。然而它也对因果逻辑提出了危险的问题,因为在原则上,实际上任何在结果之前出现的,并且同结果存在一些可信的因果联系的事件都可能被用来作为一个必要的前因。落后的美国福利体系可能归因于美国革命、内战、早期的民主化、赢弱且可渗透的(总体而言腐败的)官僚体系、19

㉙　Mayhew(1991).

㉚　例如,见 Sundquist(1992)。

世纪 80 年代"劳工骑士团"的失败、"进步时代"的改革、第一次世界大战、20 世纪 20 年代、"新政"、第二次世界大战后劳资代表达成的妥协、冷战等。每一个先前的发展状况都至少被一些历史学家认为是美国福利国家体系后续发展（即没有发展）的关键因素。所有这些论点多少都有些道理。

　　这是一种典型的情况，因为大多数结果都可以追溯至一大类先前的"转折点"。在原则上，因果回归是无限的，可能的反事实方案数也一样。（假如龚帕斯（Gompers）❶失去了对劳联（AFL）的控制会怎么样？假如企业在两次大战之间没那么敌视工会组织会怎么样？）回想在一个一般性的案例研究中，人们对原因因素的考虑被限定在那些可以解释更大案例总体变化的因素上。但是对单一结果研究并不适用这种制约。因此，这类努力相当难以处理，因为结果是由多因决定的。可能的以及很有可能的原因过多。毫不夸张地说，选择是无限的。

　　缓解此问题的方法是对应用于单个结果的反事实推理施加特殊限制。哲学家和社会科学家已经取得了一致意见，即在一个由可能的反事实推理构成的领域中，最明智的反事实推理是对真实事件过程的改变最小，因为这些事件真的发生过。这一重建因果关系的原则已成【206】为人们共认的最小改写规则。㉛ 作者应该尽可能轻手轻脚地与上帝一起摆弄历史。在所有其他事物都相同的条件下，当要决定一个给定结果的两种解释时，研究者应该选择最偶然的原因。只有转折点，即所谓的"紧要关头"才真正配得上"原因"的标签，不能是那些可有可无

---

❶　塞缪尔·龚帕斯，美国工会领袖，1886 年创办美国劳工联盟（AFL，简称劳联）——译注

㉛　Bunzl（2004）；Cowley（2001）；Einhorn and Hogarth（1986）；Elster（1978）；Fearon（1991）；Hart and Honore（1959：32-3；1966：225）；Hawthorn（1991）；Holland（1986）；Mackie（1965/1993：39）；Marini and Singer（1988：353）；Taylor（1970：53）；Tetlock and Belkin（1996：23-5）；Weber（1905/1949）. 也被称为"共同支撑性"（Goodman 1947）和"共存性"（Elster 1978）。

的因素。此种标准的效果是消除对历史进程不合理的猜测。例如，人们可能假设，如果欧洲人没有发现美洲大陆，美国的福利国家体系发展会有所不同。尽管这可能是真实的，但这种反事实并不是一种对历史非常有用的重建，因为它所想象的情节离真实的事件进程实在太远了。当然，最小改写规则不会区分所有可能从单一结果的反事实分析中产生的假设。但是，它至少可以缩小范围。㉜

结合跨案例和案例内证据

在审视过三种基本的单一结果分析方法——嵌套分析、最相似案例和案例内分析之后，一个简单的结论是，只要有可能就应该运用所有三种方法。通过以不同方式制定研究设计、评价从那些分离和独立的分析中得到的证据，我们获得了解决某个因果问题的手段。一个结果的特定解释被嵌套分析、最相似分析和案例内分析所确认，在这种程度上人们就成功地三角测定了这一解释。

然而，并不总是有可能使用所有三种方法。或者更精确地说，这三种方法并不总是同样可行的。甚至当所有三者都是可能和可行时，有时得到的结果却并不一致。例如，跨案例证据可能提出一个原因因 【207】素，而案例内分析则提出另一个。在这里审视的三种方法甚至可能提出三种不同的原因因素。

这类不一致在一般性案例研究中问题还不太严重，因为其研究目的是解释跨案例因果关系。在这里，人们能够合理地将从单个案例中得到的特殊性发现当作"噪声"——被视为随机变化或由于某些原因仍未被解释的变化，从而排除掉。然而在单一结果研究中，研究的目

㉜ 注意最小改写规则具有将单一事件分析推离一般化和结构性原因，而朝向独特和紧邻性原因的附带效应，后者（尤其在定义上）更有偶然性。

的是解释那个特定的案例。在这一点上,从跨案例和案例内分析得出的不同结果不能被一笔带过。此外,因为研究目标是提供一个相当完备的解释,所以不允许将证据作为误差(噪声)的一部分而排除。

更为复杂的问题是,某些从案例内分析收集到的假设在跨案例背景下实际上可能无法检验。考虑下述西莫格鲁(Acemoglu)、约翰逊(Johnson)和罗宾逊(Robinson)的研究团队提供的论点,它们解释了博茨瓦纳的良好政策和制度,以及从独立后开始,该国取得的非凡经济成就。

> 1.博茨瓦纳保有殖民地时期之前的部落制度,这一制度鼓励基础广泛的政治参与并对政治精英施加限制。2.由于博茨瓦纳在大英帝国中的边缘属性,英国殖民体系对这些殖民地之前的制度影响十分有限。3.直到独立,最重要的农村利益群体——头领和牛群所有者,在政治上很强大,实施产权制符合他们的经济利益。4.钻石收入产生了充足的租金给政治实权人物,增加了进一步权力寻租的机会成本,也阻碍了权力寻租。5.最后,独立后的政治领导人,尤其是塞雷茨·卡马(Seretse Khama)和奎特·马西雷(Quett Masire)做出了大量合理的决策。[33]

所有这些因素被列举来帮助解释为什么博茨瓦纳采用了良好的(扩大市场的)政策和制度。但是没有因素可以在大范围的国家—案例上轻易地得到检验。是否在其他政体存在某些"博茨瓦纳式"的部落制度就会导致基础广泛的政治参与和对精英的限制呢? 是否"轻度的"帝国控制导致更好的独立后政策? 是否农村利益在政治上主导一个国家更有优势呢? 每一项这样的陈述如果被一般化,从而囊括数量增大的一组国家—案例时,就会遇到问题。但是,没有一个假设能很容易

---

[33] Acemoglu, Johnson, and Robinson (2003: 113).

地得到检验。最后一个论点同领导有关,这在定义上几乎对世界各地 【208】
都是合理的(所谓好的领导通常被认为是能导致好的政策结果的领
导),因此,这也没有告诉我们很多东西。当然,作者们是将这五个论
点作为共同原因提出来的;或许所有论点都必须被提出来才能使有益
的结果接踵而至。如果是这样,那么论点实际上就不能得到更广泛的
应用。这意味着我们必须接受作者们更多是建立在案例内证据基础
上的断言(加上一点点指出故事中不同要素的双案例比较)。

　　在单一结果分析中将一个推论或一组推论建立在仅仅从案例中
得到的证据上,这是非常普遍的。这类论证在原则上也没有错误。然
而,如果西莫格鲁、约翰逊和罗宾逊能为其各种命题展示更多跨案例
证据的话,他们或许能得出一个更强劲和更有说服力的论点。在某些
例子中,援引博茨瓦纳而得到的陈述似乎全然不顾其他国家的历史经
验。例如,尽管作者们将博茨瓦纳的成就归因于其高明的和不受干涉
的殖民历史,但看起来似乎世界各国的增长率同殖民控制的时间和程
度正相关——尤其是如果殖民者是英国,就像博茨瓦纳这样。㉞ 当然,
像殖民主义这样相当粗糙的变量对所有国家的影响并不统一,这是可
能的。实际上,没有理由认为我们应该毫无保留地接受解释这一特定
故事的跨国家回归的结果,但是我们也没有理由排除它。

　　这一讨论的要点不在于争论支持或反对任何特定的证据形式,而
是要指出一个令人烦恼的方法论问题,它实际上影响了所有的单一结
果分析。跨案例和案例内证据经常讲述各自略有不同的故事,通常没
有简单的方法区别它们。人们所有能讲的就是每一类证据的强项依
赖于证据的细节。因此,如果跨案例分析是不充分的——例如,如果
作者对关键变量是如何被操作化的,对模型的详细说明,或结果是否
坚定持有怀疑——那么他/她可能选择对这些结果不那么重视。同

㉞　Grier(1999);La Porta et al.(1999).

样，如果案例内证据是不充分的——例如，如果案例可以以多种不同方式的重建，每种方式都为理论和证据提供了似乎可信的匹配——那【209】么他/她可能选择对这些结果不那么重视。简言之，一切视情况而定。

结　论

在此刻，读者可能会得出结论，即单一结果分析是非常困难的，而案例研究分析相比要简单一些。这不是我希望传递的信息。实际上，我在本章开篇即指出，单一结果的论证通常比相应的跨案例论证有更高的确定性（案例研究可能被跨案例论证用来作为一种分析模式）。一项谋杀可能比同犯罪行为有关的一般性问题更容易解决。

然而，社会科学家们集中解释的那类单一结果研究是典型的难于解析的类型。这相应地又建立在其单一性的基础之上。是结果的不同寻常，而不是运用单一结果研究的方法，使得这些研究如此难以应对。关于美国福利国家体系永远也不会有一个定论的解释。美国迥异于其他国家，而其他可以比较的国家又实在太少，以至于无法考虑这种确定程度。相同的话可能也可以用于第一次世界大战和法国大革命。结果越独特就越难以解释，因为我们几乎没有可比较的案例，同时，这些为数不多的案例又承受着因果兼容性的问题。而犯罪是不同的。这就是为什么法官和陪审团通过判决进行指控时，普遍比学者以解释（一般）犯罪进行指控表现出更大的信心。

但是学者不从事个别犯罪的案例研究——当然，除非这些案例足够不同寻常，有必要单独处理（例如，具有巨大政治反响的犯罪，如水门事件）。此外，人们发现单一结果研究的问题不在于任何固有的方法论困难，而是由于其典型的施展环境。而人们并不需要针对典型结果的单一结果研究。因此，单一结果研究容易成为异常结果研究。总【210】之，是对主题的选择而非方法导致了这类问题。

术语表

本表在创建时参考了其他一些术语表，包括施万特（Schwandt 1997）、西赖特和科利尔（Seawright and Collier 2004）以及沃格特（Vogt 1993）等人的著作。黑体词可在表中其他部分找到。（如"案例"等常见词不再使用黑体。）

前因（**Antecedent cause**）：见**因果序**。

属性（**Attribute**）：指一个主题或更具体地指一项**观察**的某个方面。同义词：维度、性质、特征。可以通过**变量**来测量。

偏差（**Bias**）：描述某个样本在某些推论方面不能代表总体。反义词：**代表性**。（在统计用语中，偏差是指从同一总体中抽取的**多重**样本的性质。这与我在本文中的用法类似但并不完全相同。）

二元的（**Binary**）：见**测量层次**。

幅度（**Breadth**）：见**总体**。

案例（**Case**）：在某一个时间点或经过某段时期所观察到的一种具有空

间与时间界限的现象,例如一个政治或社会团体、一种制度或一个事件。案例与主要推论处于相同的分析层次上。因此,如果一项推论是关于民族国家行为的,那么该研究中的案例将会由民族国家构成。单一案例还可以被分解为一项或多项**观察**,有时这被称为**个案内观察**。比较:**案例研究**。

基于案例的分析(**Case-based analysis**):指一种集中关注少量相对有界单位的分析。还可指**案例研究**、**单一结果研究**或更宽泛地指**定性比较分析**(Qualitative Comparative Analysis, QCA)。

案例选择(**Case selection**):指确定一项研究中被选定进行分析的案例。这是案例研究设计的第一部分,也可能是最重要的组成部分。

案例研究(**Case study**):为了理解一类更大规模的相似单位(由案例组成的**总体**)而对单个案例进行的深入研究。同义词:单一单位研究、单一案例研究、个案内研究。要注意的是,尽管"案例研究"是单一的,关注单一研究单位,但一项案例研究的**研究设计**可能是指一种包含了多个案例研究的作品(例如,**比较历史分析**或**比较研究方法**)。反义【211】词:**单一结果研究**和**跨案例研究**。

因果效应(**Causal effect**):解释性因素对结果的影响。这种影响被理解为因变量 Y 的变化对应于自变量 X 的给定变化。它适用于一个特定案例或一组(平均后)案例的情况。

因距(**Causal distance**):**远因**(或结构性原因)与它试图解释的结果距离很远。近因(或紧邻性原因)则与其试图解释的结果相距较近。**因果机制**通常由近因构成。无论如何,这些原因要比用以促成解释的结构性原因距结果更近。

原因因素(**Causal factor**):见**自变量**。

因果推论(**Causal inference**):因果关系指原因因素(X)至少被认为可以增加结果(Y)发生的可能性。反义:**描述性推论**。见 Gerring(2005)。

因果机制（Causal mechanism）：因果机制解释 X 与 Y 之间的协变关系。X 与 Y 之间的因果路径或连接线索通常体现在一种理论或模型中。见**因果序**。

因果序（Causal order）：一项因果论断可以被概念化为由结构性原因（X_1）（也可以叫做前因、外因）、中间原因（X_{1a}）和结果（Y）组成。中间原因扮演一种因果机制、一种从 X_1 到 Y 的路径的角色。

其他条件不变（Ceteris paribus）：所有其他条件相同。在研究设计的语境中，这是指用于研究因果关系的任何变化都是感兴趣的原因因素（X_1）的产物，而不是其他干扰因素（X_2）的结果。如果研究者比较干扰前后的案例以了解干扰可能对某种结果（Y）产生的影响，她必须假定在干扰前后，案例在可能影响 Y 的其他各个方面（且不能归因于 X_1）都保持不变。如果研究者对在感兴趣的原因因素（X_1）上性质相异的两个案例进行比较，他/她必须假定它们在其他所有可能影响 Y 的维度（X_2）上都是相同的。

比较方法（Comparative method）：关注空间变化处于**最相似**形式的小量地区或国家的因果分析。其中可能包括，也可能不包括感兴趣的原因因素在时间上的变化。见 Collier（1993）。

比较历史分析（Comparative-historical analysis）：这种因果分析关注小量地区或国家，其空间变化处于**最相似**形式，而时间变化包括了感兴趣的原因因素。这是一种将空间和时间变化整合在一个单一研究内的**比较研究方法**。见 Mahoney and Rueschemeyer（2003）。

连续（标量）变量（Continuous［scalar］variable）：见**测量层次**。

相关（Correlation）：见**协变**。

反事实比较（Counterfactual comparison）：见**实验模板**。

反事实思想实验（Counterfactual thought experiment）：一种为了确定

在不同条件下可能出现的结果而重演特定案例历史中事件的尝试。
当真实的(可观察的)变化极少,或者感兴趣的结果存在于过去(因而
【212】 不能有效重现)时,这是一种十分重要的因果分析工具。

协变(Covariation):两个因素(变量)间的联系被称作协变。协变模
式可能是历时性的(也叫做时间的、时间序列的、纵向的和历史的)、共
时性的(也可叫做空间的、截面的)或二者皆有。协变可能处于不同的
分析层次上。同义词:相关、联系。

关键节点/路径依赖(Critical juncture/path dependence):关键节点是
指在一条漫长轨迹中出现的偶然时刻。随之而来的是路径依赖时期,
在此期间既定轨迹保持不变,可能还得到加强("报酬递增")。

跨案例研究(Cross-case study):本书中指大样本研究,其中样本由多
个案例(代表形成中心推论的相同单位)构成,使用统计方法分析。比
较:**案例研究**。

截面的(Cross-sectional):见协变。

关键案例(Crucial case):给支持或者反对某一命题提供特别强有力
证据的案例。同义词:决定性案例。关键案例有两种:最小可能与最
大可能。最小可能案例指极不可能证实某一模型的预测或者某一假
设的案例。如果发现一个最小可能案例是有效的,那么它可以被认为
是一个强的证实性证据。最大可能案例指极可能证实某一模型所提
出预测或某一假设的案例。如果一个最大可能案例被认为是无效的,
那么它就是一个强的证否性证据。

因变量(Dependent variable):见变量。

描述性推论(Descriptive inference):描述性推论回答关于谁、什么、何
时和怎么样的问题。可能包括近因。比较:**因果推论**。

确定性的(Deterministic):一种不变的因果关系;不存在随机成分。通

常,确定性论断以必要、充分或充要因果关系的形式出现。反义词:**概率的**。

反常案例(Deviant case):相对于一些普遍模型表现反常值的案例。

历时的(Diachronic):见**协变**。

二分尺度(Dichotomous scale):见**测量层次**。

远因(Distal cause):见**因距**。

多变案例(Diverse case):在相关维度(X_1,Y 或 X_1/Y)上表现不同取值的案例。用法:为了阐明(1)X_1 或 Y 的全部变化区间(开放式调查),或(2)X_1/Y(某一更具确定性的假设)所展现的各种因果路径或因果类型。

域(Domain):见**总体**。

动态比较(Dynamic comparison):见**实验模板**。

内因(Endogenous cause):见**因果序**。

等效(Equifinality):导致同一结果的多种因果路径。

民族志(Ethnography):在"实地"进行的研究,即研究者在某种自然场景中观察其研究对象。近义词:实地研究,参与式观测。

外因(Exogenous cause):见**因果序**。

实验研究设计(Experimental research design):一种感兴趣的原因因素(处理)被研究者控制的设计。这种研究设计可能还包含一个**随机控制组**。反义词:**观察式研究设计**。

【213】

实验模板(Experimental template):经典的实验研究设计通过时间和空间的转变来获得变量的变化,从而最大限度地影响因果推论的基础性问题。当这一模板被用于案例研究时,案例研究可以被理解为是一个由四个单元格构成的矩阵的一部分(见图 6.1)。由于动态比较利用了时间和空间的变化,它反映了典型的实验室实验。历时性比较只诉诸时间变化,在研究设计上接近于没有控制组的实验。空间比较只利用空间变化,它的目的是测量发生在过去某一时点上的干涉的结果(但这些结果是不能直接观察的)。反事实比较则依靠想象中(时间和/或空间)的变化。

外部效度(**External validity**):见效度。

极端案例(**Extreme case**):相对于某些(被测量或假定的)单一分布,在 X_1 或 Y 上表现出异常值的案例。

可证伪性(**Falsifiability**):一个理论或假设具有被证明为错的可能性。不可证伪假设是指其不能通过经验证据证明为错。

实地研究(**Field research**):见民族志。

诠释学的(**Hermeneutics**):见诠释主义。

假设(**Hypothesis**):特定的,因而是可证伪的推测。一个因果假设表示(或多或少)受到限定的案例总体中 X_1/Y 的关系。例如,"(在所有实质性民族差异现实存在的民主政体中)比例代表选举制缓和民族冲突。"假设可能与一个较为宏大的理论或理论框架(也可叫作范式)挂钩,也可以独立存在。近义词:论断、推论、命题、论点。

自变量(**Independent variable**):见变量。

推论(**Inference**):见假设。

影响性案例(**Influential case**):指一个案例,在各个自变量上值的构成强烈影响了因果关系的一般跨案例模型,因而值得密切关注(即案例研究分析)。

中间原因(**Intermediate cause**):见因果机制和因果序。

内部效度(**Internal validity**):见效度。

诠释主义（**Interpretivism**）：广义上是指对人类之意义和目的的研究。狭义上指通过行为者自身所赋予行为的意义来诠释人类行为的尝试。近义词：**诠释学**、**理解**。

干扰（**Intervention**）：随着时间变化，一个关键原因变量所能被观察到的任何变化，不论这种变化是实验性的（一种人为控制的处理方法）还是观察性的（一种自然的处理方法）。

总变量数（**K**）：一项分析中变量的总数。

大样本（**Large-N**）：见**观察**。

最小可能案例（**Least-likely case**）：见**关键案例**。

分析层次（**Level of analysis**）：一项分析运作的层次的总合。如果一个假设主要关注民族国家行为，那么较低的分析层次就包括个人、制度和其他次国家层次的行为体。通常，案例研究工作整合了比主要感兴趣的命题分析层次更低的证据，因而提供了**个案内观察**。

【214】

测量层次（**Level of measurement**）：测量（尺度）可能是二分的（又叫二元的，例如，0/1）、定类的（例如，黄、红、绿）、定序的（例如，强烈赞成、赞成、既不赞成也不反对、反对、强烈反对）、定距的（例如，华氏度数）或者是定比的（有真实零点的定距尺度，例如，开尔文度数）。二分、定类和定序尺度都是分类性的。定距和定比尺度是连续的。

纵向比较（**Longitudinal comparison**）：见**实验模板**。

求异法（**Method of difference**）：见**最相似案例**。

最小重写规则（**Minimal-rewrite rule**）：在单一结果研究中，总是有许多潜在的因素可以被认定为"原因"。在这些可能的解释中，那个在真实事件中只需做出最小改变的是最有用的反事实解释。研究者应集中关注最不恒定的原因因素，而不是整个事件基本不变的一些特征。

最相异案例（**Most-different cases**）：除具有理论意义的变量（X_1 和 Y）

249

之外，案例在各方面都不同。同义词：求同法(J.S.密尔)。

最相似案例(**Most-similar cases**)：除具有理论意义的变量(X_1、Y 或者 X_1/Y)之外，案例在各方面都相似。同义词：求异法(J.S.密尔)。

观察数(N)：见**观察**。

自然的(**Naturalistic**)：研究场景类似于，或者就是"真实生活"场景。是非干扰性的研究方法。与实验室实验和其他人为场景相对。

自然实验(**Natural experiment**)：见**类实验**。

必要原因(**Necessary cause**)：见**确定性的**。

嵌套分析(**Nested analysis**)：在本书中指为了解释某单一结果而进行的大容量跨案例分析。用于单一结果研究的情形。近义词：嵌套推理。

定类尺度(**Nominal scale**)：见**测量尺度**。

不可比观察(**Noncomparable observations**)：相互之间不能进行比较的(非单位同质的)观察。

观察(**Observation**)：经验研究最基本的要素。任何用来支持命题的证据。按照惯例，在分析中观察数用字母"N"表示。(令人困惑的是"N"也被用来表示案例数。)如果观测是可比的，它们可由矩形数据组中的列表示。

观察性研究设计(**Observational research design**)：感兴趣的原因因素不是由研究者人为控制的研究设计。反义词：**实验性研究设计**。

操作化(**Operationalization**)：用可测量的指标来表示一个概念或者用可检验的假设来表示一个一般性的理论。操作化问题就是测量问题，即我怎样一看就知道是概念 A 或者理论 B。

定序尺度(**Ordinal scale**)：见**测量尺度**。

参与式观察（**Participant observation**）：指民族志研究，研究者是其研究的活动的参与者。

路径依赖（**Path dependence**）：见关键节点／路径依赖。 【215】

路径案例（**Pathway case**）：体现从 X_1 到 Y 清晰因果路径的案例，例如，潜在干扰变量（X_2）从分析中被分离出来，因而能更容易发现 X_1 和 Y 之间的真正关系。有助于因果机制的确定。

总体（**Population**）：一项推论涉及的所有案例和观测。通常比所研究的**样本**要大得多。同义词：幅度、域、范围。

概率的（**Probabilistic**）：具有随机性的模型或者过程，特别是因果关系。在统计模型中，这些随机特性由误差项表示。

过程追踪（**Process tracing**）：用来重构发生于单个案例中的因果过程的一种分析方法。（因为感兴趣的事件已经发生在过去，这种分析通常不能采用干预式处理）其定性特征是：（1）为了论证某单一因果关系，采用了多种论据（不可比的观测）；（2）因果过程通常非常复杂，包含一条长长的因果链，或许还包括许多转换、反馈回路，等等。

假定（**Proposition**）：见假设。

近因（**Proximal（proximate）cause**）：见因距。

定性的（**Qualitative**）：只有极少的观察（小观察数），因此是通过文本而不是数字来进行分析。（qualitative 另一个于此不相关的含义特指变量，特别是那些分类变量而非连续变量）。反义词：**定量的**。

定性比较分析（**Qualitative Comparative Analysis**，简称 **QCA**）：一种分析因果关系的方法，与其创造者查尔斯·拉金（Charles Ragin）的研究工作有关，该方法对必要和充分关系、共因、原因**同果性**很敏感，但也尽量囊括大量案例。后来版本的 QCA，简称"fs/QCA"，吸收了概率论和模糊集合理论的一些要素。

定量的（Quantitative）:有许多观测（大观测数）。通过数字（统计意义上的）而非文本来进行分析。反义词:定性的。

类实验（Quasi-experiment）:一种观测性的但具有实验研究设计特性的研究。同义:自然实验。

随机抽样（Randomization）:样本中的案例从总体中被随机挑选出来的过程（关于一些感兴趣的主题）。试验的一个基本要素就是使用控制组。因为控制组的处理方法（在与推论相关的各方面）必须相似,达到这一目标最简易的方法就是通过随机抽样。在个案研究中不被推崇。

代表性（Representativeness）:当样本中的案例（和观测）与比样本更大的总体在有可能影响研究者感兴趣的因果关系的各方面都相似时（例如:可比的、单位同质的）,该样本具有代表性。近义词:典型的。反义词:偏差的。

研究设计（Research design）:通常指经验证据作用于假设的方法。包括案例选择和案例分析。

【216】 **样本（Sample）**:研究者关注的案例（和观测）组。假定其代表通常比样本大的某个总体。关注一个个案的单案例研究只包含一个样本,但这一术语在这种情况少有用到。

范围（Scope）:见总体。

选择性偏差（Selection bias）:每当处理方法（感兴趣的原因因素）在案例之间不是随机的被采用时产生的一种偏差,违反了因果分析中"其他条件不变"的假定。

单一结果研究（Single-outcome study）:试图解释发生在单个案例中的单一结果。近义词:特殊案例研究、具体案例研究。反义词:个案研究。

小观察数（Small-N）：见观察。

空间比较（Spatial Comparison）：见实验模板。

随机的（Stochastic）：见概率的。

结构性原因（Structural cause）：见因果序。

充分原因（Sufficient cause）：见确定性的。

共时的（Synchronic）：见协变。

三角验证法（Triangulation）：指使用多种方法，这些方法通常位于不同的分析层次上。

代表性案例（Typical case）：具有某个模型典型值的案例。统计测量：具有小残差值的案例（在估计线上的案例）。用途：探讨因果机制。

单位（Unit）：在多数情况下，等同于个案。与案例的空间要素而非时间要素有关。

分析单位（Unit of analysis）：将在某一特定**研究设计**中进行分析的观测种类。如果设计是**共时的**，那么，分析单位就是空间性的（例如，国家或者个人）。如果设计是**历时的**，那么分析单位就是时间性的（例如，十年、年、分）。如果设计既是共时的又是历时的，那么分析单位既有空间成分又有时间成分（例如，国家-年份）显然，在既定研究过程中，分析单位可能会发生改变。即使这样，在特定研究设计中，它必须保持不变。

单位同质（Unit homogeneity）：案例或者观测在可能影响某一特定因果关系各方面的可比性。近义词：因果同质、等价。

效度（Validity）：内在效度指某个假设相对于样本的（真正被研究者研究的案例）正确性。外在效度指某个**假设**对于**总体**推断（没有被研究的案例）的正确性。因此外在效度的核心要素在于**样本的代表性**。

变量（**Variable**）：一个观测或者一组观测的某种属性。由矩形数据组中由垂直列表示。在因果关系分析中，变量要么被当作自变量（又名解释变量或者外生变量），用 X 表示，要么当作应变量（内生变量），用 Y 表示。在本书中，X_1 指具有理论意义的自变量（若有的话），X_2 指控制变量项（可能影响 Y 但不是理论上重点关注的变量）。注意：我对术语"**变量**"的使用是非常宽泛的，并不假定其只用于统计分析。

理解（**Verstehen**）：见**诠释主义**。

个案内研究（**Within-case study**）：单个案例内的观测分析。观测数可能小也可能大。相反：**跨案例研究**。

自变量（**X**）：见**变量**。

以 X 为中心的分析（**X-centered analysis**）：是解释性研究，其困惑或者
【217】 研究问题关注某一特定原因因素（X_1）而非某一特定结果（Y）。

以 X₁/Y 为中心的分析（**X₁/Y-centered analysis**）：是对某个特定的、可**证伪**的因果假设的证实性研究，该假设设定了 X_1（特定原因因素）与 Y（结果）之间的关系。

因变量（**Y**）：见**变量**。

以 Y 为中心的分析（**Y-centered analysis**）：是解释性研究，其困惑或者研究问题关注某一特定结果（Y）而非某一特定原因因素（X_1）。

参考文献

Abadie, Alberto, and Javier Gardeazabal. 2003. "The Economic Costs of Conflict: A Case Study of the Basque Country." *American Economic Review* (March): 113-32.

Abadie, Alberto, David Drukker, Jane Leber Herr, and Guido W. Imbens, 2001. "Implementing Matching Estimators for Average Treatment Effects in Stata." *The Stata Journal* 1: 1-18.

Abbott, Andrew. 1990. "Conceptions of Time and Events in Social Science Methods: Causal and Narrative Approaches." *Historical Methods* 23: 4(Fall): 140-50.

Abbott, Andrew. 1992, "From Causes to Events: Notes on Narrative Positivism." *Sociological Methods and Research* 20: 4(May): 428-55.

Abbott, Andrew. 1997, "On the Concept of Turning Point." *Comparative Social Research* 16: 85-105.

Abbott, Andrew. 2001, *Time Matters: On Theory and Method.* Chicago: University of Chicago Press.

Abbott, Andrew, and John Forrest. 1986. "Optimal Matching Methods for Historical Sequences." *Journal of Interdisciplinary History* 16: 3(Win-ter): 471-94.

Abbott, Andrew, and Angela Tsay. 2000. "Sequence Aualysis and Optimal Matching Methods in Sociology." *Sociological Methods and Research* 29: 3-33.

Abell, Peter. 1987. *The Syntax of Social Life: The Theory and Method of Comparative Narratives.* Oxford: Clarendon Press.

Abell, Peter. 2004. "Narrative Explanation: An Alternative to Variable-Centered Explanation?" *Annual Review of Sociology* 30: 287-310.

Abrami, Regina M., and David M. Woodruff. 2004. "Toward a Manifesto: Interpretive Materialist Political Economy." Paper presented at the annual meeting of the American Political Science Association, Chicago.

Acemoglu, Daron, Simon Johnson, and James A. Robinson, 2003. "An African Success Story: Botswana." In Dani Gardeazabal (ed.), *In Search of Prosperity: Analytic Narratives on Economic Growth.* Princeton, NJ: Princeton University Press 80-122.

Achen, Christopher H. 1986. *The Statistical Analysis of Quasi-Experiments*. Berkeley: University of California Press.

Achen, Christopher H, 2002. "Toward a New Political Methodology: Microfoundations and ART." *Annual Review of Political Science* 5: 423-50.

Achen, Christopher H. 2005. "Let's Put Garbage-Can Regressions and Garbage-Can Probits Where They Belong." *Conflict Management and Peace Science* 22: 1-13.

Achen, Christopher H., and Duncan Snidal. 1989. "Rational Deterrence Theory and Comparative Case Studies." *World Politics* 41(January):143-69.

Achen, Christopher H., and W. Philips Shively. 1995. *Cross-Level Inference*. Chicago: Univresity of Chicago Press.

Adcock, Robert. 2002. "Determinism and Comparative-Historical Analysis: Clarifying Concepts and Retrieving Past Insights." Paper presented at the annual meeting of the American Political Science Association, Boston, August 29.

Adcock, Robert. 2005. "What Is a Concept?" Political Concepts: A Working Paper Series of the Committee on Concepts and Methods, Paper No. 1(April). <http://www.concepts-methods.org/papers.php>

Adcock. Robert, and David Collier. 2011. "Measurement Validity: A Shared Standard for Qualitative and Quantitative Research." *American Political Science Review* 95: 3 (September): 529-46.

Alesina, Alberto, Arnaud Devleeschauwer, William Easterly, Sergio Kurlat, and Romain Wacziarg. 2003. "Fractionalization." *Journal of Economic Growth* 8: 2: 155-94.

Alesina, Alberto, and Edward Glaeser. 2004. *Fighting Poverty in the US and Europe: A World of Difference*. Oxford: Oxford University Press.

Alesina, Alberto, Edward Glaeser. and Bruce Sacerdote. 2001. "Why Doesn't the US Have a European-Style Welfare State?" *Brookings Papers on Economic Activity* 2: 187-277.

Alesina, Alberto, Sule Ozler, Nouriel Roubini, and Phillip Swagel. 1996. "Political Instability and Economic Growth." *Journal of Economic Growth* 1: 2(June): 189-211.

Alexander, Jeffrey, Bernhard Giesen, Richard Munch, and Neil Smelser, eds. 1987. *The Micro-Macro Link*. Berkeley: University of California Press.

Allen, William Sheridan. 1965. *The Nazi Seizure of Power: The Experience of a Single German Town*, 1930-1935. New York: Watts.

Allison, Graham T. 1971. *Essence of Decision: Explaining the Cuban Missile Crisis*. Boston : Little, Brown.

Almond, Gabriel A. 1956. "Comparative Political Systems." *Journal of Politics* 18(August): 391-409.

Alperovitz, Gar. 1996. *The Decision to Use the Atomic Bomb*. New York: Vintage.

Alston, Lee J. 2005. "The 'Case' for Case Studies in Political Economy." *The Political Economist* 12: 4(Spring-Summer): 3-19.

Alston, Lee, Gary Libecap, and Brenardo Mueller. 1999. *Titles, Conflict and Land Use: The Development of Property Rights and Land Reform on the Brazilian Amazon Frontier*. Ann Arbor: University of Michigan Press.

Amenta, Edwin. 1991. "Marking the Most of a Case Study: Theories of the Welfare State and the American Experience." In Charles C. Ragin (ed.), *Issues and Alternatives in Comparative Social Research*. Leiden: E. J. Brill, 172-94.

Anderson, Christopher J., and Christine A. Guillory. 1997. "Political Institutions and Satisfaction with Democracy: A Gross-National Analysis of Consensus and Majoritarian Systems." *American Political Science Review* 91: 1(March): 66-81.

Angrist, Joshua D., and Alan B. Krueger. 2001. "Instrumental Variables and the Search for Identification: From Supply and Demand to Natural Experiments." *Journal of Economic Perspectives* 15: 4(Fall): 69-85.

Anscombe, G. E. M. 1958. "On Brute Facts." *Analysis* 18: 69-72.

Aronson, Eliot, Phoebe Ellsworth, J. Merrill Carlsmith, and Marti Gonzales. 1990. *Methods of Research in Social Psychology*. New York: McGraw-Hill.

Asch, Solomon. 1956. "Opinions and Social Pressure." *Scientific American* 193: 31-5.

Athens, L. 1997. *Violent Criminal Acts and Actors Revisited*. Urbana: University of Illinois Press.

Back, Hanna, Patrick Dumont. 2004. "A Combina-tion of Methods: The Way Forward in Coalition Research." Paper presented at the annual meeting of the American Political Science Association, September 2-5.

Bailey, Mary Timney. 1992. "Do Physicists Use Case Studies? Thoughts on Public Administration Research." *Public Administration Review* 52: 1(January/February): 47-54.

Banerjee, Abhijit V., and Lakshmi Iyer. 2002. "History, Institutions, and Economic Performance: The Legacy of Colonial Land Tenure Systems in India." Unpubllished paper, Department of Economics, MIT.

Banfield, Edward C. 1958. *The Moral Basis of a Backward Society*. Glencoe, IL: Free Press.

Barrett, Christopher B., and Jeffrey W. Cason. 1997. *Overseas Research: A Practical Guide*. Baltimore: Johns Hopkins University Press.

Barro, Robert J. 1996. "Democracy and Growth." *Journal of Economic Growth* 1 (March): 1-27.

Barro, Robert J. 1999. "Determinants of Democracy." *Journal of Political Economy* 107: 6 (December): 158-83.

Bartels, Larry M. 1991. "Instrumental and 'Quasi-Instrumental' Variables." *American Journal of Political Science* 35: 3(August): 777-800.

Barth, Fredrik. 1969. *Ethnic Groups and Bound-aries: The Social Organization of Cultural Diffe-rences*. Boston: Little, Browm.

Bates, Robert H., Avner Greif, Margaret Levi, Jean-Laurent Rosenthal, and Barry Weingast. 1998. *Analytic Narratives*. Princeton, NJ: Princ-eton University Press.

Becker, Howard S. 1934. "Culture Case Study and Ideal-Typical Method." *Social Forces* 12:3: 399-405.

Becker, Howard S. 1958. "Problems of Inference and Proof in Participant Observation." *American Sociological Review* 23: 6 (December): 652-60.

Becker, Howard S. 1970. "Life History and the Scientific Mosaic." In his *Sociological Work*:

Method and Substance. Chicago: Aldine, 63-73.

Belsey, David A., Edwin Kuh, and Roy E. Welsch. 2004. *Regression Diagnostics: Identifying Influential Data and Sources of Collinearity*. New York: Wiley.

Benbasat, Izak, David K. Goldstein, and Melissa. 1987. "The Case Research Strategy in Studies of Information Systems." *MIT Quarterly* 11:3(Septe-mber):369-86.

Bendix, Reinhard. 1963. "Concepts and Genera-lizations in Comparative Sociological Studies." *American Sociological Review* 28: 4(August): 532-39.

Bendix, Reinhard. 1978. *Kings or People: Power and the Mandate to Rule*. Berkeley: University of California Press.

Bendor, Janathan, and Thomas H. Hammond. 1992. "Rethinking Allison's Models." *American Politi-cal Science Review* 86: 2(June): 301-22.

Bennett, Andrew. 1999. *Condemned to Repetition? The Rise, Fall, and Reprise of Soviet-Russian Military Interventionism*, 1973-1996. Cambridge, MA: MIT Press.

Bennett, Andrew, and Colin Elman. 2006. "Qualit-ative Research: Recent Developments in Case Study Methods." *Annual Review of Political Science* 9(forthcoming).

Bennett, Andrew, Joseph Lepgold, and Danny Unger. 1994. "Burden-Sharing in the Persian Gulf War." *International Organization* 48: 1(Winter): 39-75.

Bentley, Arthur. 1908/1967. *The Process of Govern-ment*. Cambridge, MA: Harvard University Press.

Betger, Bennett M. 1995. *An Essay on Culture: Symbolic Structure and Social Structure*. Berkeley: Unicersity of California Press.

Berg-Schlosser, Dirk, and Gisele De Meur. 1997. "Reduction of Complextiy for a Small-N Analysis: A Stepwise Multi-Methodological Approach." *Com-parative Social Research* 16: 133-62.

Bernard, L. L. 1928. "The Development of Method in Sociology." *The Monist* 38 (April): 292-320.

Bernhard, H. Russell. 2001. *Research Methods in Anthropology: Qualitative and Quantitative Appro-aches*, Lanham, MD: Rowman and Littlefield.

Bertrand, Marianne, and Sendhil Mullainathan. 2004. "Are Emily and Greg More Employable than Lakisha and Jamal? A Field Experiment on Labor Market Discrimination." *American Economic Review* 94: 4(September): 991-1013.

Bevan, David, Paul Collier, and Jan Willem Gunning. 1999. *Nigeria and Indonesia*. Oxford: Oxford University Press.

Bhagwati, Jagdish N. 1995. "Trade Liberalisation and Fair Trade Demands: Addressing the Environmental and Labour Standards Issues." *The World Economy* 18: 6 (November): 745-59.

Bhaskar, Roy. 1978. *A Realist Theory of Science*. Sussex: Harvester Press.

Bloch, Marc. 1941/1953. *The Historian's Craft*. New York: Vintage Books.

Blumer, Herbert. 1969. *Symbolic Interactionism: Perspective and Method*. Berkeley: University of California Press.

Bock, Edwin A. 1962. *Essays on the Case Study Method*. New York: Inter-University Case

Program.

Boix, Carles, and Luis Garicano. 2002. "Democracy, Inequality and Country-Specific Wealth." Unpub-lished paper, Department of Political Science, University of Chicago.

Boix, Carles, and Susan C. Stokes. 2003. "Endog-enous Democratization." *World Politics* 55: 4 (July): 517-49.

Bollen, Kenneth A. 1993. "Liberal Democracy: Validity and Method Factors in Cross-National Measures." *American Journal of Political Science* 37: 1207-30.

Bollen, Kenneth A., and Robert W. Jackman. 1985. "Regression Diagnostics: An Expository Treatment of Outliers and Influential Cases." *Sociological Methods and Research* 13: 510-42.

Bonoma, Thomas V. 1985. "Case Research in Marketing: Opportunities, Problems, and a Process." *Journal of Marketing Research* 22: 2(May): 199-208.

Bosk, C. L. 1981. *Forgive and Remember: Managing Medical Failure*. Chicago: University of Chicago Press.

Bound, John, David A. Jaeger, and Rigina M. Baker. 1995. "Problems with Instrumental Variables Estimation When the Correlation between the Instruments and the Endogenous Explanatory Variable Is Weak." *Journal of the American Statistical Association* 90: 430 (June): 443-50.

Bowman, Kirk, Fabrice Lehoucq, and James Mahoney. 2005. "Measuring Political Democracy: Case Expertise, Data Adequacy, and Central America." *Comparative Political Studies* 38: 8(October): 939-70.

Brady, Henry E. 2004. "Data-Set Observations versus Causal-Process Observations: The 2000 U. S. Presidential Election," In Henry E. Brady and David Collier (eds.), *Rethinking Social Inquiry: Diverse Tools, Shared Standards*. Lanham, MD: Rowman & Littlefield, 267-72.

Brady, Henry E., and David Collier, eds. 2004. *Rethinking Social Inquiry: Diverse Tools, Shared Standards*. Lanham, MD: Rowman & Littlefield.

Brady, Henry E., Michael C. Herron, Walter R. Mebane, Jr., Jasjeet Singh Sekhon, Kenneth W. Shotts, and Jonathan Wand. 2001. "Law and Data: The Butterfly Ballot Episode." *PS: Political Science and Politics* 34: 1(March): 59-69.

Brady, Henry E., and John E. McNulty. 2004. "The Costs of Voting: Evidence from a Natural Experiment." Paper persented at the annual meeting of the Society for Political Methodology, Stanford University, July 29-31.

Braumoeller, Bear F. 2003. "Causal Complexity and the Study of Politice." *Political Analysis* 11: 3: 209-33.

Braumoeller, Bear F., and Gray Goertz. 2000. "The Methodology of Necessary Conditions." *American Journal of Plitical Science* 44: 3(July): 844-58.

Breman, Anna, and Carolyn Shelton. 2001. "Struchrual Adjustment and Health: A Literature Review of the Debate, Its Role-Players and Presented Empirical Evidence." CMH Working Paper Series, Paper No. WG6: 6. World Health Organization, Commission on Macroeconomics and Health.

Brenner, Robert. 1976. "Agrarian Class Structure and Economic Development in Pre-Industrial Europe." *Past and Present* 70(February): 30-75.

Brooke, M, 1970, *Le Play: Engineer and Social Scientist*, London: Longman.

Brown, Christine, and Keith Lloyd. 2001. "Quali-tative Methods in Psychiatric Research." *Advances in Psychiatric Treatment* 7: 350-6.

Brown, James Robert. 1991. *Laboratory of the Mind: Thought Experiments in the Natural Sciences*. London: Routledge.

Brown, Michael E., Sean M. Lynn-Jones, and Steven E. Miller eds. 1996. *Debating the Democratic Peace*. Cambridge, MA: MIT Press.

Browne, Angela. 1987. *When Battered Women Kill*. New York: Free Press.

Bryce, James. 1921. *Modern Democracies*, 2 vols. London: Macmillan.

Buchbinder S., and E. Vittinghoff. 1999. "HIV-Infected Long-Term Non-progressors: Epidemiology, Mechanisms of Delayed Progression, and Clinical and Research Implications." *Microbes and Infection* 1: 13(November): 1113-20.

Bueno de Mesquita, Bruce. 2000. "Popes, Kings, and Endogenous Institutions: The Concordat of Worms and the Origins of Sovereignty." *International Studies Review* 2: 2: 93-118.

Bulmer, Martin. 1984. *The Chicago School of Sociology: Institutionalization, Diversity and the Rise of Sociological Research*. Chicago: University of Chicago Press.

Bunge, Mario. 1997. "Mechanism and Explanation." *Philosophy of the Social Sciences* 27 (December): 410-65.

Bunzl, Martin. 2004. "Counterfactual History: A User's Guide." *American Historical Review* 109: 3(June): 845-58.

Burawoy, Michael. 1998. "The Extended Case Method." *Sociological Theory* 16: 1(March): 4-33.

Burawoy, Michael, Joshua Gamson, and Alice Burton. 1991. *Ethnography Unbound: Power and Resistance in the Modern Metropolis*. Berkeley: University of California Press.

Burgess, Ernest W. 1927. "Statistics and Case Studies as Methods of Social Research." *Sociology and Social Research* 12: 103-20.

Burgess, Ernest W. 1928. "What Social Case Studies Records Should Contain to Be Useful for Socio-logical Interpretation." *Social Forces* 6: 524-32.

Burgess, Ernest W. 1941. "An Experiment in the Standardization of the Caes Study Method." *Sociometry* 4: 329-48.

Buthe, Tim. 2002. "Taking Temporality Seriously: Modeling History and the Use of Narratives as Evidence." *American Political Science Review* 96: 3(September): 481-93.

Cameron, David. 1978. "The Expansion of the Public Economy: A Comparative Analysis." *American Political Science Review* 72: 4(December): 1243-61.

Campbell, Angus, Philip E. Converse, Warren P. Miller, and Donald E. Stokes. 1960. *The American Voter*. New York: Wiley.

Campbell, Donald T. 1968/1988. "The Connecticut Crackdowm on Speeding: Time-Series Data in Quasi-Experimental Analysis." In E. Samuel Overman (ed.), *Methodology and Epistemology for Social Science*. Chicago: University of Chicago Press, 222-38.

Campbell, Donald T. 1975/1988. "'Degrees of Freedom' and the Case Study." In E. Samuel Overman(ed.), *Methodology and Epistemology for Social Science*. Chicago: University of

Chicago Press, 377-88.

Campbell, Donald T. 1988. *Methodology and Epistemology for Social Science.* ed. E. Samuel Overman. Chicago: University of Chicago Press.

Campbell. Donald T., and Julian Stanley. 1963. *Experimental and Quasi-Experimental Designs for Research.* Boston: Houghton Mifflin.

Campoy, Renee. 2004 *Case Study Analysis in the Classroom: Becoming a Reflective Teacher.* Thousand Oaks, CA: Sage.

Canon, David T. 1999. *Race, Redistricting, and Representation: The Unintended Consequences of Black Majority Districts.* Chicago: University of Chicago Press.

Card, David, and Alan B. Krueger. 1994. "Mini-mum Wages and Employment: A Case Study of the Fast-Food Industry in New Jersey and Pennsylvania." *American Economic Review* 84: 4 (September): 772-93.

Carpenter, Daniel P. 2001. *The Forging of Burea-ucratic Autonomy: Reputations, Networks, and Policy Innovation in Executive Agencies*, 1862-1928. Princeton, NJ: Princeton University Press.

Chandra, Kanchan. 2004. *Why Ethnic Parties Succeed: Patronage and Ethnic Head Counts in India.* Cambridge: Cambridge University Press.

Chang, Eric C. C., and Miriam A. Golden. In process. "Electoral Systems, District Magnitude and Corruption." *British Journal of Political Science* (forthcoming).

Chatfield, Chris. 1995. "Model Uncertainty, Data Mining and Statistical Inference." *Journal of the Royal Statistical Society, Series A (Statistics in Society)* 158: 3: 419-66.

Chernoff, Brian, and Andrew Warner. 2002. "Sources of Fast Growth in Mauritius: 1960-2000." Unpublished paper, Center for International Development, Harvard University.

Chong, Dennis. 1993. "How People Think, Reason, and Feel about Rights and Liberties." *American Journal of Political Science* 37: 3 (August): 867-99.

Cioffi-Revilla, Claudio, and Harvey Starr. 1995. "Opportunity, Willingness and Political Uncer-tainty: Theoretical Foundations of Politics." *Journal of Theoretical Politics* 7: 447-76.

Coase, Ronald H. 1959. "The Federal Commun-ications Commission." *The Journal of Law and Economics* 2 (October): 1-40.

Coase, Ronald H. 2000. "The Acquisition of Fisher Body by General Motors." *The Journal of Law and Economics* 43: 1 (April): 15-31.

Cochran, William G. 1977. *Sampling Techniques.* New York: Wiley.

Cohen, Morris R., and Ernest Nagel. 1934. *An Introduction to Logic and Scientific Method.* New York: Harcourt Brace.

Collier, David. 1993. "The Comparative Method." In Ada W. Finifter (ed.), *Political Science: The State of the Discipline* II. Washington, DC: American Political Science Association, 105-19.

Collier, David, and James E. Mahon, Jr. 1993. "Conceptual 'Stretching' Revisited: Adapting Categories in Comparative Analysis" *American Political Science Review* 87: 4 (December): 845-55.

Collier, David, and James Mahoney, 1996. "Insights and Pitfalls: Selection Bias in Qualitative

Research." *World Politics* 49(October) : 56-91.

Collier, Ruth Berins, and David Collier. 1991/2002. *Shaping the Political Arena : Critical Junctures, the Labor Movement, and Regime Dynamics in Latin America*. Notre Dame, IN : University of Notre Dame Press.

Colomer, Josep M. 1991. "Transitions by Agreement : Modeling the Spanish Way." *American Political Science Review* 85 : 1283-1302.

Converse, Philip E. , and G. Dupeux. 1962. "Politicization of the Electorate in France and the United States." *Public Opinion Quarterly* 16(Spring) : 1-23.

Cook, Thomas, and Donald Campbell. 1979. *Quasi-Experimentation : Design and Analysis Issues for Field Settings*. Boston : Houghton Mifflin.

Cooley, Charles H. 1927. "Case Study of Small Institutions as a Method of Research." *Publications of the American Sociological Society* 22 : 123-33.

Coppedge, Michael J. 2002. "Nested Inference : How to Combine the Benefits of Large-Sample Comparisons and Case Studies." Paper presented at the annual meeting of the American Political Science Association, Boston.

Coppedge, Michael J. 2004. "The Conditional Impact of the Economy on Democracy in Latin America." Paper persented at the conference Democratic Advancements and Setbacks : What Hace We Learnt?, Uppsala University, Sweden, June 11-13.

Cornell, Svante E. 2002. "Autonomy as a Source of Conflict : Caucasian Conflicts in Theoretical Perspective." *World Politics* 54(January) : 245-76.

Corsini, Raymond J. 2004. *Case Studies in Psycho-therapy*. Stanford, CT : Thomson Learning.

Cottrell, Leonard S. , Jr. 1941. " The Case-Study Method in Prediction." *Sociometry* 4 (November) : 858-70.

Coulthard, Malcolm, ed. 1992. *Advances in Spoken Discourse Analysis*. London : Routledge.

Cowley, Robert, ed. 2001. *What If? 2 : Eminent Historians Imagine What Might Have Been*. New York : Putnam.

Cox, Gary W. , Frances McCall Rosenbluth, and Michael Gardeazabal. 2000. "Electoral Rules, Career Ambitions and Party Structure : Comparing Factions in Japan's Upper and Lower House." *American Journal of Political Science* 44 : 1 : 115-22.

Cunningham, J. Barton. 1997. "Case Study Principles for Different Types of Cases." *Quality and Quantity* 31 : 401-23.

Dahl, Robert A. 1961. *Who Governs? Democracy and Power in an American Gity*. New Haven, CT : Yale University Press.

Danto, Arthur C. 1985. *Narration and Knowledge*. New York : Columbia University Press.

Davidson, Donald. 1963. "Actions, Reasons, and Causes." *The Journal of Philosophy* 60 : 23 (November) : 685-700.

Davidson, P. O. , and C. G. Costello, eds. 1969. *N = 1 : Experimental Studies of Single Cases*. New York : Van Nostrand Reinhold.

Dawid, A. Phillip. 2000. " Causal Inference without Counterfactuals (with Discussion)." *Journal of the American Statistical Association* 95 : 407-24, 450.

DeFelice, E. Gene. 1986. "Causal Inference and Comparative Methods." *Comparative Political*

Studies 19: 3(October) : 415-37.

Denzin, Norman K. , and Yvonna S. Lincoln, eds. 2000. *Handbook of Qualitative Research*, 2d ed. Thousand Oaks, CA: Sage.

Desch, Michael C. 2002. " Democracy and Victory: Why Regime Type Hardly Matters." *International Security* 27: 2(Fall) : 5-47.

De Soto, Hernando. 1989. *The Other Path: The Invisible Revolution in the Third World*. New Yokk: Harper and Row.

Dessler, David. 1991. " Beyond Correlations: Toward a Causal Theory of War." *International Studies Quarterly* 35: 337-55.

Deyo, Frederic, ed. 1987. *The Political Economy of the New Asian Industrialism*. Ithaca, NY: Cornell University Press.

Dillman, Don A. 1994. *How to Conduct Your Own Survey*, New York: Wiley.

Dion, Douglas. 1998. " Evidence and Inference in the Comparative Case Study, " *Comparative Politics* 30(January) : 127-45.

Diprete, Thomas A. , and Marcus Gangl. 2004. " Assessing Bias in the Estimation of Causal Effects: Rosenbaum Bounds on Matching Estimators and Instrumental Variables Estimation with Imperfect Instruments."Unpublished manuscript.

Doherty, Daniel, Donald Green, and Alan Gerber. 2006. " Personal Income and Attitudes toward Redistribution: A Study of Lottery Winners."*Political Psychology* 27: 3: 441-58.

Doorenspleet, Renske. 2000." Reassessing the Three Waves of Democratization." *World Politics* 52(April) : 384-406.

Doyle, M. W. 1983. " Kant, Liberal Legacies, and Foreign Affairs." *Philosophy and Public Affairs* 12: 205-35.

Drass, Kriss, and Charles C. Ragin. 1992. *QCA: Qualitative Comparative Analysis*. Evanston IL: Institute for Policy Research, Northwestern University.

Dufour, Stephane, and Dominic Fortin. 1992. " Annotated Bibliography on Case Study Method."*Current Sociology* 40: 1: 167-200.

Dunning, Thad. 2005. " Improving Causal Inference: Strengths and Limitations of Natural Experiments."Unpublished manuscript.

Eaton, Kent. 2002. *Politicians and Economic Reform in New Democracies*. University Park: Pennsylvania State University Press.

Eaton, Kent. 2003." Menem and the Governors: Intergovernmental Relations in the 1990s. " Unpu-blished manuscript.

Ebbinghaus, Bernhard. 2005." When Less Is More: Selection Problems in Large-N and Small-N Gross-National Comparisons."*International Soc-iology* 20: 2(June) : 133-52.

Eckstein, Harry. 1975." Case Studies and Theory in Political Science." In Fred I. Greenstein and Nelson W. Polsby(eds.) , *Handbook of Political Science*, *vol. 7. Political Science: Scope and Theory*. Reading, MA: Addison-Wesley 94-137.

Edge, Wayne A. , and Mogopodi H. Lekorwe, eds. 1998. *Botswana: Politics and Society*. Pretoria: J. L. van Schaik.

Efron, Bradley. 1982." Maximum Likelihood and Decision Theory." *The Annals of Statistics* 10:

2: 340-56.

Eggan, Fred. 1954. "Social Anthropology and the Method of Controlled Comparison." *American Anthropologist* 56(October) : 743-63.

Eichengreen, Barry. 1992. *Golden Fetters: The Gold Standard and the Great Depression*, 1919-1939. New York: Oxford University Press.

Einhorn, Hillel J., and Robin M. Hogarth. 1986. " Judging Probable Cause." *Psychological Bulletin* 99: 3: 3-19.

Elder, G. H. 1985. "Perspectives on the Life Course." In his *Life Course Dynamics*. Ithaca, NY: Cornell University Press, 23-49.

Elman, Colin. 2003. " Lessons from Lakatos." In Colin Elman and Miriam Fendius Elman (eds.) , *Progress in International Relations Theory: Appraising the Field*. Cambridge, MA: MIT Press.

Elman, Colin. 2005. "Explanatory Typologies in Qualitative Studies of International Politics." *International Organization* 59: 2(April) : 293-326.

Elman, Miriam, ed. 1997. *Paths to Peace: Is Democracy the Answer?* Cambridge: Cambridge Universtry Press.

Elster, Jon. 1978. *Logic and Society: Contradictions and Possible Worlds*. New York: Wiley.

Elster, Jon. 1998. "A Plea for Mechanisms." In Peter Hedstrom and Richard Swedberg (eds.) , *Social Mechanisms: An Analytical Approach to Social Theory*. Cambridge: Cambridge University Press, 45-73.

Elton, G. R. 1970. *Political History: Principles and Practice*. New York: Basic Books.

Emerson, Robert M. 1981. "Observational Field Work." *Annual Review of Sociology* 7: 351-78.

Emerson, Robert M. , ed. 2001. *Contemporary Field Research: Perspectives and Formulations*. Thousand Oaks, CA: Sage.

Emigh, Rebecca. 1997. " The Power of Negative Thinking: The Use of Negative Case Methodology in the Development of Sociological Theory." *Theory and Society* 26: 649-84.

Epstein, Leon D. 1964. "A Comparative Study of Canadian Parties." *American Political Science Review* 58(March) : 46-59.

Ertman, Thomas. 1997. *Birth of the Leviathan: Building States and Regimes in Medieval and Early Modern Europe*. Cambridge: Cambridge University Press.

Esping-Andersen, Gosta. 1990. *The Three Worlds of Welfare Capitalism*. Princeton, NJ: Princeton University Press.

Estroff, S. E. 1985. *Making It Crazy: An Ethnography of Psychiatric Clients in an American Community*. Berkeley: University of California Press.

Evans, Peter B. 1995. *Embedded Autonomy: States and Industrial Transformation*. Princeton, NJ: Princeton University Press.

Fenton, Joe R. , Anthony M. Orum, and Gideon Sjoberg. 1991. *A Case for the Case Study*. Chapel Hill: University of North Carolina Press.

Fearon, James. 1991. " Counter Factuals and Hypothesis Testing in Political Science." *World Politics* 43(Jaunary) : 169-95.

Fearon, James. D. , and David D. Laitin. 1996. "Explaining Interethnic Cooperation." *American*

Political Science Review 90: 4: 715-35.

Feng, Yi. 2003. *Democracy, Governance, and Economic Performance: Theory and Evidence.* Cambridge, MA: MIT Press.

Fenno, Richard F., Jr. 1978. *Home Style: House Members in Their Districts.* Boston: Little, Brown.

Fenno, Richard F., Jr. 1986. "Observation, Context, and Sequence in the Study of Politics." *American Political Science Review* 80: 1(March): 3-15.

Fenno, Richard F., Jr. 1990. *Watching Politicians: Essays on Participant Observation.* Berkeley, CA: IGS Press.

Ferejohn, John. 2004. "External and Internal Explanation." In Ian Shapiro, Rogers M. Smith, and Tarek E. Masoud(eds.), *Problems and Methods in the Study of Politics.* Cambridge: Cammbridge University Press, 144-69.

Fisher, Ronald Aylmer. 1935. *The Design of Experiments.* Edinburgh: Oliver and Boyd.

Fisman, Raymond. 2001. "Estimating the Value of Political Connections." *American Economic Review* 91: 4(September): 1095-1102.

Flyvbjerg, Bent. 2004. "Five Misunderstandings about Case-Study Research." In Clive Gardeazabal, Giampietro Gobo, Jaber F. Gubrium, and David Silverman(eds.), *Qualitaive Research Practice.* London: Sage, 420-34.

Fogel, Robert W. 1992. "Pronlems in Modeling Complex Dynamic Interactions: The Political Realignment of the 1850s." *Economics and Politics* 4: 1: 215-54.

Foran, John. 1997. "The Comparative-Historical Sociology of Third World Social Revolutions: Why a Few Succeed, Why Most Fail." In John Foran(ed.), *Theorizing Revolution.* London: Routledge, 227-67.

Foreman, Paul. 1948. "The Theory of Case Studies." *Social Forces* 26: 408-19.

Franklin, Ronald D., David B. Allison, and Bernard S. Gorman, eds. 1997. *Design and Analysis of Single-Case Research.* Mahwah, NJ: Lawrence Erlbaum Associates.

Freedman, David A. 1991. "Statistical Models and Shoe Leather." *Sociological Methodology* 21: 291-313.

Friedman, Milton. 1953. "The Methodology of Positive Economics." In his *Essays in Positive Economics.* Chicago: University of Chicago Press, 3-43.

Friedman, Milton, and Anna Jacobson Schwartz. 1963. *A Monetary History of the United States*, 1867-1960. Princeton, NJ: Princeton University Press.

Gadamer, Hans-Georg. 1975. *Truth and Method*, trans. Garrett Barden and John Cumming. New York: Seabury Press.

Garfinkel, Harold. 1967. *Studies in Ethnomethodology.* Englewood Cliffs, NJ: Prentice Hall.

Geddes, Barbara. 1990. "How the Cases You Choose Affect the Answers You Get: Selection Bias in Comparative Politics." In James A. Stimson(ed.), *Political Analysis*, Vol. 2. Ann Arbor: University of Michigan Press, 131-50.

Geddes, Barbara. 2003. *Paradigms and Sand Castles: Theory Building and Research Design in Comparative Politics.* Ann Arbor: University of Michigan Press.

Geertz, Clifford. 1973. "Thick Description: Toward an Interpretive Theory of Culture." In his

The Interpretation of Cultures. New York: Basic Books, 3-30.

Geertz, Clifford. 1978. "The Bazaar Economy: Information and Search in Peasant Marketing." *American Economic Review* 68: 2: 28-32.

Geertz, Clifford. 1979a. "Deep Play: Notes on the Balinese Cockfight." In Paul Rabinow and William M. Sullivan (eds.), *Interpretive Social Science: A Reader.* Berkeley: University of California Press, 195-240.

Geertz, Clifford. 1979b. " ' From the Native ' s Point of View ' : On the Nature of Anthropological Und-erstanding." In Paul Rabinow and Willam M. Sullivan (eds.), *Interpretive Social Science: A Reader.* Berkeley: University of California Press, 225-41.

Geertz, Clifford. 1983. *Local Knowledge.* New York: Basic Books.

George, Alexander L. 1979. " Case Studies and Theory Development: The Method of Structured, Focused Comparison." In Paul Gordon Lauren (ed.), *Diplomacy: New Approaches in History, Theory, and Policy,* New York: The Free Press, 43-68.

George, Alexander L., and Andrew Bennett. 2005. *Case Studies and Theory Development.* Cambridge, MA: MIT Press.

George, Alexander L., and Tichard Smoke. 1974. *Deterrence in American Foreign Policy: Theory and Practice.* New York: Columbia University Press.

Gerber, Alan S., and Donald P. Green. 2000. "The Effects of Canvassing, Direct Mail, and Telephone Contact on Voter Turnout: A Field Experiment." *American Political Science Review* 94: 653-63.

Gerber, Alan S., and Donald P. Green. 2001. " Do Phone Calls Increase Voter Turnout? A Field Experiment." *Public Opinion Quarterly* 65: 75-85.

Gerring, John. 2001. *Social Science Methodology: A Criterial Framework.* Cambridge: Cambridge Uni-versity Press.

Gerring, John. 2003. " Interpretations of Interpretivism." *Qualitative Methods: Newsletter of the American Political Science Association Organized Section on Qualitative Methods* 1: 2(Fall 2003) : 2-6.

Gerring, John. 2004. " What Is a Case Study and What Is It Good For?" *American Political Science Review* 98: 2(May) : 341-54.

Gerring. John. 2005. " Causation: A Unified Framework for the Social Sciences." *Journal of Theoretical Politics* 17: 2(April) : 163-98.

Gerring, John. 2006a. " Single-Outcome Studies: A Methodological Primer." *International Sociology* 21: 5(September) : 707-34.

Gerring, John. 2006b. " Global Justice as an Empirical Question." *PS: Political Science and Politics* (forthcoming).

Gerring, John. 2007a. " The Case Study: What It Is and What It Does." In Carles Boix and Susan Stokes(eds.), *Oxford Handbook of Comparative Politics.* Oxford: Oxford University Press, forthcoming.

Gerring, John. 2007b. " Case Selection for Case Stydy Analysis: Qualitiative and Quantitative Techniques." In Janet Box-Steffensmeier, Henry E. Brady, and David Collier (eds.), *Oxford Handbook of Political Methodology.* Oxford: Oxford University Press, forthcoming.

Gerring, John. 2007c. "Is There a (Viable) Crucial-Case Method?" *Comparative Political Studies*(March), forthcoming.

Gerring, John, and Paul A. Barresi. 2003. "Putting Ordinary Language to Work: A Min-Max Strategy of Concept Formation in the Social Sciences." *Journal of Theoretical Politics* 15: 2 (April): 201-32.

Gerring, John, Philip Bond, William Barndt, and Carola Moreno. 2005. "Democracy and Growth: A Historical Perspective." *World Politics* 57: 3(April)323-64.

Gerring, John, Allen Hicken, Rob Salmond, and Michael F. Thies. 2005. "Electoral Reform and the Policy Process: An Iterated Natural Experiment." Research proposal, Department of Political Science, Boston University. < http: // www. bu. edu/polisci/JGERRING/ electoralreform. pdf>

Gerring, John, and Rose McDermott. 2005. "Experiments and Quasi-Experiments: Toward a Unified Framework for Research Design." Unpublished manuscript.

Gerring, John, and Jason Seawright. 2005. "Selecting Cases in Case Study Research: A Menu of Options." Unpublished manuscript.

Gerring, John, and Strom Thacker. Forthcoming. *Good Government: A Centripetal Theory.* Unpub-lished manuscript.

Gerring, John, Strom Thacker, and Carola Moreno. 2005a. "Do Neoliberal Policies Save Lives?" Unpublished manuscript.

Gerring, John, Strom Thacker, and Carola Moreno. 2005b. "A Centripetal Theory of Democratic Governance: A Global Inquiry." *American Political Science Review* 99: 4 (November): 567-81.

Gerring, John, and Craig Thomas. 2005. "What Is 'Qualitative' Evidence? When Counting Doesn't Add Up." Unpublished manuscript.

Gibbons, Michael T., ed. 1987. *Interpreting Politics.* New York: New York University Press.

Gibson, James L., Gregory A. Caldeira, and Lester Kenyatta Spence. 2002. "The Role of Theory in Experimental Design: Experiments without Ran-domization." *Political Analysis* 10: 4: 362-75.

Giddings, Franklin Henry. 1924. *The Scientific Study of Human Society.* Chapel Hill: University of North Carolina Press.

Gill, Christopher J., Lora Gabin, and Christopher H. Schmid. 2005. "Why Clinicians Are Natural Bayesians." *BMJ* 330(May 7): 1080-3.

Gill, Jeff. 1999. "The Insignificance of Null Hypothesis Testing." *Political Research Quarterly* 52: 3(September): 647-74.

Glaser, Barney G., and Anselm L. Strauss. 1967. *The Discovery of Grounded Theory: Strategies for Qualitative Research.* New York: Aldine de Gruyter.

Glaser, James. 2003. "Social Context and Inter-Group Political Attitudes: Experiments in Group Conflict Theory." *British Journal of Pliltical Science* 33(October): 607-20.

Glennan, Stuart S. 1992. "Mechanisms and the Nature of Causation." *Erkenntnis* 44:49-71.

Goertz, Gaty. 2003. "The Substantive Importance of Necessary Condition Hypotheses." In Gary Goertz and Harvey Starr (eds.), *Necessary Conditions: Theory, Methodology and*

Applications. New York: Rowman and Littlefield, 65-94.

Goertz, Gary, and Jack Levy, eds. Forthcoming. *Causal Explanations, Necessary Conditions, and Case Studies: World War I and the End of the Cold War.* Unpublished manuscript.

Goertz, Gary, and Harvey Starr, eds. 2003. *Necessary Conditions: Theory, Methodology and Applications.* New York: Rowman and Littlefield.

Goggin, Malcolm L. 1986. " The ' Too Few Cases/Too Many Variables ' Problem in Implementation Research." *Western Political Quarterly* 39:2(June) :328-47.

Goldstone, Jack A. 1991. *Revolution and Rebellion in the Early Modern World.* Berkeley: University of California Press.

Goldstone, Jack A. 1997. "Methodological Issues in Comparative Macrosociology." *Comparative Social Research* 16:121-32.

Goldstone, Jack A. 2003. "Comparative Historical Analysis and Knowledge Accumulation in the Study of Revolutions." In James Mahoney and Dietrich Rueschemeyer(eds.) , *Comparative Historical Analysis in the Social Sciences,* Cambridge: Cambridge University Press, 41-90.

Goldstoile, Jack A., et al. 2000. " State Failure Task Force Report: Phase Ⅲ Findings." Available at <http: // www. cidcm. umd. edu/inscr/stfail/SFTF% 20Phase% 20 Ⅲ% 20Report%20Final. pdf>.

Goldthorpe, John H. 1997. "Gurrent Issues in Comparative Macrosociology: A Debate on Methodological Issues." *Comparative Sovial Research* 16:121-32.

Goldthorpe, John H. 2000. *On Sociology: Numbers, Narratives, and the Integration of Research and Theory.* Oxford: Oxford University Press.

Gomm, Roger, Martyn Hammersley, and Peter Foster. 2000. *Case Study Method: Key Issues, Key Texts.* Thousand Oaks, CA: Sage.

Goode, William J., and Paul K. Hart. 1952. *Methods in Social Research.* New York: McGraw-Hill.

Goodin, Robert E., and Anneloes Smitsman. 2000. "Placing Welfare States: The Netherlands as a Crucial Test Case." *Journal of Comparative Policy Analysis* 2:1(April) :39-64.

Goodman, Nelson, 1947. "The Problem of Counter-factual Conditionals." *Journal of Philosophy* 44:5(February) :113-28.

Gordon, Sanford C., and Alastair Smith. 2004. " Quantitative Leverage through Qualitative Knowledge: Augmenting the Statistical Analysis of Complex Causes." *Political Analysis* 12: 3:233-55.

Gosnell, Harold F. 1926. "An Experiment in the Stimulation of Voting." *American Political Science Review* 20:4(November) :869-74.

Gourevitch, Peter Alexis. 1978. "The International System and Regime Formation: A Critical Review of Anderson and Wallerstein." *Comparative Politics* 10:419-38.

Green, Donald P., and Alan S. Gerber. 2001. " Reclaiming the Experimental Tradition in Political Science." In Helen Milner and Ira Katznelson(eds.) , *State of the Discipline,* vol. Ⅲ. New York: Norton, 805-32.

Green, Donald P., and Ian Shapiro. 1994. *Pathologies of Rational Choice Theory: A Critique of Applications in Political Science.* New Haven, CT: Yale University Press.

Greene, William H. 2002. *Econometric Analysis*, 5th ed. Englewood Cliffs, NJ: Prentice Hall.

Greenstein, Fred. 1982. *The Hidden-Hand Presidency: Eisenhower as Leader*. New York: Basic Books.

Greif, Avner. 1998. " Self-Enforcing Political Systens and Economic Growth: Late Medieval Genoa." In Robert H. Bates, Avner Greif, Margaret Levi, Jean-Laurent Rosenthal, and Barry Weingast, *Analytic Narratives*. Princeton, NJ: Princeton University Press, 23-63.

Grier, Robin M. 1999. "Colonial Legacies and Economic Growth." *Public Choice* 98:317-35.

Griffin, Larry J. 1992. " Temporality, Events, and Explanation in Historical Sociology: An Introduction, " *Sociological Methods and Research* 20:4(May) :403-27.

Griffin, Larry J. 1993. " Narrative, Event-Structure Analysis, and Causal Interpretation in Historical Sociology." *American Journal of Sociology* 98:1094-1133.

Gubrium, Jaber F. , and James A. Holstein, eds. 2002. *Handbook of Interview Research: Context and Method*. Thousand Oaks, CA: Sage.

Gujarati, Damodar N. 2003. *Basic Econometrics*, 4th ed. New York: McGraw-Hill.

Gutting, Gary, ed. 1980. *Paradigms and Revolu-tions: Appraisals and Applications of Thomas Kubn's Philosophy of Science*. Notre Dame, IN: University of Notre Dame Press.

Haber, Stephen H. , Armando Razo, and Noel Maurer. 2003. *The Politics of Property Rights: Political Instability, Credible Commitments, and Economic Growth in Mexico*, 1876-1929. Cambridge: Cambridge University Press.

Hahn, Jinyong. 1998. "On the Role of the Propensity Score in Efficient Estimation of Average Treatment Effects." *Econometrica* 66:2(March) :315-31.

Hall, Peter A. 2003. "Aligning Ontology and Methodology in Comparative Politics." In James Mahoney and Dietrich Rueschemeyer(eds.) , *Comparative Historical Analysis in the Social Sciences*. Cambridge: Cambridge University Press, 373-404.

Hamel, Jacques, 1993. *Case Study Methods*, Thousand Oaks, CA: Sage.

Hamilton, Gaty G. 1977. " Chinese Consumption of Foreign Commodities: A Comparative Perspective." *American Sociological Review* 42:6(December) :877-91.

Hamilton, James D. 1994. *Time Series Analysis*. Princeton, NJ: Princeton University Press.

Hammersley, Martyn. 1989. *The Dilemma of Qualitative Method: Herbert Blumer and the Chicago Tradition*. London: Routledge and Kegan Paul.

Hammersley, Martyn, and Paul Atkinson. 1983. *Ethongraphy: Principles in Practice*. New York: Tavistock.

Hammersley, Martyn, and Roger Gomm. 2000. " Introduction." In Roger Gomm, Martyn Hammersley, and Peter Foster(eds.) , *Case Study Method: Key Issues, Key Texts*. Thousand Oaks, CA: Sage, 1-32.

Haney, Craig, and Philip Zimbardo. 1977. "The Socialization into Criminality: Becoming a Prisoner and a Guard." In J. Trapp and F. Levine(eds.) , *Law, Justice and the Individual in Society: Psychological and Legal Issues*. New York: Holt, Rinehart and Winston, 198-223.

Harre, Rom. 1970. *The Principles of Scientific Thinking*. Chicago: University of Chicago Press.

Hart, H. L. A. , and A. M. Honore. 1959. *Causality in the Law*. Oxford: Oxford University Press.

Hart, H. L. A., and A. M. Honore. 1966. "Causal Judgment in History and in the Law." In William H. Dray(ed.), *Philosophical Analysis and History.* New York: Harper and Row, 213-37.

Hart, Paul't. 1994. *Groupthink in Government: A Study of Small Groups and Policy Failure.* Baltimore: Johns Hopkins University Press.

Hart, Roderick P. 1997. *DICTION 4.0: The Text-Analysis Program.* Thousand Oaks, CA: Sage.

Hartz, Louis. 1955. *The Liberal Tradition in America.* New York: Harcourt, Brace and World.

Hawthorn, Geoffrey. 1991. *Plausible Worlds: Possibility and Understanding in History and the Human Sciences.* Cambridge: Cambridge University Press.

Haynes, B. F., G. Pantaleo, and A. S. Fauci. 1996. "Toward an Understanding of the Correlates of Protective Immunity to HIV Infection." *Science* 271: 324-8.

Healy, William. 1923. "The Contributions of Case Studies to American Sociology." *Publications of the American Sociological Society* 18: 147-55.

Heckman, James J., Hidehiko Ichimura, Jeffrey Smith, and Petra Todd. 1998. "Characterizing Selection Bias Using Experimental Data." *Econometrica* 66: 1017-98.

Heckman, James J., and Jeffrey A. Smith. 1995. "Assessing the Case for Social Experiments." *Journal of Economic Perspectives* 9: 85-110.

Hedstrom, Peter, and Richard Swedberg, eds. 1998. *Social Mechanisma: An Analytical Approach to Social Theory.* Cambridge: Cambridge University Press.

Heidbreder, Edna. 1933. *Seven Psychologies.* New York: Random House.

Helper, Susan. 2000. "Economists and Field Research: ' You Can Observe a Lot Just by Watching. ' " *American Economic Review* 90: 2: 228-32.

Hempel, Carl G. 1942. "The Function of General Laws in History." *Journal of Philosophy* 39: 35-48.

Herrera, Yoshiko M., and Devesh Kapur. 2005. "Improving Data Quality: Actors, Incentives, and Capabilities." Unpublished manuscript, Department of Government, Harvard University.

Hersen, Michel, and David H. Barlow. 1976. *Single-Case Experimental Designs: Strategies for Studying Behavior Change.* Oxford: Pergamon Press.

Hexter. J. H. 1971. *The History Primer.* New York: Basic Books.

Hicks, Alexander. 1999. *Social Democracy and Welfare Capitalism: A Century of Income Security Politics.* Ithaca, NY: Cornell University Press.

Hicks, Alexander, Toya Mosra, and Tang Hah Ng. 1995. "The Programmatic Emergence of the Social Security State." *American Sociological Review* 60(June): 329-49.

Hirsch, E. D. 1967. *Validity in Interpretation*, New Haven, CT: Yale University Press.

Hirschman, Albert O. 1970. "The Search for Paradigms as a Hindrance to Understanding." *World Politics* 22: 3(March): 329-43.

Ho, Daniel E., Kosuke Imai, Gary King, and Elizabeth A. Stuart. 2004. "Matching as Nonparametric Preprocessing for Reducing Model Dependence in Parametric Cauasl Inference." Unpublished manuscript.

Hochschild, Jennifer L. 1981. *What's Fair? American Beliefs about Distributive Justice.* Cambridge,

MA: Harvard University Press.

Holland, Paul W. 1986. "Statistics and Causal Inference." *Journal of the American Statistical Association* 81: 945-60.

Horowitz, Donald L. 1985. *Ethnic Groups in Conflict.* Berkeley: University of California Press.

Houser, Daniel, and John Freeman. 2001. "Economic Consequences of Political Approval Management in Comparative Perspective." *Journal of Comparative Economics* 29: 692-721.

Houtzager, Peter P. 2003."Introduction."In Peter P. Houtzager and Mick Moore(eds.), *Changing Paths: International Development and the Politics of Inclusion.* Ann Arbor: University of Michigan Press.

Howard, Marc Morjé. 2003. *The Weakness of Civil Society in Post-Communist Europe.* Cambridge: Cambridge University Press.

Howson, Colin, and Peter Urbach. 1989. *Scientific Reasoning: The Bayesian Approach.* La Salle, IL: Open Court.

Hoy, David Couzens. 1982. *The Critical Circle: Literature, History, and Philosophical Hermeneutics.* Berkeley: University of California Press.

Hsieh, Chang-Tai, and Christina D. Romer. 2001. "Was the Federal Reserve Fettered? Devaluation Expectations in the 1932 Monetary Expansion."NBER Working Paper W8113 (February).

Huber, Evelyne, Charles Ragin, and John D. Stephens. 1993."Social Democracy, Christian Democracy, Constitutional Structure and the Welfare State." *American Journal of Sociology* 99: 3(November): 711-49.

Huber, Evelyne, and John D. Stephens. 2001. *Development and Crisis of the Welfare State: Parties and Policies in Global Markets.* Chicago: University of Chicago Press.

Huber, John D. 1996. *Rationalizing Parliament: Legislative Institutions and Party Politics in France.* Cambridge: Cambridge Unicersity Press.

Hull, Adrian Prentice. 1999. "Comparative Political Science: An Inventory and Assessment since the 1980s."*PS: Political Science and Politics* 32: 117-24.

Humphreys, Macartan. 2005. "Natural Resources, Conflict, and Conflict Resolution: Uncovering the Mechanisms." *Journal of Conflict Resolution* 49: 4: 508-37.

Huntington, Samuel P. 1958."Arms Races: Prerequisites and Results."*Public Policy* 8: 41-83.

Imai, Kosuke. 2005. "Do Get-Out-The-Vote Calls Reduce Turnout? The Importance of Statistical Methods for Field Experiments."*American Political Science Review* 99: 283-300.

Jackman, Robert W. 1985."Cross-National Statistical Research and the Study of Comparative Politics."*American Journal of Political Science* 29: 1(February): 161-82.

Janoski, Thomas. 1991."Synthetic Strategies in Comparative Sociological Research: Methods and Problems of Internal and External Analysis." In Charles C. Ragin(ed.), *Issues and Alternatives in Comparative Social Research.* Leiden: E. J. Brill, 59-81.

Janoski, Thomas, and Alexander Hicks, eds. 1993. *Methodological Advances in Comparative Political Economy.* Cambridge: Cambridge University Press.

Jenicek, Milos. 2001. *Clinical Case Reporting in Evidence-Based Medicine,* 2d ed. Oxford: Oxford University Press.

Jensen, Jason L., and Robert Rodgers. 2001. "Cumulating the Intellectual Gold of Case Study Research," *Public Administration Review* 61: 2(March/April): 235-46.

Jervis, Robert. 1989. "Rational Deterrence: Theory and Evidence." *World Politics* 41: 2 (January): 183-207.

Jessor, Richard, Anne Colby, and Richard A. Shweder, eds. 1996. *Ethnography and Human Development: Context and Meaning in Social Inquiry.* Chicago: University of Chicago Press.

Jocher, Katharine. 1928. "The Case Study Method in Social Research." *Social Forces* 7: 512-15.

Johnson, Chalmers. 1983. *MITI and the Japanese Miracle: The Growth of Industrial Policy,* 1925-1975. Stanford, CA: Stanford University Press.

Joireman, Sandra Fullerton. 2000. *Property Rights and Political Development in Ethiopia and Eritrea.* Athens, OH: Ohio University Press.

Kaarbo, Juliet, and Ryan K. Beasly. 1999. "A Practical Guide to the Comparative Case Study Method in Political Psychology." *Political Psychology* 20: 2: 369-91.

Kagel, John H., and Alvin E. Roth, eds. 1997. *Handbook of Experimental Economics.* Princeton, NJ: Princeton University Press.

Karl, Terry Lynn. 1997. *The Paradox of Plenty: Oil Booms and Petro-States.* Berkeley: University of California Press.

Katz, Jack. 1999. *How Emotions Work.* Chicago: University of Chicago Press.

Katzenstein, Peter, ed. 1996. *The Culture of National Security: Norms and Identity in World Politics.* New York: Columbia University Press.

Katznelson, Ira. 1997. "Structure and Configuration in Comparative Politics." In Mark Irving Lichbach and Alan S. Zuckerman (eds.), *Comparative Politics: Rationality, Culture, and Structure.* Cambridge: Cambridge University Press.

Kaufman, Herbert. 1960. *The Forest Ranger: A Study in Administrative Behavior.* Baltimore: Johns Hopkins University Press.

Kazancigil, Ail. 1994. "The Deviant Case in Comparative Analysis." In Mattei Dogan and Ali Kazancigil (eds.), *Comparing Nations: Concepts, Strategies, Substance.* Cambridge: Blackwell, 213-38.

Kazdin, Alan E. 1976. "Statistical Analyses for Single-Case Experimental Designs." In Michel Hersen and David H. Barlow (eds.), *Single-Case Experimental Designs: Strategies for Studying Behavior Change.* Oxford: Pergamon Press, 265-316.

Kazdin, Alan E. 1982. *Single Case Research Designs.* Oxford: Oxford University Press.

Keen, Justin, and Tim Packwood. 1995. "Qualitative Research: Case Study Evaluation." *BMJ* (August 12): 444-6.

Kemp, Kathleen A. 1986. "Race, Ethnicity, Class and Urban Spatial Conflict: Chicago as a Crucial Case." *Urban Studies* 23: 3(June): 197-208.

Kendall, Patricia L., and Katherine M. Wolf. 1949/1955. "The Analysis of Deviant Cases in Communications Research." In Paul F. Lazarsfeld and Frank N. Stanton (eds.), *Communications Research,* 1948-1949(New York: Harper and Brothers, 1949). Reprinted in Paul F. Lazarsfeld and Morris Rosenberg(eds.), *The Language of Social Research.* New

York: Free Press, 1995, 167-70.

Kennedy, Craig H. 2005. *Single-Case Designs for Educational Research*. Boston: Allyn and Bacon.

Kennedy, Peter. 2003. *A Guide to Econometrics*, 5th ed. Cambridge, MA: MIT Press.

Khong, Yuen Foong. 1992. *Analogies at War: Korea, Munich, Dien Bien Phu, and the Vietnam Decisions of 1965*. Princeton, NJ: Princeton University Press.

Kinder, Donald, and Thomas R. Palfrey, eds. 1993. *The Experimental Foundations of Political Science*. Ann Arbor: University of Michigan Press.

Kindleberger, Charles. 1973. *The World in Depre-ssion: 1929-1939*. Berkeley: University of Cali-fornia Press.

King, Charles. 2004."The Micropolitics of Social Violence." *World Politics* 56: 3: 431-55.

King, Gary. 1989. *Unifying Political Methodology: The Likelihood Theory of Statistical Inference*. New York: Cambridge University Press.

King, Gary. James Honaker, Anne Joseph, and Kenneth Scheve. 2001."Analyzing Incomplete Political Science Data: An Alternative Algorithm for Multiple Imputation." *American Political Science Review* 95: 1(March): 49-69.

King, Gary, Robert O. Keohane, and Sidney Verba. 1994. *Designing Social Inquiry: Scientific Inference in Qualitative Research*. Princeton, NJ: Princeton University Press.

King, Gary, and Langche Zeng. 2004a."The Dangers of Extreme Counterfactuals."Unpublished manuscript.

King, Gary, and Langche Zeng. 2004b." When Can History Be Our Guide? The Pitfalls of Count-erfactual Inference."Unpublished manuscript.

Kirschenman, Kathryn M.,and Joleen Neckerman. 1991." ' We' d Love to Hire Them, but...' : The Meaning of Race for Employers." In Christopher Jencks and Paul E. Peterson(eds.), *The Urban Underclass*. Washington: Brookings, 203-34.

Kittel, Bernhard. 1999."Sense and Sensitivity in Pooled Analysis of Political Data." *European Journal of Political Research* 35: 225-53.

Kittel, Bernhard. 2005. " A Crazy Methodology? On the Limits of Macro-quantitative Social Science Research."Unpublished manuscript, University of Amsterdam.

Kittel, Bernhard, and Hannes Winner. 2005. " How Reliable is Pooled Analgsis in Political Economy? The Globalization-Welfare State Nexus Revisited." *European Journal of Political Research* 44: 2 (March): 269-93.

Komarovsky, Mirra. 1940. *The Unemployed Man and His Family: The Effect of Unemployment upon the Status of the Man in Fifty-nine Families*. New York: Dryden Press.

Kratochwill, T. R.,ed. 1978. *Single Subject Research*. New York: Academic Press.

Krippendorff, Klaus. 2003. *Content Analysis: An Introduction to its Methodology*. Thousand Oaks, CA: Sage.

Kritzer, Herbert M. 1996. " The Data Puzzle: The Nature of Interpretation in Quantitative Research." *American Journal of Political Science* 40: 1 (February): 1-32.

Krutz, G. S.,R. Flesher, and J. R. Bond. 1998."Form Abe Fortas to Zoe Baird: Why Some Presidential Nominations Fail in the Senate." *American Political Science Review* 92: 871-81.

Kuhn, Thomas S. 1962/1970. *The Structure of Scientific Revolutions*. Chicago: University of Chicago Press.

Laitin, David D. 1998. *Identity in Formation*. Ithaca, NY: Cornell University Press.

Lakatos, Imre. 1978. *The Methodology of Scientific Research Programmes*. Cambridge: Cambridge University Press.

Lamoreaux, Naomi R., and Jean-Laurent Rosenthal. 2004. "Legal Regime and Business's Organizational Choice: A Comparison of France and the United States during the Mid-Nineteenth Century." NBER Working Paper 10288.

Lancaster, Thomas D. 1986. "Electoral Structures and Pork Barrel Politics." *International Political Science Review* 7(January): 67-81.

Lancaster, Thomas D., and W. David Patterson. 1990. "Comparative Pork Barrel Politics: Perceptions from the West German Bundestag." *Comparative Political Studies* 22(January): 458-77.

Lane, Robert. 1962. *Political Ideology: Why the American Common Man Believes What He Does*. New York: Free Press.

La Porta. Rafael, Flirencio Lopez-de-Silanes, Andrei Shleifer, and Robert W. Vishny. 1998. "Law and Finance." *Journal of Political Economy* 106: 6: 1113-55.

La Porta, Rafael, Florencio Lopez-de-Silanes, Andrei Shleifer, and Robert W. Vishny. 1999. "The Quality of Government." *Journal of Economics, Law and Organization* 15: 1: 222-79.

Lasswell, Harold. 1931. "The Comparative Method of James Bryce." In Stuart A. Rice(ed.), *Methods in Social Science*. Chicago: University of Chicago Press, 468-79.

Latane, Bibb, and John Darley. 1970. *The Unresponsive Bystander: Why Doesn't He Help?* New York: Appleton-Century-Crofts.

Laver, Michael, Kenneth Gardeazabal, and J. Garry. 2003. "Extracting Policy Positions from Political Text Using Words as Data." *American Political Science Review* 97: 2 (May): 311-31.

Lawler, Robert W., and Kathleen M. Carley. 1996. *Case Study and Comptuing: Advanced Qualitative Methods in the Study of Human Behavior*. Norwood, NJ: Ablex Publishing.

Lawrence, Robert Z., Charan Devereaux, and Michael Watkins. 2005. *Making the Rules: Case Studies on US Trade Negotiation*. Washington, DC: Institute for International Economics.

Lazarsfeld, Paul F., and Allen H. Barton. 1951. "Qualitative Measurement in the Social Sciences: Classification, Typologies, and Indices." In Daniel Lerner and Harold D. Lasswell(eds.), *The Policy Sciences*. Stanford: Stanford University Press, 155-92.

Lazarsfeld, Paul F., Bernard Berelson, and Hazel Gaudet. 1948. *The People's Choice*. New York: Columbia University Press.

Lazarsfeld, Paul F., and W. S. Robinson. 1940. "The Quantification of Case Studies." *Journal of Applied Psychology* 24: 817-25.

Leamer, Edward E. 1983. "Let's Take the Con out of Econometrics." *American Economic Review* 73: 1: 31-44.

Lebow, Richard Ned. 2000. "What's So Different about a Counterfactual?" *World Politics* 52 (July): 550-85.

Lebow, Richard Ned. 2000-01. "Contingency, Catalysts, and International System Change." *Political Science Quarterly* 115: 4(September): 591-616.

Lebow, Richard Ned, and Janice Gross Stein. 2004. "The End of the Cold War as a Non-Linear Confluence." In Richard K. Herrmann and Richard Ned Lebow(eds.), *Ending the Cold War*. New York: Palgrave-Macmillan, 189-218.

Lecroy, Craig Winston. 1998. *Case Studies in Social Work Practice*. Stanford, CT: Thomson Learning.

Lee, Alln S. 1989."Case Studies as Natural Experiments."*Human Relations* 42: 2: 117-37.

Leplin, Jarrett, ed. 1984. *Scientific Realism*. Berkeley: University of California Press.

Lerner, Daniel. 1958. *The Passing of Traditional Society: Modernizing the Middle East*. Glencoe, IL: Free Press.

Levi, Margaret. 1997."A Model, a Method, and a Map: Rational Choice in Comparative and Historical Analysis." In Mark Irving Lichbach and Alan S. Zuckerman(eds.), *Comparative Politics: Rationality, Culture, and Structure*. Cambridge: Cambridge University Press, 18-41.

Levine, Ross, and Dacid Renelt. 1992. "A Sensitivity Analysis of Cross-Country Growth Regressions."*American Economic Review* 82: 4(September): 942-63.

Levy, Jack S. 1983. "Misperception and the Causes of War: Theoretical Linkages and Analytical Problems."*World Politics* 36: 76-99.

Levy, Jack S. 1990-91. "Preferences, Constraints, and Choices in July 1914." *International Security* 15: 3: 151-86.

Levy, Jack S. 2001."Explaining Events and Developing Theories: History, Political Science, and the Analysis of International Relations." In Colin Elman and Miriam Fendius Elman (eds.), *Bridges and Boundaries: Historians, Political Scientists, and the Study of International Relations*. Cambridge: MIT Press, 39-84.

Levy, Jack S. 2002a."Qualitative Methods in International Relations." In Frank P. Harvey and Michael Brecher (eds.), *Evaluating Methodology in International Studies*. Ann Arbor: University of Michigan Press, 432-54.

Levy, Jack S. 2002b. "War and Peace." In Walter Carlsnaes, Thomas Risse, and Beth A. Simmons(eds.), *Handbook of International Relations*, London: Sage, 350-68.

Libecap, Gary D. 1993. *Contracting for Property Rights*, Cambridge: Cambridge University Press.

Lieberman, Evan S. 2005a. "Nested Analysis as a Mixed-Method Strategy for Comparative Research."*American Political Science Review* 99: 3(August): 435-52.

Lieberman, Evan S. 2005b. "Politics in *Really* Hard Times: Ethnicity, Public Goods, and Government Responses to HIV/AIDS in Africa."Unpublished manuscript.

Lieberman, Evan S., Marc Morje Howard, and Julia Lynch. 2004. "Symposium: Field Research." *Qualitative Methods: Newsletter of the American Political Science Association Organized Section on Qualitative Methods* 2: 1(Spring): 2-14.

Lieberson, Stanley. 1985. *Making It Count: The Improvement of Social Resesrch and Theory*. Berkeley: University of California Press.

Lieberson, Stanley. 1992. "Small N_s and Big Conclusions: An Examination of the Reasoning in Comparative Studies Based on a Small Number of Cases." In Charles S. Ragin and Howard S. Becker(eds.), *What Is a Case? Exploring the Foundations of Social Inquiry.* Cambridge: Cambridge University Press, 105-17.

Lieberson, Stanley. 1994. "More on the Uneasy Case for Using Mill-Type Methods in Small-N Compa-rative Studies." *Social Forces* 72:4(June): 1225-37.

Lijphart, Arend. 1968. *The Politics of Accommodation: Pluralism and Democracy in the Netherlands.* Berkeley: University of California Press.

Lijphart, Arend. 1969. "Consociational Democracy." *World Politics* 21: 2(January): 207-25.

Lijphart, Arend. 1971. "Comparative Politics and the Comparative Method." *American Political Science Review* 65: 3(September): 682-93.

Lijphart, Arend. 1975. "The Comparable Cases Strategy in Comparative Research." *Comparative Political Studies* 8(July): 158-77.

Lipset, Seymour Martin. 1959. "Some Social Requisites of Democracy: Economic Development and Political Developmen." *American Political Science Review* 53(March): 69-105.

Lipset, Seymour Martin. 1960/1963. *Political Man: The Social Bases of Politics.* Garden City, NY: Anchor Books.

Lipset, Seymour Martin. 1963. *The First New Nation: The Unites States in Historical and Comparative Perspective.* New York: Basic Books.

Lipset, Seymour Martin. 1968. *Agrarian Socialism: The Cooperative Commonwealth Federation in Saskatchewan. A Study in Political Sociology.* Garden City, NY: Doubleday.

Lipset, Seymour Martin. 1990. *Continental Divide: The Values and Instituitons of the United States and Canada.* New York: Routledge.

Lipset, Seymour Martin, Martin A. Trow, and James S. Coleman. 1956. *Union Democracy: The Internal Politics of the International Typographical Union.* New York: The Free Press.

Lipsey, Mark W.,and David B. Wilson. 2001. *Practical Meta-Analysis.* Thousand Oaks, CA: Sage.

Little, Daniel. 1995. " Causal Explanation in the Social Sciences." *Southern Journal of Philosophy* 34(supplement): 31-56.

Little, Daniel. 1998. *Microfoundations, Method, and Causation.* New Brunswick, NJ: Transaction.

Lott, John R.,Jr. 2000. "Gore Might Lose a Second Round: Media Supperssed the Bush Vote." *Philadelphia Inquirer*, November 14, p. 23A.

Lucas, W. 1974. *The Case Survey Method: Aggregating Case Experience.* Santa Monica, CA: Rand.

Lundberg, George A. 1941. "Case Studies vs. Statistical Methods: An Issue Based on Misunde-rstanding." *Sociometry* 4: 379-83.

Lundervold, Duane A.,and Marily F. Belwood. 2000. "The Best Kept Secret in Counseling: Single-Case (N = 1) Experimental Designs." *Journal of Counseling and Development* (Winter): 92-103.

Lupia, Arthur, and Kaare Strom. 1995. "Coalition Termination and the Strategic Timing of Parliamentary Elections." *American Political Science Review* 89: 648-65.

Lustick, Ian. 1996. "History, Historiography, and Political Science." *American Political Science Review* 90: 3(September): 605-18.

Lynd, Robert Staughton, and Helen Merrell Lynd. 1929/1956. *Middletown: A Study in American Culture.* New York: Harcourt, Brace.

MacIntyre, Alasdair. 1971. "Is a Science of Comparative Politics Possible?" In his *Against the Self-Images of the Age: Essays on Ideology and Philosophy.* London: Duckworth, 260-79.

MacIntyre, Andrew. 2003. *Power of Institutions: Political Architecture and Governance.* Ithaca, NY: Cornell University Press.

Mackis, John L. 1965/1993. "Causes and Conditions." In Ernest Sosa and Michael Tooley(eds.), *Causation.* Oxford: Oxford University Press, 33-55.

Mahoney, James. 1999. "Nominal, Ordinal, and Narrative Appraisal in Macro-Causal Analysis." *American Journal of Sociology* 104: 4(January): 1154-96.

Mahoney, James. 2000. "Path Dependence in Historical Sociology." *History and Theory* 29: 4 (August) 507-48.

Mahoney, James. 2001. "Beyond Correlational Analysis: Recent Innovations in Theory and Method." *Sociological Forum* 16: 3(September): 575-93.

Mahoney, James, and Dietrich Rueschemeyer, eds. 2003. *Comparative Historical Analysis in the Social Sciences.* Cambridge: Cambridge University Press.

Mahoney, James, and Gary Goertz. 2004. "The Possibility Principle: Choosing Negative Cases in Comparative Research." *American Political Science Review* 98: 4(November): 653-69.

Main, Julie, Tharam S. Dillon, and Simon C. K. Shiu. 2000. "A Tutorial on Case Based Reasoning." In Sankar K. Pal, Tharam S. Dillon, and Deniel S. Yeung (eds.), *Soft Computing in Case Based Reasoning.* New York: Springer-Verlag, 1-28.

Maisel, L. Sandy. 1986. *From Obscurity to Oblivion: Running in the Congressional Primary.* Knoxville: University of Tennessee Press.

Malinowski, Bronislaw. 1922/1984. *Argonauts of the Western Pacific,* Prospect Heights, IL: Waveland.

Mandelbaum, Maurice. 1977. *The Anatomy of Historical Knowledge.* Baltimore: Johns Hopkins University Press.

Manski, Charles F. 1993. "Identification Problems in the Social Sciences." *Sociological Methodology* 23: 1-56.

Maoz, Zeev. 2002. "Case Study Methodology in International Studies: From Storytelling to Hypothesis Testing." In Frank P. Harvey and Michael Brecher (eds.), *Evaluating Methodology in International Studies: Millennial Reflections on International Studies.* Ann Arbor: University of Michigan Press, 455-75.

Maoz, Zeev, Alex Mintz, T. Clifton Morgan, Glenn Palmer, and Richard J. Stoll, eds. 2004. *Multiple Paths to Knowledge in International Politics: Methodology in the Study of Conflict Management and Conflict Resolution.* Lexington, MA: Lexington Books.

Maoz, Zeev, and Ben D. Mor. 1999. "The Strategic Dynamics of Enduring Rivalries: A Comparative Analysis of Case Studise and Quantitative Methods." Paper presented at the annual meeting of the Peace Science Society, Ann Arbor, Michigan, October 8-10.

Marini, Margaret, and Burton Singer. 1988. "Causality in the Social Sciences." *Sociological Methodology* 18: 347-409.

Marks, Gary, and Seymour Martin Lipset. 2000. *It Didn't Happen Here: Why Socialism Failed in the United States.* New York: Norton.

Marshall, Monty G., and Keith Jaggers. 2005. "Polity IV Project: Political Regime Characteristics and Transitions, 1800-2003." Web version.

Martin, Cathis Jo, and Duane Swank. 2004. "Does the Organization of Captial Matter? Employers and Active Labor Market Policy at the National and Firm Levels." *American Political Science Review* 98: 4(November): 593-612.

Martin, Lisa L. 1992. *Coercive Cooperation: Explaining Multilateral Economic Sanctions.* Princeton, NJ: Princeton University Press.

Mayhew. David R. 1991. *Divided We Govern: Party Control, Lawmaking, and Investigations,* 1946-1990. New Haven, CT: Yale University Press.

Mayo, Deborah G. 1996. *Error and the Growth of Experimental Knowledge.* Chicago: University of Chicago Press.

Mays, Nicolas, and Catherine Pope. 1995. "Qualitative Research: Observational Methods in Health Care Settings." *BMJ* (July 15): 182-4.

McAdam, Doug. 1982. *Political Process and the Development of Black Insurgency,* 1930-1970. Chicago: University of Chicago Press.

McAdam, Doug. 1988. *Freedom Summer.* New York: Oxford University Press.

McAdam, Doug, Sidney Tarrow, and Charles Tilly. 2001. *Dynamics of Contention.* Cambridge: Cambridge University Press.

McArdle, J. J. 1982. "Structural Equation Modeling Applied to a Case Study of Alcoholism." National Institute on Alcohol Abuse and Alcoholism, NIAAA No. AA05743.

McCullagh, Peter, and J. A. Nelder. 1989. *Generalized Linear Models.* London: Chapman and Hall/CRC.

McDermott, Rose. 1997. "Voting Cues in Low-Information Elections: Candidate Gender as a Social Information Variable in Contemporary United States Elections." *American Journal of Political Science* 41: 270-83.

McDermott, Rose. 2002. "Experimental Methods in Politial Science." *Annual Review of Political Science* 5: 31-61.

McGraw, Kathleen. 1996. "Political Methodology: Research Design and Experimental Methods." In Robert Goodin and Hans-Dieter Kligemann(eds.), *A New Handbook of Political Science.* New York: Oxford University Press, 769-86.

McKeown, Timothy J. 1983. "Hegemonic Stability Theory and Nineteeth-Century Tariff Levels." *International Organization* 37: 1(Winter): 73-91.

McKeown, Timothy J. 1999. "Case Studies and the Statistical World View." *International Organization* 53(Winter): 161-90.

McKim, Vanghn R., and Stephen P. Turner, eds. 1997. *Causality in Crisis? Statistical Methods and the Search for Causal Knowledge in the Social Sciences.* Notre Dame, IN: Notre

Dame Press.

McNeill, William H. 1991. *The Rise of the West: A History of the Human Community.* Chicago: University of Chicago Press.

Meckstroth, Theodore. 1975. "'Most Different Systems' and 'Most Similar Systems' : A Study in the Logic of Comparative Inquiry." *Comparative Political Studies* 8: 2(July) : 133-77.

Meehl, Paul E. 1954. *Clinical versus Statistical Predictions: A Theoretical Analysis and a Review of the Evidence.* Minneapolis: University of Minnesota Press.

Megill, Allan. 1989. "Recounting the Past: 'Descri-ption,' Explanation and Narrative in Historio-graphy."*American Historcal Review* 94: 3(June) : 627-53.

Mendelberg, Tali. 1997. "Executing Hortons: Racial Crime in the 1988 Presidential Campaign."*Public Opinion Quarterly* 61: 1(Spring) : 134-57.

Merriam, Sharan B. 1988. *Case Study Research in Education: A Qualitative Approach.* San Francisco: Jossey-Bass.

Michels, Roberto. 1911. *Political Parties.* New York: Collier Books.

Miguel, Edward. 2004."Tribe or Nation: Nation-Building and Public Goods in Kenya versus Tanzania."*World Politics* 56: 3: 327-62.

Milgram, Stanley. 1974. *Obedience to Authority.* New York: Harper and Row. Mill, John Stuart. 1843/1872. *The System of Logic*, 8th ed. London: Longmans, Green.

Miron, Jeffrey A. 1994."Empirical Methodology in Macroeconomics: Explaining the Success of Friedman and Schwartz's' A Monetary History of the United States, 1867-1960." ' *Journal of Monetary Economics* 34: 17-25.

Mitchell, J. Clyde. 1983."Case and Situation Analysis."*Sociological Review* 31: 2: 187-211.

Mohr, Lawrence B. 1985."The Reliability of the Case Study as a Source of Information."In R. F. Coulem and R. A. Smith(eds.), *Advances in Information Processing in Organizations*, vol. 2. Greenwich, CT: JAI Press, 65-97.

Mondak, Jeffery J. 1995."Newspapers and Political Awareness."*American Journal of Political Science* 39: 2(May) : 513-27.

Monroe, Kristen Renwick. 1996. *The Heart of Altruism: Perceptions of a Common Humanity.* Princeton, NJ: Princeton University Press.

Moore, Barrington, Jr. 1966, *Social Origins of Dictatorship and Democracy: Lord and Peasant in the Making of the Modern World.* Boston: Beacon Press.

Moravsik, Andrew. 1998. *The Choice for Europe: Social Purpose and State Power from Messina to Maastricht.* Ithaca, NY: Cornell University Press.

Morgan, Kimberly. 2003. "The Politics of Mothers' Employment: France in Comparative Perspective."*World Politics* 55: 2(January) : 259-89.

Morgan, Stephen L. 2002a. "Instrumental Variables and Counterfactual Causality: An Explanation, Application, and Assessment for Non-Economists."Unpublished manuscript.

Morgan, Stepjem L. 2002b. "Should Sociologists Use Instrumental Variables?"Unpublished manuscript.

Morgan, Stephen L., and David J. Harding. 2005. "Matching Estimators of Causal Effects: From Stratification and Weighting to Practical Data Analysis Routines."Unpublished manuscript.

Morrow, J. D. 1991. "Alliances and Asymmetry: An Alternative to the Capability Aggregation Model of Alliances." *American Journal of Political Science* 35: 904-33.

Most, Benjamin A., and Harvey Starr. 1984. "International Relations Theory, Foreign Policy Substitutability, and 'Nice' Laws." *World Politics* 36: 383-406.

Moulder, Frances V. 1977. *Japan, China and the Modern World Economy: Toward a Reinterpretation of East Asian Development ca. 1600 to ca. 1918.* Cambridge: Cambridge University Press.

Mulligan, Casey, Ricard Gil, and Xavier Sala-i-Martin. 2002. "Social Security and Democracy." Unpublished manuscript, University of Chicago and Columbia University.

Munck, Gerardo L. 2004. "Tools for Qualitative Research." In Henry E. Brady and David Collier(eds.), *Rethinking Social Inquiry: Diverse Tools, Shared Standards.* Lanham, MD: Rowman & Littlefield, 105-21.

Munck, Gerardo L., and Richard Snyder, eds. 2006. *Passion, Craft, and Method in Comparative Politics.* Baltimore: Johns Hopkins University Press.

Munck, Gerardo L., and Jay Verkuilen. 2002. "Measyring Democracy: Evaluating Alternative Indices." *Comparative Political Studies* 35: 1: 5-34.

Neta, Ram. 2004, "On the Normative Significance of Brute Facts." *Legal Theory* 10: 3 (September): 199-214.

Neuendorf, Kimberly A. 2001. *The Content Analysis Guidebook.* Thousand Oaks, CA: Sage.

Neustadt, Richard E. 1980. *Presidential Power: The Politics of Leadership from FDR to Carter.* New York: Wiley.

Nicholson-Crotty, Sean, and Kenneth J. Meier. 2002. "Size Doesn't Matter: In Defense of Single-State Studies." *State Politics and Policy Quarterly* 2: 4(Winter): 411-422.

Nissen, Sylke. 1998. "The Case of Case Studies: On the Methodological Discussion in Comparative Political Science." *Quality and Quantity* 32: 339-418.

Njolstad, Olav. 1990. "Learning from History? Case Studies and the Limits to Theory-Building." In Olav Njolstad (ed.), *Arms Races: Technological and Political Dynamics.* Thousand Oaks, CA: Sage, 220-46.

North, Douglass C., Terry L. Anderson, and Peter J. Hill. 1983. *Growth and Welfare in the American Past: A New American History*, 3d ed. Englewood Cliffs, NJ: Prentice Hall.

North, Douglass C., and Robert Paul Thomas. 1973. *The Rise of the Western World.* Cambridge: Cambridge University Press.

North, Douglass C., and Barry R. Weingast. 1989. "Constitutions and Commitment: The Evolution of Institutions Governing Public Choice in Seventeenth-Century England." *Journal of Economic History* 49: 803-32.

O'Donnell, Guillermo, and Philippe Schmitter. 1986. *Transitions from Author-itarian Rule: Tent-ative Conclusions about Uncertain Democracies.* Baltimore: Johns Hopkins University Press.

Odell, John S. 2001. "Case Study Methods in International Political Economy." *Inernational Studies Perspectives* 2: 161-76.

Odell, John S. 2004. "Case Study Methods in International Political Economy." In Detlef F. Sprinz and Yael Wolinsky-Nahmias (eds.), *Models, Numbers and Cases: Methods for Studying International Relations*. Ann Arbor: University of Michigan, 56-80.

Orum, Anthiny M., Joe R. Feagin, and Gideon Sjoberg. 1991. "Introduction: The Nature of the Case Study." In Joe R. Feagin, Anthony M. Orum, and Gideon Sjoberg(eds.), *A Case for the Case Study*. Chapel Hill: University of North Carolina Press, 1-21.

Pahre, Robert. 2005. "Formal Theory and Case-Study Methods in EU Studies." *European Union Politics* 6: 1: 113-46.

Palmer, Vivien M. 1928. *Field Studies in Sociology: A Student's Manual*. Chicago: University of Chicago Press.

Papyrakis, Elissaios, and Reyer Gerlagh. 2003. "The Resource Curse Hypothesis and Its Transmission Channels." *Journal of Comparative Economics* 32: 181-93.

Park, Robert E. 1930. "Murder and the Case Study Method." *American Journal of Sociology* 36: 447-54.

Patton, Michael Quinn. 2002. *Qualitative Evaluation and Research Methods*. Newbury Park, CA: Sage.

Patzelt, Werner J. 2000. "What Can an Individual MP Do in German Parliamentary Politics?" In Lawrence D. Longley and Reuven Y. Hazan (eds.), *The Uneasy Relationships between Parliamentary Members and Leaders*. London: Frank Cass.

Petersen, Roger D. 2002. *Understanding Ethnic Violence: Fear, Hatred, and Resentment in Twentieth Century Eastern Europe*. Cambridge: Cambridge University Press.

Phillips, N., and C. Hardy. 2002. *Discourse Analysis: Investigating Processes of Social Construction*. Thousand Oaks, CA: Sage.

Pierson, Paul. 2000. "Increasing Returns, Path Dependence, and the Study of Politics." *American Political Science Review* 94: 2(June): 251-67.

Pierson, Paul. 2004. *Politics in Time: History, Institutions, and Social Analysis*. Princeton, NJ: Princeton University Press.

Piore, Michael J. 1979. "Qualitative Research Techniques in Economics." *Administrative Science Quarterly* 24(December): 560-69.

Pitkin, Hanna Fenichel. 1972. *Wittgenstein and Justice: On the Significance of Ludwig Wittgenstein for Social and Political Thought*. Berkeley: University of California Press.

Platt, Jennifer. 1992. "'Case Study' in American Methodological Thought." *Current Sociology* 40: 1: 17-48.

Popkin, Samuel L. 1977. *The Rational Peasant: The Political Economy of Rural Society in Vietnam*. Berkeley: University of California Press.

Popper, Karl. 1934/1968. *The Logic of Scientific Discovery*. New York: Harper and Row.

Popper, Karl. 1963. *Conjectures and Refutations*. London: Routledge and Kegan Paul.

Porter, Michael. 1990. *The Competitive Advantage of Nations*. New York: The Free Press.

Posen, Barry. 1984. *The Sources of Military Doctrine: France, Britain and Germany Between the World Wars*. Ithaca, NY: Cornell University Press.

Posner, Daniel. 2004. "The Political Salience of Cultural Difference: Why Chewas and

Tumbukas are Allies in Zambia and Adversaries in Malawi." *American Political Science Review* 98: 4(Novem-ber): 529-46.

Poteete, Amy R., and Elinor Ostrom. 2005. "Bridging the Qualitative-Quantitative Divide: Strategies for Building Large-N Databases Based on Qualitative Research." Paper presented at the annual meeting of the American Political Science Association, Washington, D. C.

Powell. Robert. 1999. *In the shadow of Power: States and Strategies in International Politics*. Princeton, NJ: Princeton University Press.

Pressman, Jeffrey L., and Aaron Gardeazabal. 1973. *Imp-lementation*. Berkeley: University of California Press.

Przeworski, Adam, Michael Alvarez, Jose Antonio Cheibub, and Fernando Limongi. 2000. *Democracy and Development: Political Institutions and Mate-rial Well-Being in the World*, 1950-1990. Cambridge: Cambridge University Press.

Przeworski, Adam, and Henry Teune. 1970. *The Logic of Comparative Social Inquiry*. New York: Wiley.

Putnam, Robert D., Robert Leonard, and Raffaella Y. Nanetti. 1993. *Making Democracy Work: Civic Traditions in Modern Italy*. Princeton, NJ: Princeton University Press.

Queen, Stuart. 1928. "Round Table on the Case Study in Sociological Research." *Publications of the American Sociological Society, Papers and Proceedings* 22: 225-7.

Rabinow, Paul, and William M. Sullivan, eds. 1979. *Interpretive Social Science: A Reader*. Berkeley: University of California Press.

Ragin, Charles C. 1987. *The Comparative Method: Moving Beyond Qualitative and Quantitative Strategies*. Berkeley: University of California Press.

Ragin, Charles C. 1992a. "Cases of' What Is a Case?' " In Charles C. Ragin and Howard S. Becker(eds.), *What Is a Case? Exploring the Foundations of Social Inquiry*. Cambridge: Cambridge University Press, 1-18.

Ragin, Charles C. 1992b. " ' Casing' and the Process of Social Inquiry." In Charles C. Ragin and Howard S. Becker(eds.), *What Is a Case? Exploring the Foundations of Social Inquiry*. Cambridge: Cambridge University Press, 217-26.

Ragin, Charles C. 1997. "Turning the Tables: How Case-Oriented Research Challenges Variable-Oriented Research." *Comparative Social Research* 16: 27-42.

Ragin, Charles C. 2000. *Fuzzy-Set Social Science*. Chicago: University of Chicago Press.

Ragin, Charles C. 2004. "Turning the Tables." In Henry E. Brady and David Collier(eds.), *Rethinking Social Inquiry: Diverse Tools, Shared Standards*. Lanham, MD: Rowman and Littlefield, 123-38.

Ragin, Charles C., and Howard S. Becker, eds. 1992. *What Is a Case? Exploring the Foundations of Social Inquiry*. Cambridge: Cambridge Univ-ersity Press.

Ragsdale, Lynn, and J. G. Rusk. 1993. "Who Are Nonvoters? Profiles from the 1990 Senate Elections." *American Journal of Political Science* 37: 721-46.

Reilly, Ben. 2000/2001. "Democracy, Ethnic Fragmentation, and Internal Conflict: Confused Theories, Faulty Data, and the' Crucial Case' of Papua New Guinea." *International Security* 25: 3: 162-85.

Reilly, Ben. 2001. *Democracy in Divided Societies.* Cambridge: Cambridge University Press.

Reilly, Ben, and Robert Phillpot. 2003. "'Making Democracy Work' in Papua New Guinea: Social Capital and Provincial Development in an Ethnically Fragmented Society." *Asian Survey* 42: 6(November-December) : 906-27.

Reiss, Julian. 2003."Practice Ahead of Theory: Instrumental Variables, Natural Experiments and Inductivism in Econometrics."Unpublished manuscript.

Rice, Stuart A.1928. *Quantitative Methods in Politics.* New York: Knopf.

Rice, Stuart A.,ed. 1931. *Methods in Social Science.* Chicago: University of Chicago Press.

Richter, Melvin. 1969. "Comparative Political Analysis in Montesquieu and Tocqueville." *Comparative Politics* 1: 2(January) : 129-60.

Roberts, Clayton. 1996. *The Logic of Historical Explanation.* University Park: Pennsylvania State Universtiy Press.

Roberts, Michael J. 2002."Developing a Teaching Case."Cambridge, MA: Harvard Business School.

Robinson, Denise L. 2001. *Clinical Decision Making: A Case Study Approach.* Philadelphia: Lippincott Williams & Wilkins.

Robinson, W. S. 1951." The Logical Structure of Analytic Induction."*American Sociological Review* 16: 6(December) : 812-18.

Rodgers, Daniel T. 1992. "Republicanism: The Career of a Concept." *Journal of American History* 79: 1(June) : 11-38.

Rodrik, Dani, ed. 2003. *In Search of Prosperity: Analytic Narratives on Economic Growth.* Princeton, NJ: Princeton University Press.

Rodrik, Dani. 2005."Why We Learn Nothing from Regressing Economic Growth on Policies." Unpublished manuscript.

Rogowski, Ronald. 1995. "The Role of Theory and Anomaly in Social-Scientific Inference." *American Political Science Review* 89: 2(June) : 467-70.

Rohlfing, Ingo. 2004. "Have You Chosen the Right Case? Uncertainty in Caes Selection for Single Case Studies."Working paper, International University, Bremen, Germany.

Rosenbaum, Paul R. 2004."Matching in Observ-ational Studies."In A. Gelman and X-L. Meng (eds.), *Applied Bayesian Modeling and Causal Inference from Incomplete-Data Perspectives.* New York: Wiley, B-24.

Rosenbaum, Paul R., and Donald B. Rubin. 1985. " Constructing a Control Group Using Multivariate Matched Sampling Methods That Incorporate the Propensity Score." *The American Statistician* 39: 1(February) : 33-38.

Rosenbaum, Paul R., and Jeffrey H. Silber. 2001. "Matching and Thick Description in an Observ-ational Study of Mortality after Surgery."*Biostatistics* 2: 217-32.

Rosenzweig, Mark R., and Kenneth I. Wolpin. 2000. " Natural ' Natural Experiments ' in Economics."*Journal of Economic Literature* 38: 827-74.

Ross, Frank Alexander. 1931."On Generalisation from Limited Social Data."*Social Forces* 10: 32-7.

Ross, Michael. 2001."Does Oil Hinder Demo-cracy?"*World Politics* 53(April) : 325-61.

Roth, Paul A. 1994. "Narrative Explanations: The Case of History." In Michael Martin and Lee C. McIntyre (eds.) , *Readings in the Philosophy of Social Science.* Cambridge, MA: MIT Press, 701-12.

Rubin, Donald B. 1974. " Estimating Causal Effects of Treatments in Randomized and Nonrandomized Studies." *Journal of Educational Psychology* 66: 688-701.

Rueschemeyer, Dietrich. 2003. "Can One or a Few Cases Yield Theoretical Gains?" In James Mahoney and Dietrich Rueschemeyer (eds.) , *Comparative Historical Analysis in the Social Sciences.* Cambridge: Cambridge Universtiy Press, 305-36.

Rueschemeyer, Dietrich, and John D/Stephens. 1997. "Comparing Historical Sequences: A Powerful Tool for Causal Analysis." *Comparative Social Research* 16: 55-72.

Rumsfeld, Donald H. 2002. News transcript, United States Department of Defense. On the web: <http: // www. defense. gov/transcripts/2002/t05222002_t522sdma. html>.

Runkel, Philip J. , and Joseph E. McGrath. 1972. *Research on Human Behavior: A Systematic Guide to Method.* New York: Holt, Rinehart, and Winston.

Russett, Bruce M. 1970. "International Behavior Research: Case Studies and Cumulation." In Michael Haas and Henry S. Kariel (eds.) , *Approaches to the Study of Political Science.* San Francisco: Chandler, 1-15.

Sagan, Scott. 1995. *The Limits of Safety: Organizatioons, Accidents, and Nuclear Weapons.* Princeton, NJ: Princeton University Press.

Sala-I-Martin, Xavier X. 1997. " I Just Ran Two Million Regressions." *American Economic Review* 87: 2: 178-83.

Sarbin, Theodore R. 1943. "A Contribution to the Study of Actuarial and Individual Methods of Prediction." *American Journal of Sociology* 48: 593-602.

Sarbin, Theodore R. 1944. "The Logic of Prediction in Psychology." *Psychological Review* 51: 210-28.

Sartori, Giovanni. 1975. "The Tower of Babble." In Giovanni Sartori, Fred W. Riggs, and Henry Teune (eds.) , *Tower of Babel: On the Definition and Analysis of Concepts in the Social Sciences.* International Studies, Occasional Paper No. 6, 7-38.

Sartori, Giovanni. 1976. *Parties and Party Systems.* Cambridge: Cambridge University Press.

Sartori, Giovanni. 1984. "Guidelines for Concept Analysis." In Giovanni Sartori (ed.) , *Social Science Concepts: A Systematic Analysis.* Beverly Hills, CA: Sage, 15-48.

Sayer, R. Andrew. 1992. *Method in Social Science: A Realist Approach,* 2d ed. London: Routledge.

Schelling, Thomas C. 1966. *Arms and Influence.* New Haven, CT: Yale University Press.

Scheper-Hughes, Nancy. 1992. *Death without Weeping: The Violence of Everyday Life in Brazil.* Berkeley: University of California Press.

Schickler, Eric. 2001. *Disjointed Pluralism: Institu-tional Innovation and the Development of the U. S. Congress.* Princeton, NJ: Princeton University Press.

Schmeidler, David. 2001. *A Theory of Case-Based Decisions.* Cambridge: Cambridge University Press.

Schmidt, Steffen W. , et al. , eds. 1977. *Friends, Followers, and Factions: A Reader in Political*

Clientelism. Berkeley: University of California Press.

Schuman, Howard, and Lawrence Bobo. 1988. "Survey-Based Experiments on White Racial Attitude toward Residential Integration."*American Journal of Sociology* 94: 2(September): 273-299.

Schwandt, Thomas A. 1997. *Qualitative Inquiry: A Dictionary of Terms.* Thousand Oaks, CA: Sage.

Scott, James C. 1998. *Seeing Like a State: How Certain Schemes to Improve the Human Condition Have Failed.* New Haven, CT: Yale University Press.

Scriven, Michael. 1976. "Maximizing the Power of Causal Investigations: The Modus Operandi Method."In G. V. Glass(ed.), *Evaluation Studies Review Annual.* Beverly Hills, CA: Sage, 101-18.

Seawright, Jason, and David Collier. 2004. "Glossary." In Henry E. Brady and David Collier (eds.), *Rethinking Social Inquiry: Diverse Tools, Shared Standards.* Lanham, MD: Rowman and Littlefield, 273-313.

Seawright, Jason, and John Gerring . 2005. " Case Selection: Quantitative Techniques Reviewed."Unpublished manuscript.

Sekhon, Jasjeet S. 2004. "Quality Meets Quantity: Case Studies, Conditional Probability and Counterfactuals."*Perspectives in Politics* 2: 2(June): 281-93.

Sengupta, Somini. 2005. " Where Maoists Still Matter." *New York Times Magazine,* web version, October 30, pp. 1-7. Accessed: 10/30/2005.

Shadish, William R., Thomas D. Cook, and Donald T. Campbell. 2002. *Experimental and Quasi-experimental Designs for Generalized Causal Inference.* Boston: Houghton Mifflin.

Shafer, Michael D. 1988. *Deadly Paradigms: The Failure of U. S. Counterinsurgency Policy.* Princeton, NJ: Princeton University Press.

Shalev, Michael. 1998. " Limits of and Alternatives to Multiple Regression in Macro-Comparative Research."Paper presented at the second conference on The Welfare State at the Crossroads, Stockholm, June 12-14.

Shaw, Clifford R. 1927."Case Study Method."*Publications of the American Sociological Society* 21: 149-57.

Shugart, Matthew Soberg, and Martin P. Watte-nberg, eds. 2001. *Mixed-Member Electoral Systems: The Best of Both Worlds?* Oxford: Oxford University Press.

Silverman, D. 2001. *Interpreting Qualitative Data: Methods for Analysing Talk, Text and Interaction,* 2d ed. Thousand Oaks, CA: Sage.

Simmons, Beth A. 1994. *Who Adjusts? Domestic Sources of Foreign Economic Policy during the Interwar Years.* Princeton, NJ: Princeton University Press.

Simon, J. L. 1969. *Basic Research Methods in Social Science.* New York: Random House.

Skocpol, Theda. 1979. *States and Social Revolutions: A Comparative Analysis of France, Russia, and China.* Cambridge:Cambridge University Press.

Skocpol, Theda. 1994. *Social Revolutions in the Modern World.* Cambridge: Cambridge University Press.

Skocpol, Theda, and Margaret Somers, 1980."The Uses of Comparative History in Macrosocial

Inquity." *Comparative Studies in Society and History* 22: 2(April): 147-97.

Skowronek, Stephen. 1982. *Building a New American State: The Expansion of National Administrative Capacities* 1877-1920. Cambridge: Cambridge University Press.

Smelser, Neil J. 1973."The Methodology of Comparative Analysis." In D. P. Warwick and S. Osherson(eds.), *Comparative Research Methods*. Englewood Cliffs, NJ: Prentice Hall, 42-86.

Smelser, Neil J.1976. *Comparative Methods in the Social Sciences*. Englewood Cliffs, NJ: Prentice Hall.

Smith, C. D., and W. Kornblum, eds. 1989. *In the Field: Research on the Field Research Experience*. New York: Praeger.

Smith, Rogers M. 1997. *Civic Ideals: Conflicting Visions of Citizenship in U. S. History*. New Haven, CT: Yale University Press.

Smith, T. V., and L. D. White, eds. 1921. *Chicago: An Experiment in Social Science Research*. Chicago: University of Chicago Press.

Snow, John. 1855. *On the Mode of Communication of Cholera*. London: Churchill.

Snyder, Jack. 1993. *Myths of Empire: Domestic Politics and International Ambition*. Ithaca, NY: Cornell University Press.

Snyder, Richard. 2001. "Scaling Down: The Subnational Comparative Method." *Studies in Comparative International Development* 36:1(Spr-ing): 93-110.

Sperle, Diane H. 1933. *Case Method Technique in Professional Training: A Survey of the Use of Case Studies as a Method of Instruction in Selected Fields, and a Study of It*. New York: Bureau of Publications, Teachers College, Columbia University.

Sprinz, Detef F., and Yael Wolinsky-Nahmias, eds. 2004. *Models, Numbers and Cases: Methods for Studying International Relations*. Ann Arbor: University of Michigan Press.

Spruyt, Hendrik. 1994. *The Sovereign State and Its Co-mpetitors*. Princeton, NJ: Princeton University Press.

Srinivasan, T. N., and Jagdish Bhagwati. 1999."Outward-Orientation and Development: Are Revisionists Right?"Discussion Paper No. 806, Economic Growth Center, Yale University.

Staiger, Douglas, and James H. Stock. 1997."Instrumental Variables Regression with Weak Instrunments." *Econometrica* 65: 557-86.

Stake, Robert E. 1995. *The Art of Case Study Research*. Thousand Oaks, CA: Sage.

Steadman, Dawnie Wolfe. 2002. *Hard Evidence: Case Studies in Forensic Anthropology*. Englewood Cliffs, NJ: Prentice-Hall.

Steinmo, Sven. 1994. "American Exceptionalism Reconsidered: Culture or Institutions?" In Lawrence C. Dodd and Calvin Jillson(eds.), *The Dynamics of American Politics: Approaches and Interpretations*. Boulder, CO: Westview Press, 106-31.

Steinmo, Sven. 1995."Why Is Government So Small in America." *Governance* 8: 303-34.

Stiglitz, Joseph E. 2002. *Globalization and Its Discontents*. New York: Norton.

Sriglitz, Joseph E. 2005."The Overselling of Globalization." In Michael M. Weinstein(ed.), *Globalization: What's New?* New York: Columbia University Press, 228-61.

Srinchcombe, Arthur L. 1968. *Constructing Social Theories*. New York: Harcourt, Brace.

Stoecker, Randy. 1991. "Evaluating and Rethinking the Case Study." *The Sociological Review* 39(February): 88-112.

Stoker, Laura. 2003. "Is It Possible to Do Quantitative Survey Research in an Interpretive Way?" *Qualitative Methods: Newsletter of the American Political Science Association Organized Section on Qualitative Methods* 1:2 (Fall): 13-16.

Stouffer, Samuel A. 1931. "Experimental Comparison of a Statistical and a Case History Technique of Attitude Research." *Publications of the American Sociological Society* 25: 154-6.

Stouffer, Samuel A. 1941. "Notes on the Case-Study and the Unique Case." *Sociometry* 4: 349-57.

Stouffer, Samuel A. 1950. "Some Observations on Stedy Design." *American Journal of Sociology* 55: 4(January): 355-61.

Stratmann, Thomas, and Martin Baur. 2002. "Plurality Rule, Propotional Representation, and the German *Bundestag*: How Incentives to Pork-Barrel Differ across Electoral Systems." *American Journal of Political Science* 46: 3(July): 506-14.

Stryker, Robin. 1996. "Beyond History versus Theory: Strategic Narrative and Sociological Explanation." *Sociological Methods and Research* 24: 3: 304-52.

Sundquist, James L. 1992. *Constitutional Reform and Effective Government.* Washington, DC: Brookings.

Swank, Duane H. 2002. *Global Capital, Political Institutions, and Policy Change in Developed Wel-fare States.* Cambridge: Cambridge University Press.

"Symposium: Discourse and Content Analysis." 2004. *Qualitative Methods: Newsletter of the American Political Science Association Organized Section on Qualitative Methods* 2: 1 (Spring): 15-39.

"Symposium: Qualitative Comparative Analysis(QCA)." 2004. *Qualitative Methods: Newsletter of the American Political Science Association Organized Section on Qualitative Methods* 2:2 (Fall): 2-25.

Tarrow, Sidney G. 1995. "Bridging the Quantitative-Qualitative Divide in Political Science." *American Political Science Review* 89: 2(June): 471-4.

Tarrow, Sidney G. 1998. *Power in Movement: Social Movements and Contentious Politics.* Cambridge: Cambridge University Press.

Tarrow, Sidney. 2004. "Bridging the Quantitative-Qualitative Divide." In Henry E. Brady and David Collier (eds.), *Rethinking Social Inquiry: Diverse Tools, Shared Standards.* Lanham, MD: Rowman and Littlefield, 171-9.

Taylor, Charles. 1970. "The Explanation of Purposive Behavior." In Robert Borger and Frank Cioffi(eds.), *Explanation in the Behavioral Sciences.* Cambridge: Cambridge University Press.

Taylor, Charles. 1971. "Interpretation and the Sciences of Man." *Review of Metaphysics* 25: 3-51.

Taylor, John R. 1995. *Linguistic Categorization: Prototypes in Linguistic Theory*, 2d ed. Oxford: Clarendon Press.

Teggart, Frederick J. 1939/1967. *Rome and China: A Study of Correlations in Historical Events*. Berkeley: University of California Press.

Temple, Jonathan. 1999. "The New Growth Evidence." *Journal of Economic Literature* (March): 112-56.

Tendler, Judith. 1997. *Good Government in the Tropics*. Baltimore: Johns Hopkins University Press.

Tetlock, Philip E., and Aaron Belkin, eds. 1996. *Counterfactual Thought Experiments in World Politics*. Princeton, NJ: Princeton University Press.

The 9/11 Commission Report: Final Report of the National Commission on Terrorist Attacks upon the United States. 2003. New York: Norton.

Theiss-Morse, Elizabeth, Amy Fried, John L. Sullivan, and Mary Dietz. 1991. "Mixing Methods: A Multistage Strategy for Studying Patriortism and Citizen Participation." *Political Analysis* 3: 89-121.

Thies, Cameron G. 2002. "A Pragmatic Guide to Qualitative Histiorical Analysis in the Study of International Relations." *International Studies Perspectives* 3: 351-72.

Thies, Michael F. 2001. "Keeping Tabs on Partners: The Logic of Delegation in Coalition Governments." *American Journal of Political Science* 45:3(July): 580-98.

Thompson, Edward P. 1963. *The Making of the English Working Class*. New York: Vintage Books.

Thomoson, Edward P. 1978. *The Poverty of Theory and Other Essays*. New York: Monthly Review Press.

Tilly, Charles. 2001, "Mechanisms in Political Procesees." *Annual Review of Political Science* 4: 21-41.

Tocqueville, Alexis de. 1997. *Recollections: The French Revolution of* 1848, ed. J. P. Mayer and A. P. Kerr. New Brunswick, NJ: Transaction.

Tooley, Michael. 1988. *Causation: A Realist Appr-oach*. Oxford: Clarendon Press.

Trachtenberg, Marc. 2005. *Historical Method in the Study of International Relations*. Unpublished manuscript.

Treier, Shawn, and Simon Jackman. 2005. "Dem-ocracy as a Latent Variable." Unpublished manuscript, Department of Political Science, Stanford University.

Truman, David B. 1951. *The Governmental Process*. New York: Knopf.

Tsai, Lily. 2007. *Accountability without Democracy: How Solidary Groups Provide Public Goods in Rural China*. Cambridge: Cambridge University Press.

Turner, Fredrick Jackson. 1893/1972. *The Turner Thesis Concerning the Role of the Frontier in American History*. Lexington, MA: Heath.

Udry, Christopher. 2003. "Fieldwork, Economic Theory, and Research on Institutions in Developing Countries." *American Economic Associ-ation, Papers and Proceedings* 93:2 (May): 107-11.

Vandenbroucke, Jan P. 2001. "In Defense of Case Reports and Case Series." *Annals of Internal Medicine* 134: 4: 330-4.

Van Evera, Stephen. 1997. *Guide to Methods for Students of Political Science*. Ithaca, NY: Cornell University Press.

Van Maanen,J. 1988. *Tales of the Field: On Writing Ethnography.* Chicago: University of Chicago Press.

Varshney,Ashutosh. 2002. *Ethnic Conflict and Civic Life: Hindus and Muslims in India.* New Haven, CT: Yale University Press.

Verba, Sidney. 1967. " Some Dilemmas in Comparative Research ." *World Politics* 20: 1 (October) : 111-27.

Verbeek, Bertjan. 1994. " Do Individual and Group Beliefs Matter? British Decision-Making during the 1956 Suez Crisis ." *Cooperation and Conflict* 29: 4: 307-32.

Verschuren, Piet J. M. 2001. " Case Study as a Research Strategy: Some Ambiguities and Opportunities." *Social Research Methodology* 6: 2: 121-39.

Vogt, W. Paul. 1993. *Dictionary of Statistics and Methodology.* Newbury Park, CA: Sage.

von Wright, Georg Henrik. 1971. *Explanation and Un-derstanding.* Ithaca, NY: Cornell University Press.

Voss, Kim. 1933. *The Making of American Exceptionalism: The Knights of Labor and Class Formation in the Nineteenth Century.* Ithaca, NY: Cornell University Press.

Vreeland, James Raymond. 2003. *The IMF and Economic Development.* Cambridge: Cambridge University Press.

Wahlke, John C. 1979. " Pre-Behavioralism in Political Science." *American Political Science Review* 73: 1(March) : 9-31.

Waldner, David. 2002." Anti Anti-Determinism: Or What Happens When Schrodinger's Cat and Lorenz's Butterfly Meet Laplace's Demon in the Study of Political and Economic Development."Paper presented at the annual meeting of the American Political Science Association, Boston.

Waller, Willard. 1934. " Insight and Scientific Method." *American Journal of Sociology* 40: 3 (November) : 285-97.

Wantchekon, Leonard. 2003. " Clientelism and Voting Behavior: Evidence from a Field Experiment in Benin." *World Politics* (April) : 399-422.

Ward, Michael D. , and Kristin Bakke. 2005. " Predicting Civil Conflicts: On the Utility of Empirical Research."Paper presented at the Conference on Disaggregating the Study of Civil War and Transnational Violence, University of California Institute of Global Conflict and Cooperation, San Diego, March 7-8.

Warner, W. Lloyd, and Paul S. Lunt.1941. *Yankee City*,4 vols. New Haven, CT: Yale University Press.

Weaver, R. Kent, and Bert A. Rockman, eds. 1993. *Do Institutions Matter? Government Capabilities in the United States and Abroad.* Washington, DC: Brookings Institution.

Weber, Max. 1905/1949. *The Methodology of the Social Sciences.* New York: The Free Press.

Weingast, Barry R. 1998. " Political Stability and Civil War: Institutions, Commitment, and American Democracy." In Robert H. Bates, Avner Greif, Margaret Levi, Jean-Laurent Rosenthal, and Barry Weingast (eds.), *Analytic Narratives.* Princeton, NJ: Princeton University Press, 148-93.

Wendt, Alexander. 1998." On Constitution and Causation in International Relations." *Review of*

International Studies 24: 101-17.

Western, Bruce, and Simon Jackman. 1994. "Bayesian Inference for Comparative Research." *American Political Science Review* 88: 2: 412-23.

Whyte, William Foote. 1943/1955. *Street Corner Society: The Social Structure of an Italian Slum.* Chicago: University of Chicago Press.

Wilson, James Q. 1992. *Political Organizations.* Princeton, NJ: Princeton University Press.

Winch, Peter. 1958. *The Idea of a Social Science, and its Relation to Philosophy.* London: Routledge and Kegan Paul.

Winks, Robin W., ed. 1969. *The Historian as Detective: Essays on Evidence.* New York: Harper and Row.

Winship, Christopher, and David J. Harding. 2004. "A General Strategy for the Identification of Age, Period, Cohort Models: A Mechanism Based Approach." Unpublished manuscript.

Winship, Christopher, and Stephen L. Morgan. 1999. "The Estimation of Causal Effects of Observational Data." *Annual Review of Sociology* 25: 659-707.

Winship, Christopher, and Michael Sobel. 2004. "Causal Inference in Sociological Studies." In Melissa Hardy and Alan Bryman (eds.), *Handbook of Data Analysis.* London: Sage, 481-503.

Winters, L. Alan, Neil McCulloch, and Andrew McKay. 2004. "Trade Liberalization and Poverty: The Evidence So Far." *Journal of Economic Literature* 42(March): 72-115.

Wolin, Sheldon S. 1968. "Paradigms and Political Theories." In Preston King and B. C. Parekh (eds.), *Politics and Experience.* Cambridge: Cambridge University Press, 148-49.

Wong, Wilson. 2002. "Did How We Learn Affect What We Learn? Methodological Bias, Multimethod Research and the Case of Economic Development." *Social Science Journal* 39: 2:247-64.

World Bank. 2003. *World Development Indicators* 2003. Washington, DC: World Bank.

Yanow, Dvora, and Peregrine Schwartz-Shea, eds. 2006. *Interpretation and Method: Empirical Research Methods and the Interpretive Turn.* Armonk, NY: M. E. Sharpe.

Yashar, Deborah J. 2005. *Contesting Citizenship in Latin America: The Rise of Indigenous Movements and the Postliberal Challenge.* Cambridge: Cambridge University Press.

Yin, Robert K. 1994. *Case Study Research: Design and Methods.* Newbury Park, CA: Sage.

Yin, Robert K. 2003. *Case Study Research: Design and Methods*, 3d ed. Thousand Oaks, CA: Sage.

Yin, Robert K. 2004. *Case Study Anthology.* Thousand Oaks, CA: Sage.

Young, Oran R., ed. 1999. *The Effectiveness of International Environmental Regimes: Causal Connections and Behavioral Mechanisms.* Cambridge, MA: MIT Press.

Young, Pauline. 1939. *Scientific Social Surveys and Research.* New York: Prentice Hall.

Znaniecki, Florian. 1934. *The Method of Sociology.* New York: Rinehart.

图书在版编目(CIP)数据

案例研究:原理与实践:修订版/(美)约翰·吉尔林(John Gerring)著;黄海涛,刘丰,孙芳露译.—重庆:重庆大学出版社,2022.10
(万卷方法)
书名原文:Case Study Research: Principles and Practices
ISBN 978-7-5689-3467-1

Ⅰ.①案… Ⅱ.①约…②黄…③刘…④孙… Ⅲ.①案例—研究方法 Ⅳ.①G3

中国版本图书馆 CIP 数据核字(2022)第 152832 号

案例研究:原理与实践(修订版)
Case Study Research: Principles and Practices

[美]约翰·吉尔林(John Gerring) 著
黄海涛 刘 丰 孙芳露 译
张睿壮 黄海涛 审校
策划编辑:林佳木
责任编辑:林佳木 版式设计:林佳木
责任校对:王 倩 责任印制:张 策
*
重庆大学出版社出版发行
出版人:饶帮华
社址:重庆市沙坪坝区大学城西路 21 号
邮编:401331
电话:(023) 88617190 88617185(中小学)
传真:(023) 88617186 88617166
网址:http://www.cqup.com.cn
邮箱:fxk@ cqup.com.cn (营销中心)
全国新华书店经销
重庆市正前方彩色印刷有限公司印刷
*
开本:890mm×1240mm 1/32 印张:9.625 字数:260 千
2022 年 10 月第 2 版 2022 年 10 月第 3 次印刷
ISBN 978-7-5689-3467-1 定价:59.00 元

版贸核渝字(2016)第 277 号

知识生产者的头脑工具箱

很多做研究、写论文的人，可能还没有意识到，他们从事的是一项特殊的生产活动。而这项生产活动，和其他的所有生产活动一样，可以借助工具来大大提高效率。

万卷方法是为辅助知识生产而存在的一套工具书。

这套书系中，

有的，介绍研究的技巧，如《会读才会写》《如何做好文献综述》《研究设计与写作指导》《质性研究编码手册》；

有的，演示 STATA、AMOS、SPSS、Mplus 等统计分析软件的操作与应用；

有的，专门讲解和梳理某一种具体研究方法，如量化民族志、倾向值匹配法、元分析、回归分析、扎根理论、现象学研究方法、参与观察法等；

还有，

《社会科学研究方法百科全书》《质性研究手册》《社会网络分析手册》等汇集方家之言，从历史演化的视角，系统化呈现社会科学研究方法的全面图景；

《社会研究方法》《管理学问卷调查研究方法》等用于不同学科的优秀方法教材；

《领悟方法》《社会学家的窍门》等反思研究方法隐蔽关窍的慧黠之作……

书，是人和人的相遇。

是读者和作者，通过书做跨越时空的对话。

也是读者和读者，通过推荐、共读、交流一本书，分享共识和成长。

万卷方法这样的工具书很难进入豆瓣、当当、京东等平台的读书榜单，也不容易成为热点和话题。很多写论文、做研究的人，面对茫茫书海，往往并不知道其中哪一本可以帮到自己。

因此，我们诚挚地期待，你在阅读本书之后，向合适的人推荐它，让更多需要的人早日得到它的帮助。

我们相信：

每一个人的意见和判断，都是有价值的。

我们为推荐人提供意见变现的途径，具体请扫描二维码，关注"重庆大学出版社万卷方法"微信公众号，发送"推荐员"，了解详细的活动方案。